大数据与中国历史研究

第 ❹ 辑

付海晏 主编

Big Data and
the Study of
Chinese History

社会科学文献出版社
SOCIAL SCIENCES ACADEMIC PRESS (CHINA)

本刊编委会

主　编
　　付海晏

委　员
　　马　敏　华中师范大学中国近代史研究所
　　李中清　香港科技大学人文学部及社会科学部
　　李伯重　北京大学历史学系
　　康文林　香港科技大学人文学部及社会科学部
　　梁　晨　南京大学历史学院
　　袁为鹏　上海交通大学历史系
　　赵广军　《史学月刊》编辑部
　　段　钊　华中师范大学信息管理学院
　　葛　非　华中师范大学计算机学院

编辑部
　　薛　勤　吴艺贝

目 录

·中国历史研究中的数据库建设·

历史学科学化的断想 ………………………………………… 陈春声 / 3
古文字考释与人工智能…………………………………………… 吴振武 / 11
什么是较好的大数据历史研究………………………………… 邱伟云 / 15
谁获得教育？
　——"民国大学生量化数据库"构建与研究简述
　………………………………………… 梁　晨　任韵竹　李中清 / 18
中国人民大学清史研究所"数字清史实验室"简介 ………… 胡　恒 / 29

·专题论文·

晚清婚姻规范的重构
　——基于1872—1911年《申报》婚姻纠纷案的考察
　…………………………………………………… 段　钊　张　鹏 / 37
中国历史量化微观大数据：李中清-康文林团队40年学术回顾
　………………………………………………… 康文林　李中清 / 74
南京国民政府时期公务员考绩制度及其实践情况（1935—1949）
　…………………………………………………………… 吴艺贝 / 115

·学位论文·

晚清湖南政区分等与邮政空间 ………………………… 杨洵奕 / 137

·讲座实录·

中国近代史研究经验谈 …………………………………… 朱荫贵 / 165
中国史学如何"走出去" ………………………………… 王晴佳 / 171

·研究心得·

当"技术"使新的研究成为可能
——清代家庭资产结构研究心得 ………………… 云 妍 / 189

·史料介绍·

民国时期厦门侨批局及客栈名录 ……………………… 蔡晓莹 / 203

稿 约 …………………………………………………………… / 212

中国历史研究中的数据库建设

历史学科学化的断想*

陈春声

如果从 1979 年算起,关于在史学研究中应用现代科学方法的讨论进行了 6 年。这场讨论,对中国马克思主义史学发展所产生的深远影响,正越来越深刻地为人们所认识。本文试图就讨论中未曾得到应有的重视但又十分重要的几个问题发表一点看法,目的在于引起人们对这些问题的进一步讨论。

一

在史学研究中应用现代科学方法,从本质上说,是一场科学革命。早在 20 世纪初,列宁就说过:"从自然科学奔向社会科学的强大潮流,不仅在配第时代存在,在马克思时代也是存在的。在 20 世纪,这个潮流是同样强大,甚至可说更加强大了。"① 当前史学研究领域的革命,正是在这种全球性的自然科学与社会科学交叉渗透的大背景下发生的。西方科学哲学家认为,科学革命不仅是研究方法的更新,而且是一种新的科学范式取代旧的科学范式的过程,它牵涉科学认识的符号的概括、模拟、价值标准、世界观和时代精神等问题。我们有必要从这样的高度来认识在史学研究中应用现代科学方法的问题。

---

* 本文原刊《开放时代》1986 年第 1 期。
① 《列宁全集》第 20 卷,人民出版社,1958,第 189 页。

有人担心在历史研究中引进现代科学方法会导致对马克思主义理论指导作用的否定，也有人宣扬引进现代科学方法就是为了排斥马克思主义。这两种看法都是用形而上学的观点，把马克思主义和现代科学方法片面地对立起来。科学方法论可以分为不同的层次，马克思主义理论指导属于哲学方法论，它是最高的统帅一切的层次；而现代科学方法属于一般科学方法论的范畴，受哲学方法论的指导。西方史学家的哲学观是唯心的，他们在吸收现代科学方法后仍摆脱不了唯心史观的局限性，我们的哲学观是唯物的，现代科学方法的引进将有利于更科学地阐明历史唯物主义。马克思主义哲学诞生的基础之一就是19世纪自然科学的三大发现，它不应该也不可能与现代科学成就发生矛盾，相反，马克思主义将在汲取现代科学成就的过程中不断发展。

从学科体系发展的角度看，这场科学革命的根本目的在于提高历史学的科学化程度。西方的一些科学哲学家认为，历史学与社会学、人类学和其他人文科学一样，还处于"前科学"或"原始科学"阶段，这种观点我们难以苟同。马克思主义的历史唯物主义，第一次指明历史发展的规律性和物质动因，阐明人民群众在历史发展进程中的作用，从而第一次使历史成为真正的科学。历史学科本身的发展已证明了这一点。但是，我们也要看到，马克思主义主要是从哲学方法论上保证了历史研究的科学性，而从学科体系和一般科学方法的角度看，历史学的科学化程度仍然有待提高。为什么人们习惯上不把历史学家称为"科学家"？为什么自然科学工作者往往可以"少年得志"，而历史学家大都要"大器晚成"？为什么历史研究会有那么多的课题重复，而且有那么一些"重大问题"争论数十年仍然毫无结果？这些都是历史学科学化程度不高的表现。而自然科学正是在这个方面为历史学提供了许多有益的借鉴。

二

就学科体系的科学化而言，自然科学至少在以下四个方面为历史学提供了借鉴。

第一，自然科学使用的主要是数学语言，这是一种明晰的、统一的、准确的、高度形式化的语言。例如爱因斯坦的质能关系式 $E = mc^2$，E 表示能量，m 表示质量，c 表示光速。当 E 的单位为焦耳时，m 的单位为千克，c 的单位为米/秒。这是十分明晰、没有歧义的，甚至有人从中发现某种"科学美"。这种语言不会因使用者所属的民族、阶级不同而有不同的解释。而目前史学研究使用的是多义的、不精确的和民族化的语言。因此，在史学研究中，许多所谓"重大理论问题"，实质上是一种语义学上的争论。一个"亚细亚生产方式"，讨论了半个世纪没有什么结果，原因就在于对经典著作有关论述的语义诠释理解不同；一段时间里就"历史发展的动力"问题争得不亦乐乎，原因在于"动力"二字可作多种理解。应该看到，社会科学研究语言的精确化和形式化是发展的必然趋势。早在 17 世纪，莱布尼茨为了解决自然语言的不精确问题，开始致力于建立一种精确的普通语言的工作，从而创立数理逻辑；乔姆斯基的结构语言学之所以被称为"语言革命"，在很大程度上也是由于他把自然语言形式化了；当代西方有所谓语言哲学，从哲学的角度研究语言问题；西方历史哲学家中也有人专门研究史学语言。当然，在现阶段的史学研究中完全采用形式化的语言是不可能的，但我们应该尽量注意史学语言的精确性和科学性，尽量向史学语言形式化的方向发展。

第二，自然科学具有逻辑结构严密的公理系统。公理系统是指从某些基本概念和基本命题出发，依据特定的演绎规则，推导一系列定理，从而形成的演绎系统。这里的公理系统指的是科学体系的表述方式，并不等于科学认识的发展模式。真正成熟的科学学科都是由公理系统组成的，这一特点在数学和物理学中表现得尤为明显。例如，在经典物理学中，经典声学、经典热力学、经典电磁学等都以经典力学为基础，而经典力学又建立在牛顿三大运动定律和万有引力定律的基础上，几乎所有的定律都可以用数学方法从三大运动定律和万有引力定律导出。像这样具有极强的内在逻辑力量的公理体系大厦在历史学中还没有见到，历史研究目前采用的仍然是复述和评论的方法，论证主要是归纳推理而不是演绎推理。借用公理系统来提高历史学科内部的逻辑性是十分必要的。

第三，自然科学具有较强的预见性和可证实性（可证实性是逻辑经验主义讨论科学意义问题时使用的一条主要原则，这一原则后来遭到波普等科学哲学家的反对，我们只是在对科学预言的证实这一点上使用这个术语）。由于具有逻辑结构严密的公理系统，自然科学有着较强的预见性。

这种预见性既表现为预知未出现的事物，更表现为预知原来已存在但未被人们所知的事物（如海王星的发现），或解释原来人们所知但未能解释的事物（如广义相对论对水星近日点进动的解释）。预见性的存在使自然科学具有很强的可证实性。这方面最著名的例子是1919年爱丁顿的日全食观测，这一观测验证了光线通过引力场发生弯曲的预见，从而使广义相对论得到广泛承认。相比之下，历史学家的预见性和可证实性还很有提高的必要。历史学家大都"大器晚成"，主要原因就在于史学成果的可证实性不强，被社会承认需要较长的时间。历史学的所谓"预见性"，主要不在于准确、详尽地描述未来的事物，而在于揭示历史上存在的但尚未为今人所发现的事件、联系、现象和规律，在于更准确、更科学地阐释人们已知但难以解释的历史现象，在于更精确地说明偶然因素对历史进程的作用。

第四，自然科学学说具有较强的可检验性，即可证伪性。可检验性是普波哲学的重要内容，他认为可否证伪是科学与非科学的分界（神学之所以是伪科学，不在于它不能被人的感觉证实，而在于它是无法证伪的）。可证伪性是指在逻辑上或事实上有可能被经验检验，而不是说在逻辑上或事实上已被经验证伪。任何科学学说都必须有被检验的可能性。证伪在科学革命中的作用是巨大的。例如，1887年迈克尔逊－莫雷实验对"以太"的存在提出了证伪。这个结果成为19世纪末"经典物理学上空的两朵乌云"之一，从而动摇了整个经典物理学大厦的根基，这场危机又引发了20世纪初的物理学革命。相比之下，由于缺乏公理体系，整个史学体系的可检验性是比较差的。对某一个结论的证伪并不能引起整个史学理论的变革，甚至由于许多具体的史学结论本身就是不确定、不严密和多义的，所以也不可能对其证伪。许多讨论旷日持久，无终无了，在很大程度上就是由于命题缺乏必要的清晰性，造成理论体系的可检验性差。

我们指出自然科学学科体系对历史学的借鉴作用，并不意味着我们认为在可预见时间内，历史学会采用与自然科学一样的结构体系，我们只是认为，提高史学语言的科学性和准确性，加强史学理论的内在力量，提高史学体系的预见性和可检验性，是现阶段史学研究领域科学革命的主要任务。

三

由于现代科学的发展，在史学研究中应用现代科学方法的途径是很多的。例如，利用一些自然科学手段进行考古学、文献学的鉴定（C^{14}、红外线、TL法、古地磁法等）；将古气象学、古地理学的研究成果运用于历史研究中；利用电子计算机对历史资料进行整理、收集和分类；借鉴控制论、系统论、信息论的一些方法和理论；运用数学方法；等等。这些方法的采用无疑都有助于史学研究的进步，但它们对于历史学学科体系的影响是不同的。正如许多人指出的，历史研究科学化的根本途径是史学计量化。

数学语言是最精确的形式化语言，数学推导具有最强的逻辑力量，运用数学方法将大大提高史学研究的科学化程度。而且，从不精确到精确，从简单的定性分析到严格的定量分析，是任何科学从不成熟到成熟的必然过程。马克思就认为，"一种科学只有在能运用数学的形式时，才算达到真正完善的地步"。① 当代社会科学的计量学倾向是十分明显的。美国社会学家丹尼尔·贝尔对1900—1965年的重大社会科学进展进行统计的结果表明，其中运用定量分析方法的占三分之二，1930年以来的社会科学重大进展中运用计量分析方法的占六分之五。② 20世纪50年代末，国外已开始有人用计量方法研究历史，到目前为止，已形成一个很有影响的历史学计量学派。对这一趋向我们应高度重视。

有人以为社会现象过于复杂，又过多地受人的主观意志影响，很难在社会历史研究中采用计量方法。笔者认为，对这个问题要从两个方面来考察。

第一，我们要看到，客观世界任何事物都是质和量的统一，在原则上都可以进行定量分析；有些对象目前难以用数学语言来描述，是由于现阶段还没有描述这些对象的数学工具，随着数学的发展和我们对研究对象量的方面的认识加深，将会发现有越来越多的对象可以进行数量分析。数学

---

① 〔法〕保尔·拉法格：《回忆马克思恩格斯》，马集译，人民出版社，1973，第7页。
② 〔美〕丹尼尔·贝尔：《第二次世界大战以来的社会科学》，范岱年译，中国社会科学院情报研究所，1982，第2页。

本身的发展也证明了这一点。16世纪以前，数学只包括算术、初等代数、初等几何和三角函数。17世纪，人们获得"变量"这一重要概念，又出现了微积分，数学开始被广泛地运用于自然科学的研究。这样，各门自然科学学科才成为真正的科学。由于社会科学研究中大量采用的是归纳法，所以，以归纳法为基本特点的第二代数学——概率数学的出现，对于社会科学的发展有重大意义。计量经济学、计量史学都是在这种情况下产生的。近来又有所谓第三代数学——模糊数学出现，其贡献在于把数学研究的对象从确定性现象扩大到模糊性对象。已有人预言它在人文社会学科中有广泛的用途，因为模糊性问题在社会现象中有更明显的表现。此外，现代数学已不仅仅是一种定量分析的工具，正如结构主义哲学的创始人列维-斯特劳斯所指出的："数学的现代发展与传统数学相反，不是着重于量的观点，而是更强调质的方面。"① 还有，电子计算机的普及也为史学计量化提供了一种十分重要的辅助手段。总之，我们完全有理由对史学研究的计量化前景保持乐观态度。

第二，我们还要看到，在现阶段，数学和其他现代科学方法在史学研究中的应用是有限度的。这是因为：首先，人们对社会历史现象的本质和规律的把握还没有达到可以普遍使用定量分析的程度；其次，数学和其他现代科学能够为史学研究提供的手段和方法还不足以保证史学计量化的完成；再次，史学工作者的现代科学素养有待提高；最后，评价史学研究成果的价值观念还有待更新。在这种情况下，有几个问题恐怕是要引起我们注意的。其一，对历史学科学化进程所需要的时间和代价要有充分的认识，要准备做几十年甚至几代人的艰苦努力，一蹴而就是不可能的。为了发一两篇文章而随意套几个时髦名词是容易的，但没有深厚的史学功底和良好的现代科学素养，终是一事无成。因此，目前最需要的是一大批具有学科责任感、社会责任感和献身精神的实干家。其二，史学计量化要求从历史事件、历史现象、历史进程内部发现其数量关系，再对这些关系进行分析，从而更准确地把握历史发展的本质联系。历史学的科学化绝不是从自然科学中找一两个现成的模式，再选择一些对自己有用的史料往模式里套，这

---

① Claude Levi-Strauss, *Structural Antlhropology*, trans. by Claire Jacobson, Brooke Grundfest Schoepf, New York: Basic Books, 1963, p. 283.

种做法不过是一种新的"以论带史"而已。目前一些史学新方法的讨论文章中常有一些本可避免的常识性错误，这种情况的存在反映了作者（包括笔者本人）史学基本功不够扎实，长此以往，史学的科学化就会成为一句空话。应该认识到，史学计量化程度的提高有赖于史学研究的进一步深入，而不仅仅取决于数学方法的进步；数学方法的采取也不是对传统史学方法的摒弃或简单取代，而是对传统方法的发展和精确化。其三，既然史学计量化是一个很长的过程，那么对不成熟的阶段性成果要采取支持和宽容的态度。只要是有利于史学计量化，有助于提高史学理论的内在逻辑性、可证实性和可检验性的尝试，即使问题较多，也要注意扶持，提出善意的而不是一棍子打死的意见。

四

许多人有这样的忧虑：历史研究中大量采用现代科学方法之后，史学论著可能会失去大量的读者，历史学再没有什么存在的价值了。这里实际上提出的是历史研究的价值评判问题。

现在，我们说一个史学研究结论正确，在很大程度上是由于它被大多数人接受，说一篇史学论文或一部史学专著有价值，是由于许多人读过并在社会上产生了影响。实际上，用这种方式来评判史学研究成果，正是历史学科学化程度有待提高的表现之一。著名科学家哲学家库恩认为，科学与原始科学的区别之一就在于前者是一门深奥的、孤立的、大部分是自足的学科，而后者是一门仍然志在同自己的专业人员之外的更多听众交流并且说服他们的学科。他认为，当一门学科的从业者形成一个封闭的专家集团，大致就是这门学科达到成熟期的时候，这是成熟科学的标志之一。[①] 应该承认，他的观点是有启发性的。

真正的科学学科，其研究成果的鉴定并不取决于多少人承认它，而取决于观察或实践对它的证实，取决于严密的数学证明。科学史上真理在少数人手里的情况是普遍的。爱因斯坦刚提出相对论时，很少人能够理解和

[①] 具体可参见〔美〕托马斯·库恩《对批评的答复》，〔英〕伊雷姆·拉卡托斯、艾兰·马斯格雷夫编《批判与知识的增长》，周寄中译，华夏出版社，1991，第311—375页。

承认，就是今天，懂得相对论也是很少的一部分人。一个科学理论的价值大小，取决于它对本学科和社会的贡献，而不在于有多少人读过其经典论著。实际上，如果历史研究不思变革，维持现状，跟不上时代潮流，最终也会失去大量读者，前段时间的所谓"史学危机"就是一种预兆。

（陈春声，中山大学历史系教授）

古文字考释与人工智能[*]

吴振武

今天"人工智能+"已经跟很多行业发生关系,人类进入"人工智能"时代,似乎也不会很久远了。据人工智能专家介绍,凡是边界清楚的问题,最适宜用人工智能来解决。因此,像古文字考释这种理论上只允许存在一种正确结论的学问,利用人工智能技术来辅助专家的研究工作,自然也是最适合不过的。事实上,大概在三十多年前,已有古文字学者在探索利用计算机帮助缀合那些破碎的甲骨片子。最近我则看见网上有"AI驱动的甲骨缀合"报道,是古文字学家和计算机专家合作,利用人工智能技术缀合了一批甲骨碎片,似乎相当准确。而诸如图像捕捉与提取、字形识别与转换、数据聚合与分类等与人工智能有关的工作,也都有学者在努力研究,并有喜人的突破。其目的都是希望靠计算机来解决人工做起来十分烦琐且容易出现失误的工作。

这里举几个我自己以往考释古文字的例子,来说明人工释读古文字的很多关键点,今后利用人工智能技术去帮助解决,是完全有可能的。

(一)古文字中有些字,形体非常接近,却是不同的两个字。如甲骨文、金文中的"並"和"替",差别只在它们所从的两个"立",一是左右并排(並),一是高低错落(替)。楚文字中的"之"和"出",差别只在最底下一笔,一作平画(之),一作上弯形(出)。历史上,在学者

---

[*] 本文原刊《光明日报》2020年11月7日,第12版。

正确分辨出来之前,"替"字都被误释成"並";而楚国印章中的"出",也多被误释为"之",致使一些重要商业史料被湮没。20世纪30年代,在洛阳金村出土的一批青铜方壶上,都有记录容量和重量的铭刻。在容量"四斗"之后,有"⿰(㕥)客"二字,过去多有误释,目前最流行的释法就是释为官名"㕥(司)客"。我多年前曾在一次演讲中指出,"客"前一字,跟"㕥"字是有区别的。其所从的㇀,不但比"司"字所从的㇆少一画,连首笔的斜度,也就是笔势,二者都是不同的。这个字实际上就是"以"字。释作"以",不但字形上解释起来毫无障碍,文意也极为通畅。"以客"要读作"已格",就是已经校量过的意思。"以"读"已",在古书中本是很常见的,而"客"与"格"的通假,早在西周铜器铭文中就出现过。近年新出的好几件记容铜器上,都发现"客"读作"格"(度量)的例子。而三晋记容铜器铭刻中,也曾出现"已𢼌(校)"这样的话。所以金村方壶铭文中这两个字的正确释读,一定是"以(已)客(格)",而不能是其他。这种字形上的细微差别,往往是误导学者释读的一个重要因素。

(二)即使字都不难认识,但某些特殊情况的存在,也会导致人眼的疏忽,进而导致错误的释读。过去我讲过一个反书的例子。徐国青铜器上曾出现"鱼腊"(腊音昔,干肉),这是古代礼书上常见的连举名物,但因"鱼"字在铭文中是反写的(与铭文铸造有关),结果出现各种各样的误释,致使我们丧失一次掌握古代礼制方面的"二重证据"的机会。这里再举一例。《古玺汇编》2238号是一枚三晋阳文小方印(见图1),旧以为其上只有三个字,定为私印。我在2006年审读一篇博士学位论文时指出,此印实际上是五个字,前两个字的下部,都含有合文符号"="(两个字合在一起占一个字的地位,称为合文)。只是因为印面地位狭窄,加上所有文字都并排横列,所以看起来非常隐蔽,以致一般研究的人会疏忽放过。正确的释读应该是"曲邑匀邑守",是一方很特殊的官印。过了十一年,2017年,陕西收藏家公布了一方新发现的类似三晋官印,印文是"曲邑武阴守",其上"曲邑"二字也同样作合文并有合文符号(《戎壹轩藏三晋古玺》3,见图2),这就证实了我的看法。

图 1　　　　　　　　　　　　　图 2

（三）穷尽资料，并尽可能地缩小考释范围，是准确考释古文字的一个重要途径。在三晋玺印所见的姓氏中，有一个怪字作"𫝀"，它既作为单字姓氏出现，又出现在复姓（这里用俗称，实际是氏）中。过去曾有学者释为"佗"，字形上虽然也马马虎虎可以通过，但实际上解决不了跟已知古代姓氏的对应问题。也就是说，这样的考释最终还是无法落实。后来我在检阅旧材料时发现，这个怪字在复姓中，不但出现在后一个字的位置上，如"大一"，也出现在前一个字的位置上，如"一中"。这样一来，释读的可能范围便大大缩小。于是我花了大半天时间，检查了所有已知复姓，最终知道此字实际上就是古文字里很常见的当"叔"字用的"弔"，只是它的写法在三晋变异了。"大叔"氏、"叔中"氏和"叔"氏，不但见于传世文献（即太叔、叔仲），也见于汉代私印。后来我又在魏国兵器上发现同样写法的"弔梁"氏，那自然就让我们马上想起孔子的父亲名纥字叔梁。晋有叔梁氏，是见于古姓氏书记载的。

以上几个古文字考释的例子，如利用人工智能技术，大约涉及如下工作：①手写汉字字形的精准图像识别，含反书、合文、重文等特殊情形；②语料库的建设，含通假标识与断句等；③古代历史与制度的相关数据库建设。假使通过计算机读图并与各种相关的"库"建立起有效的勾连与筛选，也就是通过人工智能技术达到较为精准有效的数据处理水平，那么古文字考释的速度与成效自然会大大提高。虽说这些恐怕还都属于比较低端的人工智能，未来一定还会有更高级的诸如机器自我学习提升以及人机嫁接互动等技术,但这已是我们当下可以憧憬和努力的方向了。

(吴振武,中国古文字研究会会长、吉林大学考古学院中国古文字研究中心匡亚明特聘教授)

什么是较好的大数据历史研究

邱伟云

  2018年12月13日笔者受邀到华中师范大学历史文化学院,参与"大数据与中国历史研究学术工作坊"并进行对谈,12月14日参与了"大数据历史研究生论文研讨会"并进行点评工作。两天下来的感觉是华中师大"大数据历史"研究生们都已颇为兼擅数字计算能力与历史学养,皆是未来可期待的跨领域新世纪人才。台湾政治大学文学院数字人文中心主任郑文惠教授曾指出,现在的本科生乃至于研究生都将是"被牺牲的一代",他们的上一代人即使不学习数字计算技术也没关系,因为早已取得工作,而他们的下一代则是从小开始学习编程,能够直接应用到未来职场工作中,那么,现在的本科生乃至研究生在未来毕业后进入职场时,将面临的问题就是因为不具备数字计算能力而可能被就业市场淘汰,因此称为"被牺牲的一代"。然而从华中师大"大数据历史"研究生来看,他们则是能从"被牺牲的一代"中脱颖而出的人物。在大数据计算的效能与价值尚未被普遍接受之时,华中师大就能有远见地招收与培育"大数据历史"研究生,这是很值得敬佩、赞赏与学习的,因此笔者很高兴能受邀参与这次的工作坊与研讨会并与诸位师友一起论道。综观本届"大数据历史研究生论文研讨会"中发表的九篇论文,笔者想提出四点建议,谨供往后进行大数据历史研究工作的青年学子参考。

  首先,从研讨会的论文中可见,有些同学已能掌握大数据历史研究的精要,亦即能围绕数据计算结果进行分析讨论并得出结论,但也可见多数同学尚存在一个共通的问题，亦即有些论文中的论点分析与数据计算结果脱钩，造成即使全篇去除数据计算的表格也可成文的观感，这就表示这些同学尚未清楚意识到大数据历史研究视野的核心要义，因此才会有以罗列简单统计表格作为点缀，更多的是进行与数据无甚相关的人文分析，以为这就是大数据历史研究的情况。那么，一个较好的大数据历史研究论文该是什么样的？笔者建议应当是研究者先树立一个宏观且具体并有争辩性质的人文问题意识，然后与过去不同，不从选精与集萃的文献出发去进行论证，而是从大数据的量化视角出发，先对该人文问题意识进行量化研究视野的转译，转成量化的问题意识，思考透过哪些数据计算能够解决前面所提出想解决的人文问题，然后再紧扣数据计算结果去回答该人文问题，这样的论文可能才是大数据历史研究中较好的研究模式。换言之，大数据历史研究有其适合处理的问题，并不是所有问题都适合从大数据角度去进行研究分析，因此在进行大数据历史研究前，选题就是一件非常重要的工作，只有题目选得适当，才能展现出大数据历史研究视野的亮点，而不会产生只是把数据计算表格当作陪衬的现象。

其次，要清楚提出大数据历史研究的成果究竟做出了什么贡献，是验证、修正了旧说还是创造了新说。唯有清楚标定大数据历史研究的成果，方能使其在传统历史研究视域中逐渐取得存在的正当性。而在研讨会论文中可以看见一些有待加强的研究成果，就是从一些数据统计中得出一些已知的常识，例如某地为交通与经济要地所以人才辈出，或是某地参与活动的人多所以胜出的人也多，类似这种实则不需经过大数据研究也可得出的常识需尽量避免，以免局外人（outsider）看低了大数据历史研究的效能。

再次，要清楚掌握大数据历史研究的长处，除了可避免幸存者偏差的全数据研究特点外，另一要点就是复杂的比较研究。因此一个较好的大数据历史研究不能只计算出某地的现象就说这是该地的特殊现象，必须经过至少两个甚至三个以上观察对象的比较才能得出结论，类似这样的复杂比较研究就是大数据历史研究视野的长处，应当更好地被运用至研究中。

最后，要对数据结果进行较好的解释，亦即在运用了计算统计方法得出数据结果后，不能只是简单地描述数据现象，必须紧扣该数据进行分析讨论，算出了数据结构现象后不能只是摆着，必须勾连历史，揭示出这些数据背后的历史意涵，要从数据中去认识是什么样的历史人物、事件或行动促使数据结构发生变化，结合历史人物、事件、行动使数据有意义。一个较好的大数据历史研究一定要避免只是计算现象与描述现象，因为这样是没有意义的。

综上，大数据历史研究视野的优点，就是有别于过去选精与集萃视野，能在全数据下发现历史间的复杂关系。研究者可从大数据提供的线索中发现打破常识的信息并进一步进行研究，这是由于大数据历史研究得以避开幸存者偏差，对历史全体进行整体观照。在工作坊与研讨会的讨论中，有人提到资料迭代是否会造成研究结果不同的问题，这是一般人常有的看法，然而前人早已进行过有关资料迭代是否影响研究结果的测试，研究指出在资料迭代之下，对原有的研究结果应是增补而非取代关系，亦即随着资料的扩充，可以扩大研究结果的解释范围，使研究结果更为完整，并不会出现相互冲突的现象。

大数据历史研究法的存在价值，在于能够透过大数据计算历史，验证、修正过去的研究结论，以及提出新的历史发现。就研讨会的九篇研究论文来看，研究生们已经能够通过大数据历史研究视野去验证前人的研究结果，从量化角度科学客观地证明过去选精集萃下研究成果的正确性，因此实具贡献。虽然论文中尚未见能够提出历史新说的篇章，但在此笔者想要强调的是，"大数据历史"研究生们透过数字技术的操作，能够研究历史数据，并能在短时间内得出学者们过去可能花费数年之功才能得出的研究结论，就是一种进步。可以期待，在更为熟悉大数据历史研究方法后，只要他们想到过去所不曾提出的问题，就能马上采用大数据历史研究法更快与更为全面地得出研究结果，通过大数据历史研究新方法为历史学界提出更多的新研究议题与观察结果，这是笔者对华中师大"大数据历史"研究生力军的殷切期待。

（邱伟云，南京大学历史学院副教授）

谁获得教育？

——"民国大学生量化数据库"构建与研究简述

梁 晨 任韵竹 李中清

教育是确定个人社会地位的重要指标之一。虽然它不像财富那样可以直接在代际进行传递，但几乎所有研究都表明，父辈、祖辈等所形成的家庭文化背景、家长职业乃至家庭财富状况等，会直接影响后代的教育获得。因此，教育获得的水平、教育获得的内容等，在很多社会也有遗传性特征，特别是在人类社会进入工业化时代以后，随着知识重要性的凸显，教育获得水平和内容对个人身份、地位的影响也越来越大。

近300年来，教育精英在中国人口中的比重大为增加，甚至超过了全国人口的增长规模。1700年左右，中国总人口约1.5亿，今日中国人口超过14亿，增长了8倍左右；整个国家接受过高等教育的人口从10万多增长到了1亿多，扩展了1000倍；在学的教育精英从十数万增长至千万，扩展超过100倍。① 教育精英的大幅度扩展显然和晚近以来国家教育制度调整、现

---

① 1700年当然不存在近代意义的高等教育，此处人数为获得举人以上功名的人数（晚清新政教育改革中曾考虑对高等学堂毕业者授举人功名，大学堂毕业者授进士功名，以此为依据）。清代每次乡试全国授予的举人数在3000—4000名，再考虑恩科等情况，至1700年也不过有举人10万名左右。再考虑到整个清朝268年共有进士27000人左右（关于进士非常准确的数字学界还存在一定争议，但差异不大），平均每年约100人，到1700年也不过6000人左右，因此即便不考虑进士、举人等之间的重叠，此间中国受过高等教育的人口估算起来也不到11万人。当代数据来源于国家统计局公布的2010年第六次人口普查数据，全国13.3亿多人口中，受过专科教育的有68610519人，受过本科教育的有45625793人，受过研究生教育的有4138585人，总计118374897人。参见http://www.stats.gov.cn/tjsj/pcsj/rkpc/6rp/indexch.htm，阅览时间：2019年3月8日。

代学校设置等关系密切,尤其是20世纪30年代以后国家支持下的各级教育扩展,以及1949年以后国家推行的初等教育普及与高等教育扩张等。这一系列转变中教育精英来源的变化及其对社会发展的影响,是李中清-康文林团队当前研究关注的重点之一。

为此,我们自主构建了"民国大学生量化数据库",并进行相应的研究。该数据库由李-康研究团队成员、南京大学梁晨于2010年起提议并主导建设,是一个基于学生个人层面的量化数据库,也是研究团队在此前"当代北京大学-苏州大学学生量化数据库"及其研究基础上的延伸。[①] 该数据库项目的主要目标,是根据民国时期各大学记载的学生记录(主要是入学时填写的信息)来构建量化数据库,并以此研究民国时期的教育获得、不平等和教育精英群体特征。

教育精英的社会来源包括多个维度:地域来源、家庭来源、系统来源。分别对应数据库中学生的籍贯和家庭住址、家长职业和来源中学。数据库中丰富、全面的学生社会来源信息,是量化研究教育精英社会来源与社会流动难得的材料。民国时期是中国近代大学教育的起步阶段,大学生更是民国教育和社会精英的重要组成部分。从中国现当代学术界发展的历程来看,大学生群体大致可按时间先后分为四批:第一批学人是民国初年到抗战前,随着西学在中国地位的确立,最早接受大学教育的各类大学生群体;第二批学人主要包括抗战时期接受高等教育的大学生,以及在抗战中及抗战后出国留学的学生群体;第三批学人主要是1949年中华人民共和国成立后到"文革"前的大学生,以及以留学苏联为主的留学生及技术人员;第四批学人则包括恢复高考后的大学生及留学生群体。

我们旨在通过构建民国大学生量化数据库,了解处于近代中国社会转型时期的民国教育精英的社会来源结构,并重新理解民国精英阶层的开放性和流动性。以往关于民国高等教育的社会史及教育史研究,都侧重宽泛的整体研究,主要关注科举废除、新式教育兴起后在教育制度和课程设置上的转型,极少关注学生群体的变化。至于学生群体的社会来源,我们只

---

① 在整个项目进行期间,研究团队成员梁晨于2010年获得国家社科基金会青年项目(项目号:10CZS023)的资助;李中清、梁晨、汪洪波于2013年得到了香港科研资助局GRF项目(项目号:640613)的资助,2015年获得国家社科基金一般项目(项目号:15BZS073)的资助;李中清、梁晨、康文林于2017年获得香港科研资助局GRF项目(项目号:16602117)的资助。

能从有限的社会史研究中，比较大学学费和收入水平等，侧面探得民国高等教育精英化的特点。

自2010年夏天开始，梁晨、徐丹等陆续考察北京、上海、南京、杭州、福州、广州、南昌、济南、天津、沈阳、成都、昆明、重庆、长沙等地的档案馆和图书馆，并组织人员陆续将学生学籍信息输入电脑。① 而后汪洪波再根据电子化后的材料，逐一核对整合，最终将其囊括在数据库中。2014年起，任韵竹逐渐接手数据库的建设工作，并从2015年开始继续考察新材料、补充校对已有材料，并在此基础上发现其他适合建库的材料，组织筹建民国博士留学生数据库、民国教师数据库、民国就业数据库等。

基于对档案馆公开档案的考察和录入，民国大学生量化数据库的数据主要来源于全国各省、市档案馆的民国时期公开历史档案，也有个别学校如清华大学、上海交通大学、浙江大学的数据，是由大学档案馆提供。② 在构建数据库的过程中，我们尽量以地区为单位，各地学校均分为公立、私立、教会三类统一输入。受到民国时期数据公开的限制，对于大多数已合并或停办的教会和私立大学，我们能够从档案馆的公开档案中获取建库所需要的数据；而中华人民共和国成立后仍存在的民国时期各国立大学，如复旦大学、北洋大学、武汉大学、四川大学等的数据，则未能将其囊括其中。

存放在全国各官方档案馆中的材料，主要包括1949年后陆续停办的大学，以及选择将民国时期档案寄存在官方档案馆的各大学，该类材料约占民国大学生量化数据库的2/3。对于档案馆已经向公众开放的档案，我们也将公开相关数据，供学界使用。以20世纪50年代初期的院系调整为界，院系调整后停止办学的私立及教会大学档案，通常存放在各省、市档案馆，如上海的大同大学和圣约翰大学等。民国上海各大学中，上海市档案馆藏有22所专科以上学校全宗，其中暨南大学、大同大学、沪江大学、圣约翰大学、震旦大学、上海法政学院和上海商学院全宗内容较为丰富。综合考

---

① 数据库中上海地区材料主要由徐丹输入，清华大学材料由张铭雨组织输入，北京医学院、中法大学、朝阳学院材料由激扬输入，辅仁大学材料由张子欣组织输入，中山大学材料由赵玉倩、于广、林展等输入，福建协和大学材料由钟一驰等输入，浙江大学与之江大学材料由潘兵输入，湖南大学和湘雅医学院材料由张梓晗等输入，国立师范学院材料由史鑫鑫输入，金陵大学材料由付园园、高颖、杨莉和郭爽输入，金陵女子文理学院材料由周吟霜、梁玮输入，中正大学材料由梁倩玮、潘康、金籽骏、李珍、苏云巧输入，厦门大学材料由梁诚成输入。
② 数据库中浙江大学的数据既包括浙江省档案馆的学生资料，又包括浙江大学档案馆的材料。

虑学生档案信息的系统性和时间的连续性后，最终将其中 8 所学校的学生信息收录在民国大学生量化数据库中。① 此外，尽管有的公立院校在院系调整后仍然存在，却也选择将民国时期的某些档案交付给各级档案馆保管，如湖南大学、中山大学、中正大学及中央大学等。例如湖南大学档案馆就指出，由于历史和管理方面的原因，民国时期（1917—1949）档案已移交给湖南省档案馆，计有 313 卷册；湖南大学档案馆只保存有 1950 年以来学校所形成的各类档案。② 另有些大学，如国立广西大学，尽管全宗依然藏在广西壮族自治区档案馆，但所藏学生档案较为简略，以学生名册、录取名单和志愿书为主，缺少构建数据库重要的学生个人及家庭信息。中国第二历史档案馆保存有中央大学全宗档案，全面检索后却几乎没有发现学籍卡片等资料，其原因还有待考察。

现在仍旧存续的原民国公立大学和中华人民共和国成立后并入各公立大学的私立大学，其材料大多保留在各学校自己的档案馆（室），这类档案约占民国大学生量化数据库的 1/3。这些档案材料归各学校所有，我们仅被授权录入和分析数据，并不会公开任何数据。大部分公立大学的主体在经历 1949 年后的转变后得到了保留，而其档案资料也依然由学校的档案馆（室）进行保存，如清华大学、交通大学和浙江大学等。另有一些在院系调整期间停办的大学，由于院系被并入了公立大学，档案也被新学校接收，如民国时期教会辅仁大学档案，就悉数收编进北京师范大学档案馆。又如四川大学，分别在 1949 年后和 2000 年院系合并时，整合了民国时期原国立四川大学和教会华西协合大学的档案，至此四川大学档案馆收藏了民国时期大部分四川地区高等院校的原始档案。③ 另外，教会齐鲁大学，由于其医

---

① 上海档案馆存有全宗的大学院校包括暨南大学（Q240）、大同大学（Q241）、沪江大学（Q242）、圣约翰大学（Q243）、震旦大学（Q244）、东吴大学法学院（Q245）、上海商学院（Q246）、上海法学院（Q247）、上海法政学院（Q248）、同德医学院（Q249）及各专科学校。
② 《湖南大学档案馆指南中馆藏综述》（2004 年 1 月），见 http://dag.hnu.cn/main.php? id = 14, 阅览时间：2019 年 3 月 8 日。
③ 四川大学档案馆藏档案共 22 个全宗，包括民国时期四川中西学堂、四川省城高等学堂、四川通省师范学堂、四川公立法政专门学校、四川公立农业专门学校、四川公立国学专门学校、国立成都高等师范学校、国立成都大学、国立成都师范大学、公立四川大学、国立四川大学、国立成都学院、华西协合大学。此外，由于华西协合大学档案一度移交四川省档案馆和成都市档案馆，1986 年大部分才重新移交回华西医科大学档案馆，因此现四川省档案馆和成都市档案馆尚有部分华西协合大学档案。

学院在院系调整时合并至山东大学，民国时期部分齐鲁大学档案，尤其是医学院的档案，至今仍藏于山东大学趵突泉校区档案馆，另一些档案则由山东省档案馆收藏。①

目前数据库中有5所大学的材料来自各学校档案馆，包括浙江大学、清华大学、金陵大学、交通大学和燕京大学。清华大学的材料由清华大学历史系博士生张铭雨组织学生录入。交通大学则通过李中清牵头联系，由徐丹进入该校档案馆完成录入。和浙江大学档案馆的合作则以校际合作项目的方式，由李中清领导完成，同时得到北京高科技中心研究经费支持。金陵大学材料的获得和录入则有赖于梁晨的组织和帮助。

除了各官方和大学档案馆，数据库的构建也得益于部分民国时期的出版物，如数据库中厦门大学的材料来自藏于上海图书馆的《教职员暨学生姓名录》，辅仁大学的材料则来自《近代同学录汇编》第11册《私立辅仁大学男生名册》及《私立辅仁大学女生名册》。值得一提的是，尽管耶鲁大学神学院图书馆已经将民国时期的中国13所基督教大学档案大部分电子化，但其中的学生档案因为包含信息并不丰富，目前仅将齐鲁大学和岭南大学学生名册收录在数据库中。

数据库中的数据来自公开档案的学校主要集中在北京、上海、杭州、长沙、福州、广州，来自各校档案的学校主要分布在北京、上海、杭州与南京，而取自出版物的学校则位于北京和厦门，这也与民国时期主要大学分布较为一致，唯一未能包括的是武汉和重庆地区的高校。与清代书院的全国性分布不同，民国大学（尤其是著名大学）主要分布在政治、经济、文化较为发达的地区，在分布上具有不平衡的特点。如据1933年的统计，全国立案大学共63所，其中有14所分布在上海，12所分布在北京。② 另据1948年教育部统计，上海地区专科以上高校达30所，北京作为全国文教中心，仅有12所，首都南京仅有9所。③ 虽然在国民政府成立后，国家在政

---

① 根据刘家峰教授2017年1月提供山东大学趵突泉校区档案馆所藏齐鲁大学档案目录，笔者发现目前档案馆所藏学生档案主要包括学生履历、成绩表、注册表等，主要集中在医学院，但也包括部分文理学院和理学院学生档案。
② 中国学生社编辑《全国大学图鉴》，上海良友图书印刷公司，1933，第16—18页。
③ 教育部教育年鉴编纂委员会编《第二次中国教育年鉴》第5编《高等教育》，台北，传记文学出版社，1971。

策上向边疆地区有所倾斜，尤其是抗战期间国立大学的增多，在分布上显得更加均衡，①然而从规模、师资和学生质量上来看，依然是北京以及沿江海地区更有教育优势。

民国大学生量化数据库尽管未能包括民国时期所有大学及学院，但已经涵盖 4 所最大和最精英的国立大学——北京国立清华大学、上海国立交通大学、杭州国立浙江大学和广州国立中山大学，亦包括多所精英教会大学——上海圣约翰大学、沪江大学、苏州东吴大学、杭州之江大学以及南京金陵大学和金陵女子文理学院，而在私立大学方面，数据库收录了一度被誉为上海滩学生数量最多的私立大同大学。但需要指出的是，由于资料保存等问题，被收录的各个学校在数量和连贯性上有较大的差别。截止到 2019 年，量化数据库已经涵盖民国时期全国共 27 所专科以上学校学生信息，其中包括 128242 名学生共 157160 条个人信息。目前，仍有燕京大学、铭贤学院、国立沈阳医学院、辽东学院、英士大学的学生信息在录入中，数据库建设完成后，有望囊括民国时期 33 所学校近 18 万大学生的微观层面数据。

民国大学生量化数据库主要资料来自学生入学时所填的信息卡片，即学籍卡，由于各校在学籍卡设计和称呼上有所差别，数据库主要录入材料包括学籍卡、注册片、入学登记表、学生履历表等。民国时期大学生学籍卡是学生入学时填写的重要资料，由于学籍卡里的信息是学生邮寄成绩单和缴付学费等的重要凭证，更是学生日后毕业、就业的重要凭证之一，我们认为学籍卡的信息较为真实可信。此外，从数据库建构和数据分析的角度看，虽然单张学籍卡的内容未必非常丰富，但其所包含的信息种类较为繁多；同时，每所学校涵盖的具体变量也不尽相同，这都给统一的输入和量化分析带来了困难。但综合而论，所有学籍卡基本都含有学生个人、家庭及其主要社会关系等三大方面的基本信息，这既是我们确认收集某校学籍卡入库的标准，也是数据库建成后分析研究的主要方面。表 1 列出了民国大学生数据库中所包含的基本变量及说明：

---

① 李木洲、刘海峰：《民国时期国立大学的设立与分布》，《高等教育研究》2014 年第 4 期。

表1 民国大学生数据库各变量说明

数据库主要变量	变量说明	报告该信息学校数量
姓名	学生姓名	26
性别	学生性别	24
年龄	学生年龄	25
入学时间	进入大学时间	27
专业	学生专业	23
籍贯	学生籍贯	27
住址	学生家庭住址/通讯处	24
高中	入学前所读高中名称	24
婚姻状况	学生婚姻状况	13
宗教信仰	学生宗教信仰	5
党籍	学生党籍	8
民族	学生民族	1
家长姓名	家长姓名	24
家长与学生关系	家长与学生关系	24
家长职业	家长职业	24
家长住址/通讯处	家长住址/通讯处	24
家庭信仰	家庭宗教信仰	2
父母教育状况	父母教育状况	1
兄弟姐妹信息	兄弟姐妹姓名及职业	4
保证人姓名	保证人姓名	19
保证人与学生关系	保证人与学生关系	19
保证人职业	保证人职业	21
保证人住址/通讯处	保证人住址/通讯处	21

注：福建协和大学由于福建省档案馆规定只允许录入姓，因此数据库中只包括姓，而没有完整的姓名。

在构建数据库的过程中，我们在不断走访各地档案馆时，也发现除学籍卡资料外，还有其他一些与学生相关的、基于个人层面的数据资料，这些数据也被纳入了"民国大学生量化数据库"，可以看成数据库内部不同材料的数据连接和规模扩展。例如家庭调查表、毕业生调查表、考生报名表、毕业同学录、在校生成绩册、新生名册等，根据信息量的多少和材料的系统性，我们也将部分该类材料涵盖在数据库中。图1系统地说明了民国大学生数据库的资料构成与其他相关学生数据的关系：

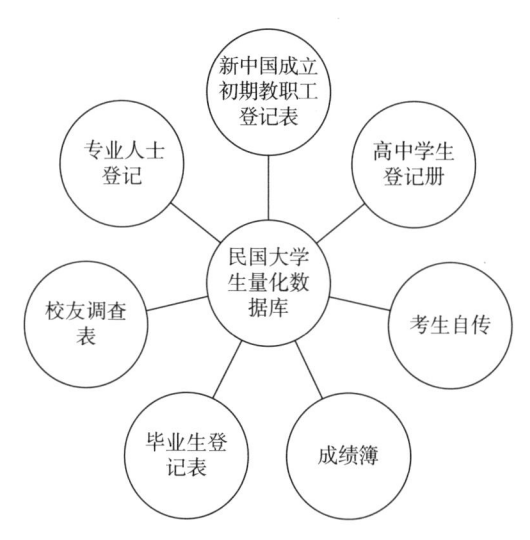

图 1　民国大学生数据库数据来源

（数据来源包括：新中国成立初期教职工登记表、高中学生登记册、考生自传、成绩簿、毕业生登记表、校友调查表、专业人士登记，围绕民国大学生量化数据库）

总体而言，民国时期学生个人层面档案主要集中在20世纪20年代后，尤其是20世纪三四十年代。这一方面是早期材料因保管不力等，散佚较多；另一方面，民国各地大学的发展、数量和学生规模的扩展，主要集中于南京国民政府建立以后的20世纪30年代，这也导致一所大学即便档案没有任何损失，学生规模和学籍卡数量在20世纪30年代前后也存在非常大的差别。图2是民国专科以上学校毕业生数和民国大学生数据库人数按年份分布的对数尺度。

在考察各地档案馆和阅读相关档案文献后，我们对民国时期所有高校的资料分布做了相关说明，并对现存学生档案的分布和可获取性等做了评估。在学校的选取方面，在可获取数据的前提下，我们优先选择大学和学院，[①] 对于数据较为完整的专科学校，也考虑将其囊括其中。如上海市档案

[①] 民国初年中国的高等教育机构主要包括大学、专门学校和高等师范学校等，1922年颁布的壬戌学制规定可以成立单科大学，同时高等师范学校改为师范大学。后南京国民政府规定，大学为研究高深学问，养成专门人才的机构，分文、理、法、教育、农、工、商、医等学院，同时规定具备三个学院以上者得称大学，否则为独立学院。专科学校则在宗旨上以"教授应用科学，养成技术人才"而与大学有别，同时在授业年限上定位2—3年，低于大学和学院。

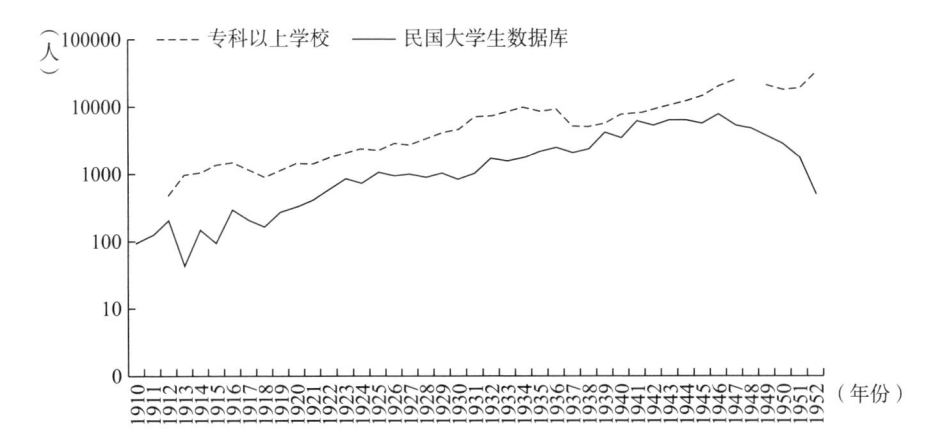

图 2 民国专科以上学校毕业生数及民国大学生数据库学生人数按年份分布

资料来源：民国专科以上学校毕业生数，来自教育部教育年鉴编纂委员会编《第二次中国教育年鉴》第 14 编《教育统计》。

馆所藏上海市立工业专科学校，其学生学籍资料完整且全面，为了分析民国时期上海整体学生来源，我们也将其包括在民国大学生量化数据库中。

"民国大学生量化数据库"的建设已接近完成，除了不同数据的内部连接外，我们发现它还可以与其他数据库进行匹配，从而就两方面理解这些教育精英，一是其社会来源，二是其职业轨迹。民国大学生数据库中包含大量家长信息和保证人信息，包括姓名、职业和通讯处。数据库中早期学生家长信息，可以和李-康研究团队的缙绅录项目在构建数据库时进行连接。《缙绅录》是记录清朝职官姓名、出身、籍贯、字号等的专书，缙绅录数据库数据来源主要是《清代缙绅录集成》，包含从乾隆到宣统时期的官员信息。该数据库的特点是长时段、横截面、可追踪，同时这个数据库也是世界范围内唯一的长时段记录国家职官姓名等基本信息的材料。缙绅录数据库中的宣统年间数据，可以通过姓名与民国大学生数据库中 20 世纪 20 年代前的学生家长数据进行匹配，以帮助我们更好地理解民国大学生的家庭来源。

与此同时，民国大学生数据库也可和袁同礼所编的《中国留美同学博士论文目录》进行匹配。《中国留美同学博士论文目录》包括 1905—1960 年 2751 名在美国获得博士学位的中国学生记录，信息包括学生姓名、生卒年、在美所获博士学位学校名称、获得博士学位时间、博士论文题目等。该书同时包括 1926—1960 年 14 名在加拿大获得博士学位的学生的信息。我们通过学生姓名将民国大学生数据库和留美博士生数据进行匹配,发现可以在民国大学生数据库中追踪到549名留美博士,其中理工科398名,人文和社科151名。这个结果一方面可以看到留美博士学位获得者的本科学校分布,另一方面也可看到"民国大学生量化数据库"中学生毕业后的去向和职业轨迹。

目前进行中的连接工作,还包括匹配《中华医界指南》中的全国注册医师名录,以及经济部会计师登记表中的会计登记卡,匹配完成后有希望得以追踪民国大学生的职业发展轨迹,及其在劳动力市场上的表现。其他可考虑连接的材料还包括上海各商会负责人名录及其他各职业协会的名册。

依靠"民国大学生量化数据库",研究团队已经完成了一些专题论文,包括对民国上海大学生群体社会来源构成的研究、对民国大学院校招生制度和对学生社会来源影响的研究等。① 而通过科举数据库、当代大学生数据库的链接计算,我们定量分析了1865年以来的数据,② 得出了一些初步但可能较为重要的实证发现。③ 概括来说,在过去一个半世纪中,中国教育精英在社会和地理来源等方面出现过多次剧烈的阶段性、结构性转变。这些转变大致可分为四个阶段:1865—1905年为第一个阶段,官员子弟在教育精英中几乎形成了垄断;1906—1952年是第二个阶段,商人和专业技术人士等近现代新职业群体代替传统官员群体,在教育精英者家长职业中占据明显优势;1953—1993年是第三个阶段,工农或无产者子弟成为新的教育精英优势群体;1994—2014年是第四个阶段,有产者和工农无产者子弟混杂,但有产者子弟的优势逐渐显现。④ 这四个阶段与晚清国家新政、民初资产阶级建国、1949年以后社会主义改造以及20世纪90年代开始的市场化经

---

① 参见梁晨、任韵竹、王雨前、李中清《民国上海地区高校生源量化刍议》,《历史研究》2017年第3期;梁晨:《从教育选拔到教育分层:民国大学院校的招生与门槛》,《近代史研究》2018年第6期。

② 之所以截取1865年以后数据是基于两方面考虑:其一,根据何炳棣的研究,1865年以后,清朝进士功名获得者稳定地为中高级科举功名获得者子弟所垄断,科举制之下的社会流动性降到了最低;其二,19世纪60年代中期,正是洋务运动开展时期,1865年金陵机器制造局的创设更是这一运动的重要标志。这一运动的开展,不仅给中国引入了西方先进的科技和生产工具,也使得中国正式拉开了向西方学习的序幕。

③ 梁晨、董浩、任韵竹、李中清:《江山代有才人出——中国教育精英的来源与转变(1865—2014)》,《社会学研究》2017年第3期。

④ 据我们观察,这一阶段的农民子弟很多还是来自农村相对有条件的家庭,包括一定的经济条件和较高(高中及以上)的父母教育水平。

济改革等重大社会革命和转型阶段相互交织。相对于现代西方主流社会，中国教育精英的来源更为多样和多变，精英群体的构成异质性较强。理解近现代中国的发展路径，除了显而易见的重大社会革命这条主线，我们也不应忽视中国精英群体，尤其是教育精英来源在这段大历史中所经历的社会转型。

目前，李中清、任韵竹和梁晨正在围绕"民国大学生量化数据库"进行《中国近代知识阶层的形成与来源》一书的写作。依靠民国大学生学籍数据库中26所高校近10万名大学生的个人层面信息，我们发现，近代中国，随着科举制度废除和西式教育引进，一方面，国家对教育精英选拔统一控制的局面停止了，教育精英的来源与形成越发凸显出地方特性。比如与科举功名相比，大学生名额几乎不再有统一的地区配置，科举时代形成的以进士为标志的人才全国性分布的局面，逐渐过渡为以广州为中心的东南沿海、以上海为中心的江浙地区以及以京津为中心的华北地区三大区域高度集中的现象。当教育名额的分配主要不经由国家，而是依靠社会本身发展时，各地方发展的差异，尤其是教育资源的差异，就会越发明显地影响不同地区群体教育获得的机会。

另一方面，新式教育是系统性、体制化的教育，学校设立的地点和教学要求，使很多学生甚至在中小学时就需要离开出生地和家庭，进入城市，且多数时间在学校而非家庭度过。民国时期的新式大学从空间上为大学生提供了个人生活和独立思考的私人天地。这种空间能够让个人和家庭及其所在区域相对隔离，使学生可以自由选择自己的所学科目、毕业出路、宗教和政治信仰与人生追求。因此，尽管科举家族在明清时期具有重要地位，但通过考察民国大学生数据库中的学生家长，我们发现新式教育下的成功者，更多是以家庭而非家族为单位出现，这一点在从事学术教育的家庭中表现尤其明显，说明民国时期家长对学生主动力和价值观的影响远大于家族。这两方面反映了近代教育精英或知识群体的形成与来源，与传统时代大为不同，他们在形成一个时代特征的同时，也深深影响了今日中国知识分子的特点和社会发展。

（梁晨，南京大学历史学院暨中华民国史研究中心教授；任韵竹，香港科技大学社会科学部博士研究生；李中清，香港科技大学人文学部与社会科学部讲座教授暨言爱基金社会科学教授）

中国人民大学清史研究所
"数字清史实验室"简介

胡 恒

中国人民大学清史研究所正式成立于1978年,自成立以来,推动了如清史纂修等大型科研项目的实施,并将为学界提供公共产品、推动清史学界的共同进步作为重要目标,先后整理的大型资料集如《中国荒政书集成》《清末民国社会调查》等皆对学界产生重要影响。

清史是中国史领域最具数字人文应用前景的断代之一,研究资料的庞大为数据库的建设与应用提供了良好契机,粮价、职官、雨雪分寸、科举等史料又具有系统性,有助于核心数据集的开发。中国人民大学清史研究所较早意识到数字人文时代的来临及其给史学研究带来的挑战,早在2016年5月就由《清史研究》编辑部组织召开了"数字人文与清史研究"工作坊,这也是国内围绕数字史学所召开的最早的学术会议之一。

"数字清史实验室"成立于2018年1月14日,它是清史研究所立足于传统学术优势与未来学科发展所做的战略性规划,既是数字人文时代的新要求,也是推动跨学科融合,以问题为导向,解决宏观问题的学科发展新动向的必然需要。实验室聘请了陈志武、华林甫、黄兴涛、康文林、李中清、龙登高、马德斌、夏明方、朱浒为学术顾问(以姓名首字母排序),成员有胡恒、林展、萧凌波,胡恒具体统筹负责,并由南京师范大学地理科学学院胡迪课题组提供技术支持。"数字清史实验室"也是中国人民大学2019年新成立的数字人文研究中心和2022年升级的数字人文研究院的重要成员，胡恒同时担任数字人文研究中心的副主任。

"数字清史实验室"工作思路是：第一，致力于清史数据的开发与共享，不贪多求大，与传统研究优势相结合，集中有限资源，力图做到专业；第二，致力于打造集时空于一体的数据平台，不仅进行数据库建设，而且进行清史地理信息系统开发；第三，坚持数据开发与科学研究结合，以数据开发带动新的史学问题的发现，以实实在在的科研成果向学界同人展示史学研究中数据的价值与意义，实现彼此良性反馈；第四，坚持自建数据与合作共享结合，既要投入数据库的开发中，又要认识到一个单位力量的有限性，共享与协作是未来史学数据开发的必由之路；第五，坚持数据生产与人才培养结合，只有将数字人文方法应用于培养新一代的史学工作者，数字人文的探索才可能有追随者和开拓者，务须在课程建设、学生培养上投入；第六，坚持核心数据的开发，致力于优先开发清史学界应用较广的数据，如基础地理、灾害、官僚等数据，分轻重缓急，逐步推进；第七，推动以史学为轴心的跨学科研究，有望与政治学、经济学、地理学、管理学在共通的研究方法上打造跨学科研究平台。

"数字清史实验室"已经完成或正在进行的主要工作如下。

（1）数据库建设方面，黄兴涛教授主持的清末民国社会调查数据库（校内访问：www.qmmgshdc.ruc.edu.cn）、夏明方教授主持的清代灾荒纪年暨信息集成数据库两个社科基金重大项目已结项（校内可访问）。"基于地方志的清代职官信息集成数据库"获得中国人民大学重大规划项目支持，正在进行。正在建设当中的还有已刊奏疏目录数据库、清史书目数据库、清代及民国社会经济史数据库、清代履历档数据库等。

（2）与"中国知网"共建"清史研究专题库"。该数据库全面整合知网期刊、博硕士论文、会议论文、报纸、工具书、外文期刊、图书等清史方面的文献资源，汇集清史领域学术资源与信息共六十余万条（种），集学习、研究为一体，为清史研究人员及相关机构研究清代政治、经济、军事、社会、文化、人物提供专业化的知识服务。这是首个中国断代史研究成果数据库，是知识服务提供商与学术机构共建的学术成果服务平台，也是探索知识服务领域协同创新的一次尝试。《中国社会科学报》以"大数据技术推动史学生态变革"、《中华读书报》以"首个中国断代史研究成果专业数据库上线"做了专题报道。

(3) 与香港科技大学李中清-康文林研究团队合作研究《中国历史官员量化数据库——清代》。该数据库由香港科技大学人文学部与社会科学部李中清-康文林研究团队录入建设，项目由 2014 年底开展至今，数据库日渐成熟。中国人民大学清史研究所与香港科技大学人文与社会科学学院及李中清-康文林研究团队开展了关于《缙绅录》数据库的合作研究，数十位师生参与。清史研究所先后举办过两次专题工作坊，分别是 2018 年 1 月的"《缙绅录》量化数据库与清史研究"工作坊、2019 年 10 月的"清代《缙绅录》的文本与量化研究"工作坊。双方不定期举办了数次形式灵活的小型研讨会及互访活动，研究成果已陆续发表，师生互访也依赖中国人民大学院系特色国际培训合作及港澳与内地高等学校师生交流计划项目（即"万人计划"）的支持不断进行。2019 年 7 月华中师范大学、香港科技大学、中国人民大学三家共同在武汉举办了第一次《缙绅录》量化数据库暑期研究生研习营。由胡恒、阚红柳、陈必佳主编，汇集双方合作团队成果的《清代〈缙绅录〉的文本与量化研究》论文集即将出版。

(4) 清史数据共享平台上线试运行，这是国内史学领域第一个数据共享性质的公共平台（正式网址为 http://dhiqh.ruc.edu.cn）。《缙绅录》首批数据（1900—1912）经授权于 2019 年 5 月在该平台发布，提供原始数据的公开下载（含数据指南、重要声明及 xlsx、csv 两种格式文本），第二批数据（1850—1864）业已发布。近期陆续又有其他机构和研究人员提供的史学数据放到该平台与学界共享，反响良好。

(5) 清史地理信息系统（QHGIS）已启动。该项目依托于华林甫教授主持的国家社科基金重大项目——《清史地图集》的编绘，以之为基础，构建时空于一体的数据平台。

(6) 课程建设与教学改革。利用本科教学培养方案改革的契机，实验室已于 2019 年秋季学期在人民大学开设"数字人文与历史研究"课程，加强本科生的数字人文训练，迄今已开设三个学期，业已成为人文科学实验班的部类基础课，选课人数共计 150 人，反响良好，同时以其为核心，加强"量化历史研究"等进阶课程，搭建体系化的数字人文课程。该课程强调学生培养的五种思维：①数字思维，将数据收集、量化分析、地理信息系统（GIS）空间分析不仅作为一种技术手段，而且作为一种思维方式融入历史学专业人才培养全过程；②融合思维，将传统史学重视文本的优势与数字人文方法的技术优势加以融合，并不偏重其一；③跨学科思维，使学生对于将自然科学、社会科学融入史学研究形成方法论自觉；④国际化思维，数字人文是一门世界性学问，需要在课堂教学中不断追踪世界各地同行的相关前沿进展；⑤实践思维，课程格外强调理论学习与实践操作的同等重要性，专门设置技术培训的节次并提供进阶学习资源。胡恒主编的与课程配套的《数字人文与历史研究》教材即将出版。"历史时期川陕交通地理虚拟仿真与中华文化传播"（华林甫主持，胡恒、萧凌波参与）已获得中国人民大学虚拟仿真实验教学项目支持并启动建设。在教学获奖方面，以"大数据融入历史学人才培养模式探索"为名的教学改革获得中国人民大学新工科研究与实践优秀成果奖二等奖。胡恒参与的"基于'双核四融'模式的数字人文复合型人才培养实践"获得2021年中国人民大学教学成果奖特等奖、北京市教学成果奖二等奖，胡恒参与了冯惠玲教授领衔的教育部首批新文科研究与改革实践项目"新兴数字人文专业建设探索与实践"。《中国教育报》2020年9月5日的报道《"新文科"来了，文科实验室怎么建》、中国人民大学原校长刘伟的《从学科交叉到交叉学科如何进档升级》（《国内高等教育教学研究动态》2022年第7期）均专门提到了以人民大学数字史学为代表的新文科建设实践。研究生培养方面也有以数字人文研究方法为主的硕士学位论文获得清史研究所优秀硕士论文（胡存璐：《清代山西官员的空间流动》，硕士学位论文，2020）。

（7）开设"数字人文＆清史研究"专题讲座系列，邀请海外学者授课、交流，如美国斯坦福大学周雪光，香港科技大学李中清、康文林，伦敦政治经济学院马德斌，波士顿大学梅欧金，台湾大学项洁，美国哈佛大学政府系王裕华，德国马普自然科学史研究所陈诗沛等，均先后做客，发表高论。2018年10月，围绕欧洲著名海洋环境史学家、中国外专局海外高端文教专家爱尔兰三一学院Poul Holm教授编著的《2015年世界人文学科研究概况报告》，参与举办了"数字人文与历史研究"工作坊。

（8）数字人文研究与科研立项、获奖方面，实验室成员在《北京大学学报》、《近代史研究》、《史学理论研究》、香港《新亚学报》、《清史研究》、《数字人文研究》、《地理学报》、《灾害学》、《地球科学进展》等刊物发表数字人文方向论文数十篇，出版《新史学》第12卷"量化史学"专辑。目前"数字清史实验室"的重点研究方向是基于数字人文的清代官僚政治史、量化历史和气候变迁。科研项目立项方面，实验室已获得与数字人文研究直接相关的国家自然科学基金、国家社科基金、北京市青年学术带头人、中国人民大学重大规划项目各1项。林展的《高利贷的逻辑》获得第十届金融图书"金羊奖"，萧凌波的《气候、灾害与清代华北平原社会生态》获得第五届谭其骧青年历史地理论著奖三等奖。

（9）国际合作及会议方面，除了与香港科技大学围绕《缙绅录》的研究合作外，实验室还与美国波士顿大学CHCD项目（中国基督教历史资料库）建立了合作关系。实验室成员积极参加了国内外举办的数字人文相关学术研讨会，与学界同行保持了较为密切的学术往来。

数字时代的趋势是资源共享，涓涓细流方能汇成汪洋大海，前提是我们要有共享、公益的精神。"数字清史实验室"在建设之初，实验室诸位同人就意识到，数字时代的要求是合作共建，依靠单一机构、个人，对于推动更大范围的学术进步始终是杯水车薪，故而格外希望学界同人在研究之余所产生的各类数据资源能放在这一平台上，与学界共享，共同推动清史学科的数据共享与科学研究。清史数据共享平台会详细标注来源和作者，知识产权仍归该资源的创制者。

（胡恒，中国人民大学清史研究所副教授，数字人文研究中心研究员）

专题论文

晚清婚姻规范的重构

——基于1872—1911年《申报》婚姻纠纷案的考察

段 钊 张 鹏

摘 要：无论在传统还是现代社会，婚姻规范对个体与社会的存在和发展都有着重要意义，它不仅规制着婚姻关系中的个体行为，也衡量着婚姻的社会意义并给出"对"与"错"的判断依据。近代中国现代化的历史进程，同时也是社会规范变迁的过程，人们对既有规范的遵从与偏离行为，既是婚姻规范作用的结果，也是其变迁的原因，从这个意义上而言，婚姻纠纷案为观察与理解规范重构提供了一个绝佳的视角。本文在对1872—1911年《申报》报道的512起婚姻纠纷案扎根分析的基础上，描述总结了社会经济变迁对晚清上海地区婚姻缔结与存续规范重构的具体影响，分析归纳了规范重构中个体行为的主要特征。对于理解近代中国社会历史现实与变迁具有补充意义。

关键词：婚姻纠纷案 婚姻规范重构 扎根理论 《申报》

引 言

在土地继承作为主要财富来源的传统农业宗法社会中，家庭是难以分割的基本运作单元，婚姻也是个人财富和地位的重要决定因素，社会生产和个人福祉对婚姻稳定性存在不同程度的依赖。对丈夫来说，婚姻确保了后代的合法性，通过长子继承权而保有家庭权威；对妻子而言，家庭资产以丈夫的名义持有，她们很少有独立收入来源，婚姻提供了经济支持的唯一正当性途径。社会规范，无论是在法律上还是道德、伦理、习俗层面，都不同程度地将婚姻视为一种社会义务而非单一感情关系，用以保护那些依赖于婚姻延续的其他制度安排，这也进一步强化了男性的权威。夫妻感情结束时，现代社会通常会赋予双方平等分手的权利；与此不同，传统社会中离婚合法性并不是建立在个人自由选择之上，通常需要以通奸、虐待或遗弃等与婚姻存续不相容的单方面过错为前提。

晚清四十年（1872—1911年），是中国现代化进程中的一个重要时期，经济形态、社会结构与思想文化等方面均出现了新的变化。上海作为中国近代城市化最快区域，在这一时期，城市周围的村落和农田变成了工厂和市区，工厂、市区又促进了商业的繁荣。① 城市边界的延展和新兴产业的发展，提供了大量的就业岗位，吸引了农村人口不断涌入："男工另有种花园、筑马路、做小工、推小车。女工另有做花边、结发网、粘纸锭、帮忙工。生计日多，而专事耕织者日见其少。"② 当商业冒险取代土地成为财富的主要来源时，女性也获得了更多的外出就业机会与一定程度的财产控制权，夫妻合居共营的经济结构被打破，婚姻的不可分割性受到动摇；加之"移民潮"带来上海人口数量的激增，导致年龄结构改变与性别比例失衡，出现了很多与传统"夫妻之道"不同的社会现象，婚姻规范也随社会条件的变更而变化，显现出鲜明的历史特征。对这一时期婚姻规范重构过程的考察，有助于从唯物主义视角更深入理解中国由传统向现代社会转型的历史进程。

史学界对婚姻规范问题的研究成果颇丰，学者们从司法实践、伦理观念、家庭生活、女性主义等诸多视角，探讨了婚俗、夫妻权利义务、妇女贞洁、寡妇与再婚等多方面问题。如陈顾远的《中国婚姻史》，作为婚姻规范研究的开篇之作，基于历代传世文献典章，对传统婚制的范围与类型、订立和解除程序以及夫妻权利关系等进行了系统梳理；陈鹏的《中国婚姻史稿》对于婚姻订立程序仪式，媵妾、赘婿与养媳等特殊婚姻制度进行了

---

① 戴鞍钢：《近代上海与周围农村》，《史学月刊》1994年第4期。
② 民国《法华乡志》卷2《风俗》，转引自戴鞍钢《近代上海与周围农村》，《史学月刊》1994年第2期。

详细介绍。这些早期论著为后续相关研究的拓展与铺陈提供了重要的基础。近年来，跨学科视角与量化分析的方法逐步应用于婚姻规范的研究，如郭松义的《伦理与生活：清代婚姻关系》基于历史学、社会学、伦理学与心理学理论，整合史料考据、个案研究、量化统计等方法，对清代婚姻进行了系统的阐述；王跃生的《十八世纪中国婚姻家庭研究：建立在1781—1791年个案基础上的分析》以《刑科题本》作为史料来源，运用了社会学、人口学的研究方法，对18世纪中后期的中国婚姻行为特征进行了分析与总结，为晚清时期婚姻规范研究提供了很好的参照。

近代舆论报刊是观察婚姻规范重构的一个绝佳史料来源，自1872年创刊至1911年的四十年间，《申报》以奇闻趣事、社会新闻、法律案件和评论等形式，较为详细地报道了大量不同类型的婚姻纠纷案，有助于我们从三个不同维度全方位地理解当时的婚姻现象与社会建构过程：其一是当事人的维度，在其个体行为、事件陈述、申诉情由和诉求中，可以分析提炼出他们对婚姻规范的个体认知；其二是裁判方的维度，案件的处置结果和判处理由传递了制度变迁的信号；其三是报道者的维度，在事件的叙事方式、语言修辞、阐发议论、观点态度中，隐含着公众对婚姻规范的集体性定义。从这些案例中不仅可以挖掘出相关当事人身份特征、婚史经历、矛盾因素、离异策略、裁决过程与结果等历史数据，也可以观察到不同人之间以及个体与社会规范间的互动过程，为解读婚姻规范重构提供坚实基础。

基于此，本文收集整理了1872—1911年《申报》的512例婚姻纠纷案报道，作为原始资料，在"数据驱动命题"的视角下，运用扎根理论的研究方法，在原始资料中归纳概括，通过N-vivo分析软件，按照"开放式编码—轴心编码—选择性编码"的研究过程对史料进行了分析。在饱和性检验基础上，对概念进行提取与关系辨析，并结合量化统计分析，逐步归纳形成相关结论。从案例样本看，本文涉及数量不大，抽样也不能直接代表总体特征，但与统计推断研究不同，本文采用质性方法，目的在于对社会现象及变化的整体性探究，即通过研究对象行为和意义建构获得解释性理解，同时，采用扎根理论方法有利于与研究对象在主体性和视域上的融合，能更好地观察与阐释晚清社会变化中婚姻规范的重构。从这些意义上而言，本文样本来源与数量是合适的。

从地域分布上看，512个样本中415例有明确发生地，涉及18个省份，上海地区占比77.5%，此外浙江、安徽、江苏、湖北四省报道案件相对较多；从时间上看，1900年之前《申报》婚姻纠纷事件报道数量变化总体平稳，维持在年10—20例，1890—1900年的十年间数量有小幅度的缩减，1900年后逐年增加；从报道形式上看，在19世纪最后三十年间，婚姻经历了从奇闻逸事到社会新闻，再到法律新闻报道的转变；从社会反响上看，传统文人对于婚俗风尚变化大加唾弃，[①] 而一些开明人士则提出相对宽容的看法。

对原始资料的初步文本分析显示，核心高频词为"妇人""租界""公堂""离异""自愿""身价""丈夫""改嫁""妇道"等，涉及当事人、审判机关、案件情由与结果；"妇人"相对"丈夫"出现频次更高，比对资料发现这与报道中采纳更多男性陈述有关。开放式编码阶段，共获得319个登录信息，其中重复出现次数超过50次的共24项，重复出现超过10次的共116项。轴心编码阶段得到四个类属，"婚变处置"主要是夫妻双方及其他各方对于婚姻纠纷的主张、纠纷的途径和最终的处置结果等，共126项登录信息；"婚姻类型"包括婚姻订立形式和财礼、媒人、凭据问题，以及婚后关系和后代情况，共34项；"男方情况"主要来源于女方对于丈夫行为的描述、男方当事人自述以及官方调查信息，共34项；"女方情况"群组与之类似，共26项，类型略少于男方，这也反映出男女话语权的差异。下文主要介绍选择性编码与量化统计分析中的发现。

一 晚清婚姻缔结规范的变化

1872—1911年的《申报》关于婚姻纠纷案件的报道，对于婚姻双方的年龄、职业身份，婚姻的缔结过程及支付的聘财数额等情况有较多的介绍，对于把握近代早期上海社会婚姻的基本面貌，具有重要的补充价值。

（一）年龄和身份的沿袭与变化

案例扎根中共获得112例涉及年龄与婚龄的案例，其中包括女性初婚年龄、男性初婚年龄、婚龄、女性再婚年龄、男性再婚年龄、婚姻纠纷发生

[①] "就近日之上海而言，风俗可谓邪之极矣。"见《风俗宣防其渐说》，《申报》1882年2月25日，第1版。

时双方年龄等。同时,《申报》案例中对于婚姻年龄的记录有明显的性别偏向,对于男性的年龄信息报道较少,对于女性年龄信息的报道相对丰富。

在31例包含女性初婚年龄的案例中,16—19岁之间的占比约75%,20岁及以上者占比约19%,15岁以下者较少(见表1)。清朝官方规定,女子14岁方可成婚,违规婚娶者仅见一例,可见晚清上海女性极端早婚的情况并不普遍,女性20岁以后才婚嫁的情况也不少见。据王跃生的《十八世纪中国婚姻家庭研究:建立在1781—1791年个案基础上的分析》对63例个案的计算,清中期江淮地区的女性初婚平均年龄为17.87岁;本文31个案例中女性的平均值为17.77岁,中期和晚期二者大体持平。关于男性初婚年龄,有效案例仅有6个,统计学上的意义不大;平均值为21.83岁且均大于20岁,相对王跃生的案例研究结果——清中期江淮地区为24.19岁,初婚年龄相较于清代中期的平均水平更低。①

表1 《申报》案例中的女性初婚年龄数据

年龄(岁)	案例数量	所占比例
11	1	3%
15	1	3%
16	7	23%
17	7	23%
18	5	16%
19	4	13%
20	2	6%
21	2	6%
22	1	3%
24	1	3%
合计	31	

涉及女性再婚年龄的案例23例,涉及男性的仅有6例。含初婚与再婚年龄信息的案例所占比例较小,表明年龄在婚姻纠纷中是一个被社会舆论

---

① 清中期江淮地区的女性、男性初婚年龄数据,引自王跃生《十八世纪中国婚姻家庭研究:建立在1781—1791年个案基础上的分析》,法律出版社,2000,第32、39页。

忽略的因素；与之相应，《申报》报道中更侧重对聘财多少、能否照顾家庭等情况的介绍。样本中女性再婚时年龄平均值为29.8岁，再婚年龄在40岁以上的案例2个，分别为42岁和56岁，男方前妻均留有子女，没有生育需求。男性再婚年龄相对于女性晚很多，都在37岁以上，平均为49.4岁。涉及婚变时女性年龄的案例51例，涉及男性年龄的17例，统计发现女性婚变集中在17—40岁，平均为29.4岁；婚变时大于50岁以上的案例中，一例是妻子外遇被告，另一例是前夫状告。男性婚变年龄分布较为均匀，平均值为46.3岁。

涉及婚变时婚龄的案例共71例（详见表2）。其中成婚半年以内的12例，比重较高，婚变的原因主要有男方婚后发现对方私德有亏、男方有所隐瞒涉嫌骗婚让女方大失所望，以及性情不合时常吵闹等。这类婚变案例中，当事人离异态度较为坚决，裁判方也颇为倾向于支持离异，除了3例没有记载诉讼结果外，其他9例均判处离异；处置全部是走诉讼程序，没有中途私下进行解决的记录，可见结婚半年内通常缺乏调解的感情基础，纠纷冲突中对抗严重。此外，婚龄1—3年也是婚姻纠纷多发期，总体10年内的婚姻关系较不稳定；相对而言10年以上发生纠纷的案例较少，只占12%。民间有"七年之痒"说法，当代研究表明结婚2—4年是离婚高发期，《申报》报道的案例中婚变时平均婚龄5.4年，似乎可成映照。

表2 《申报》案例中的婚变时婚龄统计

婚龄	半年内	1—3年	4—6年	7—10年	11—20年	20年以上	合计
样本量	12	24	16	11	6	2	71

对比关于清中期的研究来看，晚清婚姻规范中的初婚年龄基本沿袭传统。再婚问题上，女性再婚年龄和婚变年龄区间均集中于20—40岁，数据分布大致匹配，表明生育期再婚女性仍拥有一定竞争力。此外，晚清上海社会中也一再强调"孀妇再嫁，例所不禁"的理念，[①] 保护妇女再嫁行为。在《申报》报道的46例案件中女性当事人有通过逃走、凭媒说合的方式自愿改嫁他人的行为，另有9例是女方母家亲属主导改嫁，12例外人逼迫改

---

① 《署汉阳县正堂蔡告示》，《申报》1878年5月10日，第2版。

嫁，32 例男方家属逼迫改嫁，7 例女方家属逼迫改嫁。从数量与类型也可以推测当时上海地区女性再嫁并不罕见，且在报道表述中也被视作平常事。而男性受婚姻成本压力的影响再婚年龄很晚，再婚家庭夫妻年龄差较大，这客观上也是女性再婚有较长的窗口时间的原因之一；同时，婚变时男性年龄相对更大，客观上可能与年老劳动能力下降有关，对妻子的经济支持减弱导致家庭关系不稳定。

《申报》案例涉及男性身份信息的120例，职业分类如表3所示。男性当事人职业身份虽然多样，但大部分处于近代早期社会阶层分化变动中的下层，经济地位差，收入水平较低。① 女性当事人职业信息相对较少，主要从事纺织工、洗衣、女佣、乳佣等，从事过妓女职业者也并不少见，有22例。从收入水平上看，这些人差异较大，收入稳定性也不高。整体而言，婚姻纠纷案中的家庭有很大比例在收入类型、来源、结构上与传统农业社会形态存在一定的差异。

表3 《申报》案例中男性当事人的职业分类

职业名称	自耕农	手艺人	小商贩	店伙计	职员	官员	雇工苦力
个案数量	10	15	11	29	16	11	28

（二）主婚人和媒人的缺位与淡出

传统规范中父母主婚、媒人说亲通常被认为是合法婚姻中的共识程序，主婚人与媒人作为程序性标志，也代表了社会资本对于婚姻缔结行为的担保。《大清律例》中明文规定男女婚姻嫁娶由父母或者祖父母主持，也特别说明了带女儿再嫁的妇女，其女儿的婚事由其母亲主婚。在法律制度层面，

---

① 据《第一次中国劳动年鉴》民国初年的统计，上海当时有人力车夫5万人、码头小工等苦力4.7万人。乾隆中后期，从事佣工苦力职业者一年收入不过3000—4000文，即使全部积攒下来，还需要七八年至十余年才够得上婚娶费用。晚清上海虽然劳动者收入上涨数倍，但婚姻费用也在上涨，婚娶压力反而增大。上海职业群体中店员整体收入也很有限。最低一级为学徒，没有工资，仅每月有月规钱，作为洗浴、理发、购置鞋袜之用。出师的学徒初始每月不过1元工资，普通的伙计月工资大概在五六元，因行业商号不同而有差异，多数店员每月总收息在10元以内。晚清婚娶花费一般在80银元左右，这类群体面临婚姻中的经济压力未必低于雇工苦力。

父母的婚嫁主婚权是毋庸置疑的；相对而言，在当时司法实践中，较为频发的问题是孀妇的主婚问题，这一点《大清律例》中也规定孀妇的主婚权首先属于夫家的翁姑等人，在夫家缺乏主婚人的情况下，才由母家父母主持。

主婚本是婚姻合法缔结的主要认定标准，但《申报》案例的扎根中发现，现实中是否有父母主婚往往并不是婚姻成立与否的前提条件，反而在许婚悔婚、逼嫁、改嫁等案件中主婚权争议时有发生，而这些案件大多是围绕婚姻产生的财产纠纷案，并不与婚姻关系合法性认定直接相关。在一些案例中，即使有"父母主婚"也不见得受到法律承认，如晚清四大奇案中的杨月楼一案。"韦女阿宝心属月楼，其母王氏从其意许嫁之"，① "韦女"是其母王氏携带改嫁韦父，本来例应由王氏主婚，该案却判定杨月楼拐盗，将其处以流刑。同时，晚清上海很多婚姻缔结并没有法定主婚人，例如1902年发生的"因情结怨"一案中，"阿四金之母林氏投案声称，冯氏实由儿子出钱娶回，媒人历历可证"，然而"问媒人是谁，可有庚帖，供称其时小妇人在乡，是以不知媒人名姓，庚帖本来未有"，② 此案婚姻成立过程中母亲因在乡下而未参加。

婚姻纠纷过程中，虽然当事人会主动陈述主婚情况来表示婚姻合法有效，如"司马提讯之下，吴徐氏供称，小妇人年一十有九，由祖母徐王氏许字吴子香为室"，③ 但反常的是，这一行为并不常见。在所有确定属于正式聘娶婚姻的84例案例中，仅有4例当事人明确指出了主婚人，其中男性陈诉主婚人问题仅有1例："胡生茂禀称，定海县人，在沪洋人处当细崽，今春二月初二日凭媒陈阿大，娶顾氏小如意为妻，由其寄母曹氏主婚出帖，计费财礼洋七十元。"④ 另外绝大多数声称"聘娶"的婚姻并无主婚过程说明。这一有违传统婚姻规范的现象，或与《申报》报道者遗漏与忽略有关，或与当事人尤其男性并不认为说明主婚人身份可以证明婚姻合法有关。虽实际情况不得而知，但可以从这一现象推测，晚清上海的城市化与移民涌入，导致人与家乡相分离的陌生化社会格局形成，"父母主婚"在上海家庭

---

① 《持平子致本馆论杨月楼事书》，《申报》1873年12月29日，第1版。
② 《自愿苦守》，《申报》1892年9月8日，第3版。
③ 《英美租界晚堂琐案》，《申报》1901年3月16日，第9版。
④ 《断离求和》，《申报》1879年12月12日，第3版。

异地分居格局下客观上难以实现，家户身份认同在男女婚姻的社会网络关系中重要性下降，社会公众对于主婚问题也并不以为然，主婚人这一律法所定的婚姻合法性要素在规范重构中开始缺位。

相较于对"父母之命"的不重视，《申报》报道的案例中有更多当事人对"媒妁之言"这一要素的陈述。84个案例中有36个说明了婚姻是凭媒婚娶，很多还给出了媒人的具体姓名，媒人出堂作证的情况也不少。"凭媒婚娶"相较于"父母主婚"，更多被当事人用来证明婚姻缔结的合法性；媒人因素也是司法判定婚姻是合法还是"苟合"的主要证据与标准。如1881年有一案中，骆基贤纳妾润宝，反遭陷害，意图使妾改嫁，其妻骆张氏呈文称"缘氏夫骆基贤，光绪四年捐同知分发到苏。光绪三年在上海凭媒价买张锦智胞妹润宝为妾，相安无异"。① 租界处理婚姻纠纷也是一般无二，如英租界在处理"一女二夫"的案件中，姑苏人朱云山具禀"声称小的向习西法医痊为生，内侄朱筹泉自幼凭媒聘定李徐氏之女小名关和为室"，② 此案长辈为子侄婚姻进行诉告，仍然把"凭媒聘定"作为认定婚姻合法的首要标准。

另一方面，媒人身份也为不合法婚姻的存在提供了庇护。在《申报》报道的典卖和拐卖女性案中，媒人是转售妇女的关键一环，这一类媒人被称为"蚁媒"。晚清上海地区典卖妻妾虽名义上被法律禁止，实际却并不少见，甚至明目张胆，舆论也不以为异，典型的案例如1903年11月15日的"英美租界公廨晚堂琐案"、1900年4月19日的"邰福全串谋骗婚"与1892年1月3日的"张氏转嫁案"等，这些案例中媒人利用不合法手段，赚取了丰厚的回报。传统社会格局下，基于血缘、地缘与熟人关系构建的社会网络相对封闭与稳定，这一结构在近代的上海已经发生改变，脱离熟人社会的身份认同，媒人的社会关系担保功能下降，信息交易功能逐步强化。伴随媒人身份的异化，《申报》后期报道的案例中，因媒人对当事人情况不了解而产生婚姻纠纷或媒人找寻不到的问题非常常见，公众惩办"蚁媒"呼声愈高，媒人的合法婚姻认定者身份褪色，表现出淡出的特征。

总体而言，在晚清上海地区，作为传统婚姻合法性标志的主婚人与媒

---

① 《都察院左都御史臣宗室麟书等跪奏为奏》，《申报》1881年11月28日，第3版。
② 《英界公堂琐案》，《申报》1890年8月14日，第3版。

人，不仅对当事人，而且对公众和舆论而言，仿佛并不那么重要了，他们也越来越难以承担婚姻合法性认定的角色。社会经济结构变化带来了空间区隔、时间区隔、信息区隔和观念分化，通过婚姻缔结程序进行合法性的认定，现实中存在难以回避的困难，"父母之命，媒妁之言"变得越来越不可靠。

（三）婚书和聘财的异化与强化

婚书对婚姻关系乃至双方责任义务进行规定，是证明婚姻关系成立的重要文件，也是合法婚姻认定的契约性标志。民间婚书中包括了礼、法、契三个内容，多少都打着礼的旗号，实质却是契约合同，在进入诉讼时，又是司法裁判的凭据。[①] 清代从地方州县到省院的各级官府都一再昭告，凡民间婚姻纠纷需状告官衙者，必须出具婚书方准受理。婚书简陋或事后遗失，或者在订立婚姻时仅做了口头约定，常常就会在诉讼中被认定为违律婚姻。

《申报》报道的案件中，表明订立过婚书的仅有24例，其中部分无法提供婚书实物，能够呈堂婚书作为证据者10例，并常发生因为未订立婚书而出现婚姻纠纷的情况。这表明晚清上海普通百姓实际婚姻生活中，常常对于婚书并不在意。与之形成对照的是，强逼寡妇再嫁、骗婚强娶之类案件的当事人，却格外注意运用婚书来为自身违律婚娶行为做掩饰。如"姜投案呈上杨宁全所出婚帖，扣称：小的娶顾氏为室，曾出洋银一百四十元，有媒有证"，[②] 虽然有婚书和媒人作证，但顾氏自称夫死后被夫弟"强卖与姜"，自己"誓不别抱琵琶"，最后当庭判处离异，否定了这门婚姻关系。另在一些有意骗婚案件中，也没有订立婚书，如张翰因妻子有病，有意停妻更娶，谎称妻子已故，聘娶董氏，就"并无婚书更帖"。[③]

晚清的婚姻纠纷中，一般是男性提供婚书作为婚姻合法有效的证据。《申报》中载有女方家长意图悔婚而诬告男方强抢一案。男方"沈玉泉供，是桂卿之父，前曾聘定王氏之孙女招弟为媳，由媳父唐生全主婚。后因生泉故世，王氏听从外甥孙蔡农生唆使，赖婚另嫁，诬控强抢，今将庚帖呈案"。[④] 这类

[①] 郭松义、定宜庄：《清代民间婚书研究》，人民出版社，2005，第1页。
[②] 《英美租界晚堂琐案》，《申报》1899年11月16日，第9版。
[③] 《光绪十六年三月初六日京报全录》，《申报》1890年5月5日，第13版。
[④] 《上海县署琐案》，《申报》1898年4月20日，第9版。

纠纷中男性更多的是主张自己是婚姻契约关系的维持者，并将女性塑造为婚姻伦理的破坏者、法律习俗的背离者。此外，"离婚据"却与女性当事人发生更紧密联系，如法租界发生张氏被控背逃一案，"张氏呈上程兄掌秀所立离异笔据，并称当时退还礼金洋二百元"，[①] 证明自己已经离异，对方为诬告。有时"离婚据"也是女子为了离婚使用手段逼迫男性签订，如法租界一案中，"张顺安诉称……勒写离婚据，欲强占妻子徐氏"。[②] 传统婚姻规范下，丈夫无通奸、虐待或遗弃等单方面过错，妻子难以主动离异。伴随社会经济结构的变化，即使是很小的经济独立性提升也可能促使更多的女性结束不幸的婚姻，婚书和离婚据更多异化其为维护自身利益的主要依据。

《大清律例·户婚》首条关于婚姻缔结要件中赋予了"收受聘财"和订立婚书同样的法律地位。《申报》上有98个案例涉及聘财信息，初次婚配者一般将缔结婚姻时男方支付的钱财称作"财礼""茶礼"，合计有23个案例；二次婚配者更为普遍地将其称为"身价洋"或"身价钱"，带有较强的经济交易意味，共有75个案例（详见表4）。

表4 《申报》案例所涉婚姻成本

单位：例，元

	初婚聘财			
时间	1872—1882年	1882—1892年	1892—1902年	1902—1912年
10元及以下	0	0	0	1
11—40元	1	0	0	1
41—80元	1	2	0	2
81—120元	1	1	0	6
121—160元	0	0	1	3
161—200元	0	1	2	0
200元以上	0	0	0	0
合计	3	4	3	13
十年均值	59.3	115	170	94.15

---

① 《法租界公堂案》，《申报》1907年8月30日，第20版。
② 《法租界公堂琐案》，《申报》1902年12月31日，第9版。

续表

身价洋				
时间	1872—1882 年	1882—1892 年	1892—1902 年	1902—1912 年
10 元及以下	1	0	0	1
11—40 元	2	2	3	6
41—80 元	2	5	1	15
81—120 元	1	2	4	4
121—160 元	4	1	2	9
161—200 元	0	0	4	2
200 元以上	1	1	0	2
合计	11	11	14	39
十年均值	91	75.4	115.8	88.9

注：绝大多数聘财以银元为计算单位，部分案例以铜钱和银两为单位，为便于比较一律折合成银元计算。晚清上海民间银两质量不一，实际聘财交换中所用银两的品质难以把握，本文以 1 两白银折合银元 1.3 元计算；对于钱文，因晚清银价波动，也是难以精确计算，引用《申报》中所载事例"妇人就在喇顺家借了一个金戒指，交周五当钱十一千三百文，由沈鲍洪换洋八元"（《接录猫耳山命案供词》，《申报》1882 年 1 月 19 日，第 2 版），以钱 1000 文折合银元 0.7 元。

剔除极端样本后，晚清上海社会男子初次婚娶的花费平均为 107.8 银元，如果选择娶再婚女性，花费略少，为 95.27 元，差别不显著。另外，初次婚嫁的聘财多集中于 80—120 元；而再婚女性"身价"内部差异较大，"身价"在 80 银元以下者过半，乃至 40 元内者仍有部分。女性初婚中，"身价"数额更为集中，反映了女性初婚时更为重视男性经济支付能力。1882 年 6 月 1 日《申报》报道的一个案例中，男子在城隍庙点心铺当伙计，月入千余文，相较于清中期的一般工价，已经增长了 3—4 倍，但当时结婚费用总计在 100 元以上，当事人为支付婚姻财礼可谓倾家荡产，最终郁闷自尽，[①] 可见男方经济能力在婚姻缔结中的重要性。

比较《申报》所报道的案例可以发现，晚清上海地区，聘财已成为表明婚姻合法性最为有效的标志，收受聘财意味着婚姻业已缔结。如王文学"偕次子王嘉林投称：前年曾出茶礼聘金约计洋五十元聘定顾女，今忽悔

---

① 《皖垣坏事》，《申报》1882 年 6 月 1 日，第 2 版。

婚，求断"；① 王文学以收受聘财作为婚姻合法的依据，向法堂提出诉讼，而被告顾氏女自称"并未受过王姓聘礼，不愿嫁王"。② 如果要解除婚姻，也视归还聘财为使离婚合法的程序。另一案中姜氏女祖母因为自己没有得到身价钱，而起意悔婚将孙女领回，后显姓想要续娶姜氏，以偿还前夫财礼花费名义来实现解除前次婚姻的目的。③

传统婚姻规范中，"无婚书但曾受聘财者亦是"，表明聘财在社会合法性认同中属于替代性要素，并非核心要素。但在晚清婚姻现实中，支付聘财在合法婚姻缔结认定中的地位被高度强化。这一方面是因为聘财关系到经济得失，与个人利益密切相关；另一方面也反映社会大众对婚姻的理解偏向于一种经济交换关系，"从一而终之义"的传统伦理约束开始弱化，传统规范虽仍在现实婚姻缔结合法性认定中发挥作用，却已在承袭中酝酿出新的变化。

二 晚清婚姻存续规范的变化

在民刑不分的清朝法律体系下，婚姻的律法主要是对婚姻的性质进行规定，以区分合法婚姻和违法男女关系。《大清律例》中更多的是对于奸占、典卖妻子等单方面过错进行惩治，而对于正当婚姻存续期的行为规范没有太多规定，夫妻关系维持多依赖于伦理道德和礼教习俗。总的来看，传统规范在晚清上海面临解构的危机，儒家礼教虽为婚姻内夫妻义务做了极尽绵密的要求，但于礼不合以至于违反律法的事实婚姻在晚清上海大行其道，官方难以控制，舆论也放任自流。

（一）婚姻存续形态的多元化

清代律法认定的合法婚姻主要有聘娶婚姻、赘婿为婚等形式，还规定了如停妻更娶、妄冒为婚等重婚、骗婚行为属于违律婚姻。《申报》所报道的案例中合法与违律婚姻主要形态与典型案例，可总结如表5所示：

---

① 《女子自由》，《申报》1911年5月7日，第21版。
② 《女子自由》，《申报》1911年5月7日，第21版。
③ 《改嫁豪门》，《申报》1882年7月4日，第5版。

表5 《申报》案例中合法与违律婚姻存续形态

性质	形态数量	典型案例	出处
合法婚姻	原配婚姻 84例	昔裴君恺齐宰万州时,有蔡氏女归翁氏子,已三载归宁不返,婿欲弃之,女之父母亦恶婿将别择配。久之翁婿遇诸涂角口不已,因而构讼,质讯之下坚求离异,女含羞而婿含愠,年貌相当固佳偶也,裴君晓以大义为断复合	《破镜重圆》,1872年8月16日
	续娶改嫁 12例	梁梦灏续娶妻子范王氏,因嫌夫家贫,时回憎怨,并向范王氏之父王安连索钱五十千文,听其改嫁,王安连应允如数给与钱文	《曾国荃片》,1878年1月28日
	赘婿与童养 28例	王老二供:生女名阿昭,赘婿曹云卿,原图靠老视如己子,从未重言训责,前有银洋三百元交婿开零剪店亏本	《县讯抢妻案》,1879年10月29日
	其他类型 22例	胡生茂禀称,定海县人,在沪洋人处当细崽,今春二月初二日冯媒陈阿大娶顾氏小如意为妻,由其寄母曹氏主婚出帖,计费财礼洋七十元	《断离求合》,1879年2月12日
违律婚姻	骗婚重婚 27例	光绪七年六月,张翰因继妻缪氏染患痰症,起意更娶。稔知卢龙县董万清之女董氏,尚未许字,贿嘱阎德诚前往诓骗媒说,诡称缪氏已故,董万清信真,应允下聘过门,并无婚书更帖。张翰当给阎德诚谢礼银一百两。而董氏过门后,查知前情,心不输服,常与张翰吵闹	《光绪十六年三月初六日京报全录》,1900年5月5日
	逼妇再醮 35例	石碛某姓妇夫死未及一年,其姑促其改嫁,妇不之允。日前姑令同往扫墓,舟至中途,袖出衣裙劝其更换,妇知被诱,誓不欲生,跃入河中,幸舟子将妇救起。事被妇之母家所知,将控姑于官。噫嘻!弱息茕茕愿守柏舟之节,诚晚近所不可多得者,何物老妪乃由丧心昧良之计,不诚有愧此贤妇耶	《四明杂记》,1888年4月2日
	典卖妻子 50例	吴徐氏供称,小妇人年一十有九,由祖母徐王氏许字吴子香为室,讵吴不务正业,竟于去年纠集流氓将小妇人劫去逼勒卖娼	《英美租界晚堂琐案》,1901年3月16日

除此之外,在《申报》报道的纠纷案中,还发现了一种游离于传统社会婚姻规范体系之外的事实婚姻形式——姘居婚姻。姘居婚姻案例总计79例,为纠纷中婚姻类型中的第二大类。此类现象虽然为时人所鄙夷,现实中却在晚清上海相当流行。姘居,指非夫妻身份同居并发生性行为的关系,

其双方当事人被称为"姘头",姘头解除两者之间关系的事件则被称作"拆姘"。1875年《申报》一文中说明,"英法两会审衙门,常有拆姘头等案,夫今日之所以拆,即前日之所以姘也",① 表明这类现象可能先在租界成风,后逐渐变得习以为常。②

姘居虽不为清朝的律法所认可,但就当时社会观念而言,姘居和拆姘已经成为无须讳言的"正常"关系,所谓"今上海男女,无耻已极,姘头二字,不但存诸心而且挂诸口,不但言于私室,而且言诸大庭"。③ 民间与官府对此都习以为常,并且常公然诉诸公堂解决拆姘纠纷。这一类姘居的存在,不仅有"近日之上海而言,风俗可谓邪之极矣"的地方社会风俗转变的因素,④ 也有民间百姓顾及高额的"财礼"或"身价洋",不执行正式的婚姻程序,而选择长期姘合的原因,并在社会中下阶层中较为常见,如"推东洋车者,其人大都贫苦,尚有姘头搭脚之事"。⑤ 这些舆论话语也表明姘居不仅是一个社会现象,而且一定程度上已被纳入婚姻关系的公共约定当中。

姘居又分为两种基本类型,一种为姘居婚姻,不同于一般认为的"姘居"中一方为已婚人士,晚清上海出现了双方当事人均没有正式婚姻却长期保持姘居关系的现象,双方以夫妻身份相处,没有传统婚姻中"父母之命,媒妁之言"以及聘礼嫁妆等仪规,但有夫妻之实,类似于现代社会中的未婚同居。如"周永善,江北人,在芜湖米市中以缝袋为生计,曾与荡妇某氏姘识,两意绸缪,过于伉俪,人亦莫辨其为野鹜,为家鸡"。⑥ 又有老年拆姘一案:"某甲与某氏妇姘识已三十余年。甲年近古稀,妇亦花甲早逾矣。向以印画人物为业,颇有余资,故二老饰终之具均已早备。生作鸳

---

① 《县讯拐逃案》,《申报》1875年9月17日,第2版。
② "姘头二字不见于古,不但经传之所无,抑亦稗官小说之所罕,而忽焉有此色色。考之康熙字典姘字曰:男女苟合也。然有此名色以来,上海之人几视之为固有。凡有男女苟合,逮案之后,居然以姘头二字供之公堂。公堂之上初听之意亦若有不习于耳,久之则习惯成自然耳,熟之而能详有时并亦顺口说出。此殆从宜从俗之过也者乎。"《论禁姘头》,《申报》1890年8月23日,第1版。
③ 《论禁姘头》,《申报》1890年8月23日,第1版。
④ 《风俗宜防其渐说》,《申报》1882年2月25日,第1版。
⑤ 《法捕房琐事》,《申报》1889年2月12日,第4版。
⑥ 《失妇得棺》,《申报》1894年1月28日,第1版。

鸯死则同穴，可谓虑周且远者也。"① 此案中二者姘居关系维持三十余年，已经打算"死同穴"。

另一种为婚外姘居，姘头中至少一方有正式的家室，但夫妻中的另一方对于此姘居关系不见得毫不知情，甚至可能是默许的。一案中描述"尚亿舜乘间向贾尚氏调戏成奸，后非一次，贾碎银子初不知情，旋经撞破，尚亿舜允许帮助衣食，贾碎银子贪利隐忍"。② 贾碎银子因为贪图财物而坐视妻子与尚亿舜的不轨关系不管，并在自家房屋倒塌后，搬去与尚一同居住。实际上，当时丈夫因为贪图财物而对于妻子姘居行为隐忍不言的情况并不罕见，近代以后"上海地方，尽有本系结发，嗣因溺迹烟花，居然成家立业，而其夫缩首坐食，以享其现成"。③ 姘居关系作为一种律无明文且不为社会所称许的特殊同居关系，其稳定性自然远不如正式婚姻。"沪上男女苟合有所谓姘头者，不知始于何时，然顾名思义则固有头无尾耳，当夫两情融洽不无白首要盟，及其一旦参商，未免掉头不顾。"④ 双方彼此并无任何义务可言，甚至本身关系也并不受法律保护，一旦人心思变另有新欢，或者因为财物生怨，姘居关系自然也无力维系。⑤

因为姘居婚姻本身的"失范"性质，除非涉及财物纠纷，公庭对于这类拆姘案件的处理非常简单，并不细究案情，而采取"愿离则离"的态度与直接斥退的方式。⑥《申报》报道话语中也隐含重要信息，如"太守谓访男妇等均属无耻之尤，情殊可恨，本当一体惩办，姑且从宽，概令具各自离异之结，不得再生枝节"；⑦ "太守谓尔等既非结发夫妻，倘有不合，尽可离异。且以女养男，更无此理。着郭具：以后不得再至钱氏帮佣之处寻衅切结"；⑧ "蔡太守谓沈秀卿既是妓女，陆云卿娶无媒证，其为私识可知，今既不洽，本当一并惩办，从宽着各离异，不得再生枝节，所有烟馆派差召

---

① 《老年拆姘》，《申报》1882年7月31日，第3版。
② 《光绪十二年五月十六日京报全录》，《申报》1886年6月25日，第12版。
③ 《风俗宣防其渐说》，《申报》1882年2月25日，第1版。
④ 《老年拆姘》，《申报》1882年7月31日，第3版。
⑤ 《法捕房琐事》，《申报》1889年2月12日，第4版。
⑥ 《风俗宣防其渐说》，《申报》1882年2月25日，第1版。
⑦ 《英界公堂琐案》，《申报》1888年5月10日，第3版。
⑧ 《英界公堂琐案》，《申报》1883年3月30日，第2版。

盘得价均分"。① 这些报道中，无论官方处置还是话语方式，都有道德上"高高举起"，操作中"轻轻放下"的特点，反映出晚清上海主流社会对姘居这一事实婚姻的无可奈何。

从时间上看，姘居关系的社会认同在建构中也发生了一些变化。1890年以前的案例中，虽然官员动辄称其"无耻"，但拆姘处置甚为宽和，不仅听从了当事人的意见以离异具结，且并无任何实际的惩罚，相较于其他类型案件中请求离异达成的困难，可谓十分顺遂；姘居严格而言违背了传统伦理与刑事规则，时任法官却也未严格按照"和奸律"定罪并进行杖责，最多进行掌颊的责罚。伴随官方的容忍与默许，上海社会姘居风俗积习年久，随着事态的扩大，社会舆论态度也发生明显的转变。② 1890年《申报》刊载的《论禁姘头》直陈官方对这一风气的助长："非民间之轻伦常趋淫荡，实则官之教人弃伦常趋淫荡。"③ 此后拆姘现象已不是社会议论的焦点，但对于姘头的法律处置反而变得严厉起来，如"通刺以私相姘识，竟敢涉讼公庭，殊属寡廉鲜耻。判将张元吉重笞一百板，何氏掌颊一百下，各具改过，切结存查"。④ 对姘居行为的定性也更为明确，如"张蒋氏禀批案"中，"氏媳与人姘识有年，该氏岂无闻见，察核情形，难保非平时贪利纵容，今欲索价卖绝，氏媳已经犯奸，无名节可称"。⑤ 这一变化或与官方和保守人士感到警惕，继而在法律和传统伦理层面做出回应与反击有关。

晚清上海地区婚姻形态虽多样，但通过相关性分析（详见表6），可见婚姻形态与女性离婚意愿之间无统计学意义上的特定关联。除了"再嫁"这一存续形态与女性离异意愿有微弱相关外，其他的存续形态对于女性意愿并没有可以推定的影响，即使是极为不稳定的姘居婚姻，对女性离婚意愿的诱发也不明显，这表明导致女性离婚的多是非婚姻形态因素。而男性则不然，姘居婚姻和男性的离婚意愿显著正相关，说明姘居状态更容易诱发男性的离婚意愿，这一点与女性截然不同。

---

① 《英界公堂琐案》，《申报》1888年7月10日，第3版。
② 《风俗宣防其渐说》，《申报》1882年2月25日，第1版。
③ 《论禁姘头》，《申报》1890年8月23日，第1版。
④ 《英界公堂琐案》，《申报》1895年5月8日，第9版。
⑤ 《县批三则》，《申报》1910年9月4日，第19版。

表 6 《申报》案例中婚姻类型与当事人离异意愿相关性分析

		赘婚	再嫁	续娶	童养	姘居	纳妾	娶妓	正婚	骗婚
女主离	相关系数	-0.063	0.075	-0.063	0.053	0.023	0.025	0.069	-0.022	-0.068
	显著性	0.158	0.093	0.158	0.240	0.611	0.574	0.123	0.629	0.127
男主离	相关系数	-0.069	-0.057	-0.034	-0.069	0.133	0.057	0.045	0.000	-0.057
	显著性	0.122	0.201	0.446	0.122	0.003*	0.199	0.313	0.996	0.203

注：剔除无效样本后，N=501；*表明 p 值小于 0.05。

（二）传统婚姻存续规范的动摇

婚姻纠纷产生的原因，在于婚姻存续规范难以调和不同个体诉求间的矛盾，而无法有效规制婚姻双方责权关系并维持家庭稳定。正如"清官难断家务事"所言，作为正式约束形式的律法一般只能在婚姻形态层面给出裁判，在"水面以下"协调日常家庭关系的是人们长期社会交往中无意识形成的、具有持久的生命力并代代相传的价值信念、伦理规范、道德观念、风俗惯例。当夫妻间有违反了这些非正式约束的行为发生时，也就构成了"失范"，并可能造成正式关系的破坏——婚姻解除。因而，当事人有关离婚理由的陈述中，包含个体对于"对方过错"行为的认定与理解，显示着当时社会对"失范"的集体定义特征。

《申报》报道的案例中共有 830 个文本片段涉及离婚理由，男女双方陈述对方过错的分别为 418 个和 412 个，分布基本平均，但女方陈述男方过错类型要多于男方陈述类型。另一个明显的特征是，相较于传统婚姻规范中对于妻子义务规定的复杂而细致，①《申报》报道的离婚案例中男方所提出的女方过错非常集中，主要是"妻子背夫潜逃"和"妻子外遇"两项，分别有 141 个和 126 个，另 68 例"卷窃财物"多数是伴随背夫潜逃发生的。与此相对，相较于传统婚姻规范中对于男性义务规定的简单与模糊，女性提出的男方过错更为多样与具体（详见表 7）。

---

① 传统社会中，婚姻存续期间妻子身份在家庭中承担的义务主要有主持中馈、敬顺丈夫、孝敬翁姑、品行规矩等，其具体所指实际上内容复杂繁多。本文对历代流传的女性为妇之道教条，如班昭《女诫》、蔡邕《女训》、宋若昭《女论语》、吕新吾《闺范》等进行整理，得出 5 类 19 种婚姻中妻子身份应尽的义务。

表7 《申报》案例婚姻纠纷中夫妻关系矛盾理由

女方过错（男方理由）

类型	数量	例文	出处
背夫离家	141	苏州乡民薛姓，因妻潜逃至申，历久不归，遂搭船亲来寻访	《控追奔妇》，1874年12月2日
妻子外遇	126	今寻获知王氏与张阿毛同在喊带巡捕往捉，两人都在床上拉来，现既不安，情愿听其自便，只求究办等语	《获奸送究》，1873年2月24日
卷窃财物	68	不料现从宁波回来，而该氏果有他志，竟将所有箱笼什物俱席卷而去，幸兹已侦获	《劳燕西东》，1874年9月9日
性行不良	41	奚永发供，妻子邱氏，素性贪懒，不克持家，小的久思离异	《上海县署琐案》，1901年8月5日
妻妾不和	27	康崇淇原配病愈到滇，该员恐其与封氏两不相睦，立意将封氏退回母家，嫁留听其自便	《光绪二年十二月十六二十七两日京报全录》，1877年3月12日
不孝夫属	15	娶妻周氏，四载未育，迩因不守妇道，时常出外游荡，小的闻知训责，非但不服，反敢吵闹，甚至姑妇勃谿，将母亲教训置若罔闻	《论英廨控妻事》，1896年4月28日
合计	418		

女方理由（男方过错）

类型	数量	例文	出处
夫故	97	按该妇年当少艾，缔缡后未及两阅寒暑，而夫已云亡。既无子息，而死后之衣衾各帐转有数十银圆，刻下家只存一夫兄，亦自食其力而不虞不足者	《再醮开筵》，1875年4月2日
贫困	80	赵氏称，小妇人被朱卖入娼家八年之久，始由李娶回作妾，未自身难保冻馁，断不能赡养妻子	《县案备录》，1889年5月6日
典卖妻妾	50	据同居之朱双喜言，我妻不安本分，时有人来往，纠人聚赌，将来必受其害，不如将妻价卖，另娶贤妇。小的由此与妻李氏争闹	《英界公堂琐案》，1890年2月18日
丈夫虐打	40	祁氏供，丈夫性情凶悍，常将小妇人凶殴，叩求恩准离异	《上海县署琐案》，1904年7月11日
离家出外	39	宁妇童氏递禀称丈夫蔡阿才向开顺兴米店，闭歇后往香港多年，音信杳然。我与蔡虽同住七年，原非明媒正娶，既不顾家用，不妨离异	《英界公堂琐案》，1889年6月15日

续表

女方理由（男方过错）			
类型	数量	例文	出处
索耗银钱	33	而妻则既憎其习入下流，且恨其银钱到手一掷即空，取之无厌，是故早有离心	《老媪自尽》，1875年1月9日
行为不良	29	沈氏亦具诉，嫁郦生子，缘由相同。惟称其夫吸烟，不务正业，日与无赖为伍，以致二年分春间被窃犯牵累，羁押多月	《夫妻互控》，1880年5月10日
不顾赡养	26	其辞曰，九年前曾嫁其夫，已生四子，三殇而一存。前两年别夫回英，至今年三月间，夫竟无银寄归，不能存活	《原伦》，1877年10月2日
丈夫外遇	18	上月某日，柏附棹返苏，不知其何故，登岸后过家门而不入，径至妍妇处逍遥度日，氏屡次寄信，柏置若罔闻	《夫也不良》，1892年3月20日
合计	412		

从社会性别视角看，《申报》所载离婚案中的男方所提出的理由，并没有超出传统婚姻规范的范畴，相较于传统社会赋予男性的家庭权威，更为集中在维系家庭存续这一基础性要求上："背夫离家"直接意味着家庭的解体，"外遇"意味着背弃夫妻专一忠实义务，导致婚姻破裂，都属于法律意义上"失范"；而"性行不良""妻妾不和""不孝夫属"虽在"七出"之条"盗窃""嫉妒""不事舅姑"中，但所占比例不大，仅为20%。与之不同，女性所提出的各项理由中，除"夫故"客观因素外，其他类型各异且集中度不高，"丈夫虐打""典卖妻妾""丈夫外遇"这些属于传统规范中具有女性离婚正当性的理由，共有108例；但"索耗银钱""贫困""离家出外""不顾赡养""行为不良"这些并不完全属于传统规范中"妻"的合法要求的，却有207例。

进一步归纳《申报》报道案例中的离婚理由，造成婚姻存续关系破裂的因素可以从三个方面理解：经济矛盾、关系矛盾与单方面过错。经济矛盾主要指家庭成员间的财务关系失调，如丈夫无法提供足够的家庭收入、丈夫向妻子索取财物以及妻子卷窃财物等家庭财产权的分割和争夺；关系矛盾主要指家庭成员间的同体关系失调，如人格冲突、妻妾不和、亲属不睦，以及外出务工或妻归母家不回等共同生活前提的改变；单方面过错主要指家庭成员行为严重失范,如通奸、虐待施暴、转卖遗弃行为等。传统社会中,离婚正当性一般以单方面过错为前提,情感精神层面婚姻质量诉求虽不被正式承认,在文化传统中还是存在一定程度的理解与宽容,① 但经济上的诉求特别是女方因贫离异,因为"饿死事极小,失节事极大"封建理学思想的禁锢,往往为社会规范所不允。

然而,《申报》所报道的案例中贫困是女性提出离异的一个主要的理由,这固然与晚清上海现代化进程中女性工作机会增加,在家庭中经济地位提升有关,但对 80 个案例的统计发现,具有一定程度独立经济性的女性仅有其中 21 个案例,只占四分之一左右,大部分因贫离异案例中的女性都依赖丈夫收入来维持生计。由此可以推断,虽然与"安贫守节"的传统伦理道德相违背,因贫离异与改嫁实际上已超越社会现象,通过社会建构转变为具有较高社会认同的女性离婚正当性理由。另一个规范重构的表现是,晚清虽然将"守节"仍然视为正理,但对寡妇出于生计原因的改嫁也持一种较为容忍的态度,如 1875 年一例中的评论:"况妇人守节之难,实有不堪设想者,孤苦无依,衷怀莫诉,姑且无论。即能衣食尚可支持,仰眉睫于他人,施教诲于后裔,千难万苦不可名言。故妇人丧夫,世谓之为失其所天也。有子尚有后望,若又无子更何望乎。是以古人于此,未见有必令其守节者,世家大族,皆不以改嫁为非,况小民乎。"②

另外,有部分纠纷案例是丈夫不履行赡养义务导致的,表明传统社会规范对男性义务的规制也存在松动。如"氏供,年二十有一岁,丈夫田新宝。小妇人于前岁归宁,迄今已有三年,丈夫从无音信,又不寄钱,致小妇人帮佣度日"。③ 此例中男子离家在外,没有寄回生存所需,致使妻子难以生活。另外还有丈夫因外遇拒绝赡养的,如"袁汪氏供,小妇人与前夫生有一子,名曰汪四,夫故之后改嫁袁其贵,迄今已二十三年,近日忽将小妇人抛弃,另与某荡妇私识,心实不甘,求恩讯究"。④ 整体而言,在晚

---

① 自由婚恋观在古代早已出现,元宵灯会、三月三上巳踏青、乞巧节等都是与爱情婚姻相关的节日民俗,还有与爱情相关的《西厢记》《牡丹亭》《孔雀东南飞》《红楼梦》等传唱千古的名篇以及大量民间叙事。
② 《论呈请再醮事》,《申报》1875 年 1 月 7 日,第 1 版。
③ 《英界公堂琐案》,《申报》1897 年 7 月 14 日,第 9 版。
④ 《上海县署琐案》,《申报》1904 年 12 月 2 日,第 9 版。

清四十年的上海,伴随新的社会经济形态成形,家庭作为传统社会基本运作单元,其不可分割性受到削弱,传统婚姻存续规范难以有效协调现实家庭关系并维持稳定,"自下而上"与"由内及外"的重构在人们日常生活中已经悄然进行。

(三) 律法与舆论话语的转变

《大清律例》涉及婚姻关系的规定,主要有以下几个特征。一是家族本位,婚姻的决定权在父母等尊亲属的手中,家庭内部强调"从夫",男女双方原则上均无对于婚姻的自决权。若是男性离家在外已经成婚,其父母为其订立的婚约则无效,[①] 但这一条例是基于对已经完婚的婚姻的保护,而非放宽男子的主婚权;[②] 而女性在婚姻方面更是毫无自主性,只有守节的自由而没有婚嫁的自主。二是女性对于丈夫的依附性,清代律法中断离、休妻与和离等三种主要离婚形式,均是以夫为主体而设计,夫的决定在和离这一模式下也是不可或缺的;刑事律例对夫妻权利的保护更为偏颇,依《大清律例》之规定,夫妻相互犯罪应受惩处是不同的,夫对妻的犯罪能依律减等处置,而妻对夫的犯罪不仅会加重处罚甚至可能被施以酷刑。三是缺乏关于夫妻财产权的约定,《大清律例》并未赋予婚内财产制度安排,仅涉及极少情况下的财礼的归属。其他对于婚姻的订立和解除、双方的地位和权责也没有细致的说明,基本上是对单方面过错刑事化的规定。律法上的这些特点在晚清上海社会发展中,日益显露出局限性。

从《申报》史料中可以发现很多律法难以适用的情况,官方审理婚姻案件,更多体现出对情理和人情的考虑,并非严格从律法条文出发。例如在"李王氏控童文彩奸占孀女案"中,本是李王氏将孀女再嫁于童文彩,后又反悔告童文彩奸占。于法而言,要考虑主婚权属人的供词;但于情而言,婚姻又属正当。为规避这一矛盾,官方在判词中言"别驾谓孀妇再醮,例得自主,为父母者不得助强",[③] 将律法原则"孀妇再醮,例所不禁"变

[①] 参照《大清律例·户律》"男女婚姻:若卑幼或仕宦或买卖在外,其祖父母父母及伯叔父母姑兄姊(自卑幼出外之)后为定婚,而卑幼(不知)自娶妻已成婚者,仍旧为婚"。
[②] 参照《大清律例·户律》"男女婚姻:嫁娶皆由祖父母、父母主婚,祖父母、父母俱无者,从余亲主婚,其夫亡携女适人者,其女从母主婚"。
[③] 《英廨晚堂琐案》,《申报》1896年8月3日,第3版。

为"例得自主",本质上是否定了父母的主婚权,承认了孀妇的再嫁自由。社会正统规则维护者的灵活应变,反映出晚清社会从民间到上层逐渐放开了传统理念和律法的束缚,官方对于婚姻伦理规范的认识也在社会重构中不断调适。

进入20世纪,清廷"修律运动"的展开,进一步促成了婚姻规范在国家制度层面的革新。1902年清政府设立修订法律馆,章宗元和朱献文两大臣实际主持婚姻法之修订。为实现司法过渡,沈家本主持修订了《大清现行刑律》,并于1910年(宣统二年)颁行生效,次年完成《大清民律草案》编纂。①《大清现行刑律》推行了婚姻登记制度,以登记程序确立婚姻合法性,补充替代父母、媒人、婚书、聘财的礼规性要求,虽在执行上并不容易,但这一变革一定程度上满足了流动性社会婚姻缔结的现实需要。

清末律法改革也回应了晚清以来婚姻冲突中日益多见的经济矛盾,从立法角度承认了女性拥有财产的事实;财产归属的分化成为婚姻规范变化的一个重要标志。晚清40年间,《申报》上涉及财产争执案例频多,其中内容涉及财礼(26例)、家庭财产(10例)、嫁妆私财(17例)、赡养费用(18例)、分手费(30例)、债务(5例)、返乡路费(3例)等情况的,合计109例,这表明婚姻财产分割成为社会常见问题。同时,《大清现行刑律》采用了夫妻联合财产制,强化了家庭财产关系的契约性,"妻子成婚时所有之财产及成婚后所得之财产为其特有财产"以及"夫妇于成婚前关于财产有特别契约者从其契约"的条文,对权属约定和妻子专有财产给予了明确许可。此外,在离婚后未成年子女之监护、联合财产之归属、损害赔偿等方面也给出了规定,减小了对女性人格的降等,体现了夫妻经济关系由同体主义向别体主义的转变。

对于女性难以通过法律途径解除婚姻的困境,清末修律中也进行了调整。《大清现行刑律》保留了旧律的两愿离婚制,规定"若夫妻不相和谐而两愿离者,不坐",还设计增加裁判离婚制度,"若犯义绝应离而不离者,断罪离异"。对于夫妻双方离婚的理由,《大清现行刑律》规定男子可以按照"七出三不去"提出离婚,这一点沿袭了旧律。此外如妻子背夫在逃,

---

① 《大清现行刑律》是生效法,在当时具有普遍的约束力,而《大清民律草案·亲属篇》仅是草案。

无论何原因，即可离婚；妻殴打丈夫，丈夫可以离婚。《大清现行刑律》中女子可以作为离婚的理由有：丈夫重婚；夫因犯奸处刑；如果丈夫逃亡三年不回家，妻子在向官府说明情况，官府发给执照后，可以改嫁；丈夫殴打妻子至折伤以上；丈夫强迫妻妾与人通奸，或典雇妻妾；丈夫强制妻子并有强奸行为。律法改革明文将晚清社会较为常见的婚姻冲突纳入合法离婚理由范畴，一定程度上解除了妻子对丈夫的人身依附关系。

另外，新刑律也体现了刑事化依据向民事化诉求的转变，降低了女性因为离婚而受到刑事处罚的风险。将《大清现行刑律》中民事部分与《大清律例》中户婚律的婚姻法内容进行比较，可以发现新刑律在沿用旧律法的基本框架外，对其中具体条例规范的处理进行了调整，一定程度上把处置婚姻的权利还给当事人。如清律规定，"若（夫无愿离之情）妻（辄）背夫在逃者，杖一百，从夫嫁卖，其妻因逃而（辄自）改嫁者绞（监候）"；①新刑律对于女性婚内潜逃的态度虽保持一致，但取消了男性对于妻子的人身支配和对于婚姻越轨行为的刑事惩治。又如重婚罪，清律中规定"有妻更娶妻者杖九十，后娶之妻离异归宗"。而据1890年《申报》载："光绪七年六月间，（捐纳刑部郎中）张翰因继妻缪氏染患痰症，起意更娶……新妇董氏过门后查知前情，心不输服，常与张翰吵闹。"②此事闹上公堂，判处"董氏律应离异，已准另配"，而并未惩治，类似宦游或行商的男子，借地域远隔、音讯不便，诡称丧妻续娶，谋娶新妇被发现后起诉的事件在晚清并不少见，在新刑律中民事化裁决，也顺应了当时的社会变革。

相较于《大清现行刑律》对于婚姻的制度安排，《大清民律草案》虽未实施，但条文上更具有突破性，如废除了具有离婚专断性质的"七出三不去"之条，清楚说明了九项可以诉讼的法定离婚理由；③规定了夫妻也可以因不相和谐而两愿离婚；放宽了离婚须经父母允许的限制（男30岁，女25岁）。虽然条文中还是有性别上的差别对待，但相较于旧律和新刑律已经明

---

① 《大清律例·户婚》116.00"出妻"。
② 《光绪十六年三月初六日京报全录》，《申报》1890年5月5日，第13版。
③ （一）一方有重婚事实；（二）妻子与他人通奸；（三）丈夫因奸非罪被判处刑罚；（四）夫妻一方故意谋杀另一方；（五）夫妻一方不堪另一方同居之虐待或有重大侮辱；（六）妻子虐待丈夫的直系尊属或有重大侮辱情形；（七）妻子遭受丈夫直系尊属的虐待或有重大侮辱情形；（八）夫妻一方对另一方有恶意遗弃的情形；（九）夫妻一方三年不知下落，生死不明。

显进步，体现出更强的夫妻别体特征。《大清民律草案》还把妻子受到丈夫和亲属虐待、侮辱列入离婚理由，相对于新刑律"殴打妻子至折伤"，在保护生存安全权利之外，体现了对于女性人身与人格更多的尊重。另外，把"夫妻一方对另一方有恶意遗弃的情形"列为离婚理由，从晚清婚姻现实的情况看，也主要保护了女性的生存诉求。

晚清的婚姻司法实践虽仍有很多的保守成分，但如上海这样公认的风气早开之地早已不是"按律定拟"，司法官员在处置案件时往往扮演着调和者的角色，力图获得双方的合意，进行劝慰乃至申戒。清末修律在一定程度上也使离婚上升为人的一种基本权利，并把晚清以来民间婚姻纠纷中的常见诉求以立法的形式确认，个体对于婚姻的主张有了更为明确与具体的依据。20世纪初，法律上"夫主妻从"向"夫妻别体"的变化，标志着传统婚姻规范向现代规范的系统性转型。虽然实践中婚姻自主仍在相当长的一段时间为传统伦理所约束，但经历清末40年的历程，社会婚姻规范重构已从社会现象阶段进入公共政策空间，并实现了相应的制度调整。

舆论话语的转变中同样也存在规范重构的脉络。19世纪70年代，《申报》婚姻纠纷报道的题目多具有较强的故事性，如"姻缘前定""破镜重圆""丑妇奇闻""鸳鲽分离""游遇故妻"等，行文着重传递戏剧性与冲突性，对于具体的事实状况常不做客观详述，话语方式偏向于话本戏剧。如一件姘妇有外遇而导致冲突的案件，《申报》以"情死"为题，先发议论："语曰牡丹花下死，做鬼也风流，此王伯伦为情而死也。然苟非其人，则等一死如鸿毛矣。"案件经过描述也采用夹叙夹议方式，颇注重共情性的烘托："岂料妇女水性杨花，近日竟别有情人，从前恩爱□笔勾消，妇之视夫早若眼中之钉矣。初尚稍知避嫌，继则毫无顾忌，前日阿桂因事外出，野鸳鸯正当交颈之际，为阿桂于好所双双捉获。"① 又如对"王金山分妻案"所发议论合辙押韵，文辞优美："糟糠反目，瑟碎琴摧，箕帚违心，盎残盂缺，诗咏终风之暴，歌深阴雨之嗟，妻之失德，夫也不良，脱辐偶占，亦属家庭常事，非着张耳妻舍庸奴而他去也。"② 可见早期舆论并未将婚姻关系出现的新变化作为一种社会现象对待，也没有过多地从伦理规范角度探

---

① 《情死》，《申报》1874年1月30日，第1版。
② 《王金山分妻案》，《申报》1874年3月24日，第2版。

讨；报道篇幅较长而描写细致，使读者有如在眼前之感，更多迎合社会公众的猎奇需求。19世纪80年代前后，婚姻风俗变化已经成为一个社会现象，逐步引发社会关注与讨论，此时期舆论风格也开始发生明显转变，新闻话语成为主要形式。如"虹口开柴行之王瑞丰，控妻王刘氏同歇伙潘雪山有私，乘间至妾处，搬去银洋衣服以及田单等件，开单呈请究追"。① 此时报道文字注重对事件中具体人物身份、事发地点、事由经过、审理结果的具体介绍。并且这一时期官府常常发布整顿社会风俗的文告，以往轻佻行文与随意的感慨，几近消失。

早期《申报》中关于婚姻纠纷的评论立场也相对明确，总体还是依据事例对背离传统伦理的行为进行评判。如对主婚权问题，认为"男女配合，而不由父母之命媒妁之言者，此华人之所为甚羞也。而惟上海租界内之佣工则相习成风，而恬不为怪。忽离忽合尽可随心，并或有因缔鸳盟而转滋雀角者，廉耻道丧蔑以加矣"；② 对违背夫为妻纲的，认为"夫为妻纲固与君臣父子并列，而夫纲不振之处，则莫甚上海之租界中矣。如县审吴妇之嫁人，能任其起灭自由者，于此殊可知其概也"；③ 对逼妇再醮问题，认为"乃有不法棍徒，罔知理法，贪其财礼，夺其清操，或诱以巧言花语，或加以威势强暴，甚至百计千方纠众抢夺，不特有关风化，实属贻害闾阎"。④ 然而，面对越来越常见的违背传统规范行为，批判中也开始反思，1877年《原伦》一文评论道："顾夫妇者由胖合而成也，阴阳有对待之形，体本相敌，两姓结好，非无上下尊卑之分，妇以顺为正，夫亦相敬如宾，其妇家之于夫家曰：愿奉箕帚得侍巾栉，谦辞也。其实夫妇之分，相等耳，第凡物之对待者，既有彼此之形，即莫不有下承上卑，事尊之义。故夫妇虽分无差等，而妇之于夫必若臣之于君，子之于父也。"⑤ 作者主张一种男女平等但有尊卑的夫妻关系，因无法从理论上调和现实与传统，而陷入自我矛盾的境地。

戊戌前后，社会对婚姻关系中新现象渐渐习以为常，《申报》婚姻纠纷

---

① 《夫妇分离》，《申报》1879年4月11日，第3版。
② 《鸳牒分离》，《申报》1874年6月18日，第3版。
③ 《吴越人争妻》，《申报》1875年4月16日，第2版。
④ 《禁逼再醮示》，《申报》1878年4月29日，第2版。
⑤ 《原伦》，《申报》1877年10月2日，第1版。

案报道量虽然增多，行文却越发简练，观点评论也越发少见。此前一篇婚姻报道字数多在五百字以上，此后精简为百余字。仅从晚清上海而言，婚姻伦理问题从社会生活议题中渐渐退场；与此对应的是，婚姻问题逐渐脱离一般社会现象的讨论，而被纳入社会思想政治交锋的空间。维新派和革命派相继宣扬新式婚姻观念，康有为反对封建制度对妇女"抑之、制之、愚之、闭之、囚之、系之"，致"婚姻不自由"与"不得自主"，因此主张"男女既得为人，应一切同之"；① 严复认为中国婚姻既非自择，女子就没有必要"以他人之制，为终身之偿"。② 继后的资产阶级革命派则更为尖锐地阐发了自己的婚姻观，陈玉《论婚姻之弊》、燕斌《中国婚俗五大弊说》、唐群英《婚姻改良论》等，从婚姻方式、婚礼、婚俗几个方面重新评估了传统婚姻规范。新派人物对于婚姻关系、伦理问题系统化的反思，也引起了清政府保守派政治上的警惕，认为这些主张"平君臣之尊卑，改男女之内外"；③ 张之洞《劝学篇》提出"知夫妇之纲，则男女平权之说不可行也"；1906年工部主事刘樽奏文称"急宜防禁者也，男女无别，自由择配是也，学生中有演述男女平权诸谬说，沾染恶习者，立即斥退"；④ 1907年清学部特地颁布了《札饬各省提学司严禁自由结婚文》，严令各地学堂"分别禁止，以维风化"。⑤ 可见婚姻家庭与政治和意识形态开始捆绑，卷入传统中国与近代西方的文化之争。在文化冲突日益加深的时代大背景下，《申报》舆论话语转变也就不足为奇了。

对照《申报》中的案例，清末十余年新旧思想交锋中的很多"新"主张，实际上在此前30年的社会实践中已是客观存在的事实，且一定程度上为社会所认同，如晚清革命派所提出的"男可再娶，女可再嫁"，⑥ 早已并非石破天惊的新事物。当这些新的婚姻社会现象，拥有了自由、平等的思想支撑，并借助晚清革命派人物的笔锋而成为新旧思想文化变革的一部分时，其也被建构到对婚姻关系的公共约定中并获得了合法性，由此婚姻规

---

① 参见康有为《大同书》，中华书局，1936，"戊部：去形界保独立"。
② 参见《孟德斯鸠法意》，严复译，商务印书馆，1915，"案语"。
③ 徐永志：《晚清婚姻与家庭观念演变述论》，《清史研究》1999年第2期。
④ 《工部主事刘得呈学部代奏稿》，《四川学报》1906年第9期。
⑤ 《学部札饬各省提学司严禁自由结婚文》，《四川学报》1907年第5期。
⑥ 参见江亢虎《忠告女同胞》，《民立报》1911年6月8日；《男女平等之原理》，《清议报全编》卷25，附录1。

范重构才真正"浮出水面"。

三 规范重构中的个体策略

婚姻规范是特定情境下的集体定义的结果,通过人们的相互作用与相互影响而形成,反映了社会共同意见;与此同时,人们认同并接受这些公共约定,根据这些约定建立主观意识,在行动中做出相应的决策,以适应社会性价值要求。在这一反馈过程中,婚姻规范扮演着引导、调节与制约人们社会行为的重要角色。从这个意义上而言,晚清40年婚姻规范的重构既是个体行动的结果,也必然会作用于那个时期人们的行动上。因而,对婚姻纠纷的当事人离异策略的归纳,能够帮助我们从另一个角度观察与理解这一规范重构过程中的社会互动。

(一) 寻求法律救济的诉讼离异策略

《申报》所报道的离婚案中,男性当事人及家人提出诉告的案件有173例,女性当事人及其家人提起诉告的案件有65例,其他40例案件当事人虽未主动提出诉讼,官方力量也介入婚姻冲突。这一时期,负责对婚姻冲突进行裁决的主要有两大官方机构:华界的清朝地方县衙与租界的会审公廨,案例中明确指出发生地的为租界案192例,华界案130例。清末因为外国领事对于司法权力的争夺,[①] 租界中的华人案件通常也有外国领事参与,甚至外国领事可以独立裁判,会审公廨也并非全然按照中国历代"听讼成法"来裁判,相较于上海县衙有着明显的差别。另外,《申报》报道的一些特殊案例中,华界的其他官方机构,如巡防保甲局[②]和马路工程局[③]也充当了裁判机构;租界中围绕司法权力的冲突,有一些案件也由租界捕房处置。

表8中男方行为与妻子提起诉告的偏相关分析结果显示,典型单方面过错中除丈夫虐打(暴力)原因外,其他类型和妻子的诉告之间没有可以确认的关系,男子外遇甚至为负相关;女方提起诉讼主要与家庭经济矛盾显

---

① 岑德彰:《上海租界略史》,上海勤业印刷所,1931,第86—87页。
② 如《城内一路巡局批词》,《申报》1911年7月5日,第19版。
③ 如《南市马路工程局琐案》,《申报》1904年6月21日,第9版。

著相关。这表明，在婚姻规范重构过程中，女性一方已发现公权力裁决变化的迹象，在"安贫守节"传统伦理还未彻底松动的情况下，倾向于采用法律救济的手段。

表8 《申报》案例中男方过错与妻子提起诉告的偏相关分析

控制变量			不良	无养	外遇	家贫	拒养	索财	暴力
租界、华界	女诉告	相关系数	0.101	0.142*	-0.048	0.138*	0.006	0.117	0.175**
		显著性	0.097	0.019*	0.435	0.023*	0.917	0.054	0.004**

注：剔除"夫故"与"典卖妻子"样本后 N = 265；* 表明 p 值小于 0.05，** 表明 p 值小于 0.01。

表9中女方行为与丈夫提起诉告的偏相关分析结果显示，不孝夫属（戚斗）、妻妾不和（妾斗）与性行不良（不良），这些"七出"之列的道德伦理层面对女方的义务要求，与丈夫提起诉告的行为并不相关；与之相反，与离家、外遇及窃财等女方典型单方面过错具有显著相关性。这表明，在婚姻规范重构过程中，男性一方认为其身份往往可以获得社会道德伦理和法律规范的充分维护；之所以寻求法律救济，多可能出于纠纷中存在"第三方"、挽回财产损失、寻求自身利益的最大化以及维持婚姻存续等原因。如"陈交金控告"一案中，"陈王氏供，丈夫听信姘妇之言，将小妇人日事凌虐，无奈逃至兄处暂避，迄今已及三年，求恩超豁。大令谓尔夫仍欲领回，尔意若何。陈王氏供，小妇人不愿随夫，求发善堂留养"。[①]该案中丈夫希望法庭帮助其找回妻子，挽回婚姻，而官方也倾向于支持丈夫诉求。

表9 《申报》案例中女方过错与丈夫提起诉告的偏相关分析

控制变量			离家	外遇	不良	戚斗	妾斗	窃财
租界、华界	男诉告	相关系数	0.309***	0.261***	0.095	0.036	-0.074	0.159**
		显著性	0.000***	0.000***	0.116	0.551	0.226	0.009**

注：有效样本量 N = 418；* 表明 p 值小于 0.05，** 表明 p 值小于 0.01，*** 表明 p 值小于 0.001。

---

① 《法租界公堂琐案》，《申报》1903年7月28日，第10版。

表 10 显示，在夫妻双方意愿上，法官明显偏向支持男性当事人，丈夫主张不离婚，与法官判处和解有显著的相关性；丈夫主张离异，对法官判处离婚甚至有更大的相关性，且与判和解呈现负相关。而女方当事人则不然，妻子离婚主张对于判决结果没有明显的影响；相反如果妻子意图维持婚姻，法官可能会接受这一影响而判处和解。① 此外，在控制双方诉讼意愿条件下，对男女方过错与判决结果的偏相关分析表明，② 官员判决也表现出一定的倾向性：女方过错中，"不孝夫属"与判和显著正相关，"妻子离家"与判离负相关，说明整体上官方仍维持"男权"立场。较为反常的是，显著性水平虽未达到但接近统计学意义上的女子外遇，却与判和正相关、判离负相关，这一违背传统伦理的偏好，可能因为官方考虑到很多男性面临离婚后无力再娶的经济能力，或者家庭财产分割的麻烦，一定程度上也体现了贞洁社会观念的弱化。男方过错中，丈夫"索财"和"无力赡养"与判离的结果显著正相关，说明作为社会主流意识形态的代言人，在其司法量裁的空间下，官员更多会从社会经济因素出发考虑，在传统家庭经济趋于解体的晚清上海，不得不接受无以为生的"妻"另谋生路的离异需求。

表 10 《申报》案例中当事人诉告意愿与判决结果偏相关分析

控制变量				男不离	男主离	女不离	女主离
租界、华界	男诉告、女诉告	判离	相关系数	-0.113	0.293***	-0.067	0.036
			显著性	0.064	0.000***	0.273	0.558
		判和	相关系数	0.192*	-0.139*	0.223***	0.017
			显著性	0.002*	0.022*	0.000***	0.781

注：有效样本量 N = 268；* 表明 p 值小于 0.05，** 表明 p 值小于 0.01，*** 表明 p 值小于 0.001。

黄宗智在《清代的法律、社会与文化：民法的表达与实践》中总结道："我们将看到案件记录显示县官们在处理民事纠纷时事实上是严格按照清律的规定来做。只要可能，他们确实乐于按照官方统治思想的要求采用庭外

---

① 这一关系受到逼醮案件引发的女性诉讼这一多发类型案件影响，因此如果夫妻双方均在世，这一关系可能不成立。
② 囿于篇幅，此处略去统计分析结果。

的社区和家族调解。但是,一旦诉讼案件无法在庭外和解而进入正式的法庭审理,他们总是毫不犹豫的按照《大清律例》来审断。"① 但基于对《申报》报道案例的分析,离婚纠纷的处置似乎有所不同,这可能与上海地区的特殊性有关,可能因婚姻纠纷新现象的频发,《大清律例》无法恰当对应有关,也可能由于对这些"琐细"事务,官方不愿意如命案、要案一般严苛地思考法律适用问题。官员们有自己的思考和处置逻辑,其中包含了他们对婚姻规范重构的理解,他们更像是一个仲裁者而非执法者。

(二) 谋取合法认可的越轨离异策略

《申报》所报道的案例中,很多当事人对于法律并非完全无知,其行为与陈述也体现出对离异合法性的关注。除了通过正常诉讼策略实现自身目的外,一些人在离异理由不充分的情况下,为了获得更大程度上的社会认同,采取了种种特殊手段,谋求离异诉求的"合法化"。然而,这些手段本身可能已经逾越了正常社会规范的边界,造成通过"越轨"实现离异行为合法的错位现象。

"两愿离异"是少有的既为传统社会婚姻规范认可,又与现代规范接近的离异途径,即所谓"情既已离难强其合"。② 由于传统社会合法离异途径很少,对于很多难断的"家务事",即使是通过诉讼方式实现离异,法官也常会要求当事人"以甘愿离异具结",强化离婚行为的合法性。《申报》的一些案例也表明,如果妻子不愿继续婚姻,通过非诉讼方式实现离婚也是有空间的,而且这一类离婚实际上完全可以私下解决,如果没有其他纠纷,通常也不会见官见报,因而可推测双方同意或协商解决在当时并不罕见。但同时,离异是否出于"自愿",在现实观察认定中通常具有很高的模糊性与不确定性,这也为越轨离异策略的实施提供了空间。

由于离婚据是具有效力的合法证据,《申报》报道的案例中,一些女性当事人采取暴力手段逼迫丈夫订立离婚据,以实现离异。如一案中"某姓妇素不安于室,夫劝勿听。首日其夫归家,该妇竟欲逼写休书,作琵琶别

---

① 黄宗智:《清代的法律、社会与文化:民法的表达与实践》,上海书店出版社,2014,第10页。
② 参照《大清律例》116"出妻律"2,若犯义绝应离而不离者亦杖八十,若夫妻不相和谐而两愿离者不坐(情既已离难强其合)。

抱之计。夫闻之怒与争论，孰知妇更悍泼甚，至两下斗殴，继为邻人所闻相与劝息。而妇则下堂求去之心终觉寤寐不忘云"。① 此案中的妻子就通过争吵与殴打，逼迫丈夫写休书同意离异。也有凭借家族力量达到目的的，如一案中杨姓女"以不能安贫告母，母听女言计图改嫁，甲闻之邀同亲族勒令归家。既归后女家乘甲不防，又将女抢回藏于他处逼令还聘退婚，甲不允，闻将成讼矣"。② 还有与外人共谋的，如"甬人施某曾聘定某姓女为室，迩者女被人骗至上海，匿于长裕里某妓院，施访知追踪来沪，忽有小流氓多人冒充探伙轧入某小客栈内，勒令收受洋银二百元与女离异，其母情急，奔诉捕房，不知捕头如何办理也"。③ 此案名义上是拐占妇女，实际是当事人与无赖勾结逼迫丈夫同意。

另一种达成"两愿离异"的手段是"身份买断"，一些女性当事人用自己积累的财富或借助母家，支付给丈夫一笔钱以换得自由。如1907年《申报》"公共公廨早堂案"报道，俞洪氏卖娼为生，丈夫不时索取洋元，俞洪氏不堪索取，一次性出洋二百元"嘱其再娶"，不料"夫收洋后又来滋闹，因之剪发为尼，求恩作主"。④ 又如剃发匠闵银香诉称，"春兰托名出外帮佣，愿按月给钱与小的，不许小的到门，其实商同珠姐另有所私，既又言愿给小的洋二十元与之离异。小的不允，伊既多方作梗"。⑤ 然而，正如案例中所介绍的，这些手段未必都能如愿以偿，男方也可以反过来凭借这些证据获得诉讼上的优势，主导权往往仍在丈夫手中。可见虽名义上留给了女性一个个狭小缺口，实际上达成"两愿离异"并不容易，为了让丈夫"自愿"，女性铤而走险的越轨行为，也是婚姻规范与现实要求不相匹配下的无奈之举。

除谋求"两愿离异"外，诬告陷害也是《申报》报道案例中的一种方式，当事人一般采取编造或夸大对方过错的手段，获得离异的合法性。如一案中"前日有吴妇嫁粤人者，已经年久，偶因反目而逃回母家，属实则早有外心也，乃因母属庇女恩深，竟敢以丈夫逼其卖娼为词控县"。⑥ 此案

---

① 《妇求离异》，《申报》1879年10月14日，第2版。
② 《妻厌夫贫》，《申报》1879年1月13日，第3版。
③ 《英租界捕房纪事》，《申报》1903年5月20日，第9版。
④ 《公共公廨早堂案》，《申报》1907年9月7日，第20版。
⑤ 《英界公堂琐案》，《申报》1887年10月14日，第31版。
⑥ 《诬控丈夫》，《申报》1873年11月19日，第3版。

中女性当事人用诬陷丈夫"卖娼"与"家暴"来达成离异目的。也有男性当事人诬陷妻子"通奸"与"卷窃财物"的案例，如1901年顾云祥案，顾某"近以日事游荡，室中所有挥霍一空，张氏略进箴言，遂占反目，顾忿甚"，因此"竟于日前捏词张氏被岳母勾引不安于室，投控英美租界公廨"，意图"叩求发堂，另行择配"。① 在"王冠伯停妻再娶案"中，"三林塘人王子温之子冠伯前年因嫌妻俞氏穷愚，唆母殴虐，氏即奔回母家，而王以卷逃等词赴县捏控，希图离异"。② 丈夫诬陷案虽不多，但一定程度上说明当时传统伦理对男性权威的维护已发生松动，现实中男性想离异也未必容易，故采用高风险的违律手段。

诬告陷害案例中更为极端的是故意设计家庭伦理事件，陷害丈夫或者夫属。在1912年《申报》的"咬舌奇案"中，苗氏受到虐待，"妇无法可施，遂生一计，每日浓妆巧笑与其翁眉眼传情。一日适遇于无人之处，其翁亦淫心陡起，两相接吻，妇诱其翁之舌入口，力咬之断落半截，其翁疼痛昏倒，妇遂出门叫喊谓其翁逼与行奸，有舌可证。苗陈两家遂起讼端，未俟断结，经人和解，妇乃出归，得遂其计"。③ 这种极端方式实际上是通过设置一个更大的伦理冲突，以损失声誉的代价和两败俱伤的手段，使得离异行为被社会理解与接受。这种看似病态的非理性行为，也体现了晚清时期婚姻规范重构的不彻底性。

（三）逃避婚姻束缚的事实离异策略

面对诉讼策略的高额成本与越轨策略的高风险，当事人也会意识到离异诉求有很大可能无法获得公堂上的支持与大众观念上的认同。对于很多人，特别是处于弱势位置的女性来说，其并不具有很强的操作性。因而，选择逃避，不经过合法程序来实现事实上的离异，也就成为特定情境下的理性行为。此类情况在《申报》报道的512例案例中合计有87例，考虑到很多逃婚事件可能私下解决或无法找到人，现实中可能发生更为普遍。

采取这一策略的女性一般会自行逃离夫家，在外地谋生并重新组建家

---

① 《愿难从一》，《申报》1901年8月3日，第3版。
② 《停妻再娶》，《申报》1908年9月17日，第19版。
③ 《咬舌奇案》，《申报》1912年6月23日，第11版。

庭，希望前夫找寻无着而放弃婚姻关系。在"华心和状告逃妻改嫁案"中，"据华心和声称，现年三十四岁，家有父亲现在卧病，娶妻许氏，于十一岁聘定，二十一岁成亲，生子病殇，二十七岁时许氏私自逃来上海，其时已有五个月身孕，是以同岳母许周氏在沪寻着，该氏不肯回家，故送巡捕同来请究"，据华心和之岳母许周氏供称，"我女有媒有证，嫁与华心和为妻，在后我女私逃来沪，同媒寻着，不料其已私姘王阿荣，不肯放回"。① 此外，《申报》报道的一部分案例中当事人在逃离前就有外遇，并与姘夫一起逃走，类同于私奔性质，或者先返回母家长期不回夫家，形成事实上的离异。如1903年一案中"陈王氏供，丈夫听信姘妇之言，将小妇人日事凌虐，无奈逃至兄处暂避，迄今已及三年，求恩超豁"。②

在合法婚姻关系未解除的情况下，逃婚后选择重婚是出于自愿还是受到诱骗，真相不得而知。但从《申报》报道案例中可知的是，上海地区已成为逃婚女性的聚集地，快速城市化与现代化，为女性提供了大量的就业机会、更高收入的可能、更多的择偶选择以及更宽松的社会环境。经济独立性与人格独立性的提升，让更多女性重新审视与理解婚姻关系。加之晚清上海地区司法上对女性逃婚行为的相对宽容，也降低了被发现后的风险成本，而带来这一社会现象的频发。如在1892年一案中，"严诉称，小的系本邑人家，住三林塘河当舆夫，凭媒娶张氏为妻，将近十载，生有一子，现年八岁。本年十月间张氏忽携子潜逃，小的遇诸途中扭案请究，现在求恩将妻给领回家管束。张氏供称，小妇人嫁严之后，已生一子。近年丈夫时时出外，不顾家用，以致小妇人衣食不周。向夫理说反遭凌虐，无奈出外，即由奚等为媒转嫁罗为室……小妇人现已知过，愿随丈夫回家"。③ 此案详细说明了逃婚被找回的经过、丈夫的复合诉求以及女方的态度。

当时重婚案件经常有"蚁媒"的参与，虽然官方明令禁止"蚁媒"及拐卖妇女，④ 但一些案例也反映出，女性当事人通常具有自主意愿，并不完

---

① 《逃妻改嫁》，《申报》1876年3月1日，第3版。
② 《法租界公堂琐案》，《申报》1903年7月28日，第10版。
③ 《上海县署琐案》，《申报》1892年1月13日，第3版。
④ "严禁拐逃，并知情窝留犯者，照例办罪或绞或流决不稍宽。严禁蚁媒诱孀改嫁，并为来历不明之妇女说合嫁卖，照例办罪枷示儆惩。"《南邑告示》，《申报》1888年2月5日，第2版。

全是被蒙骗、受强迫的弱势被动一方。如《申报》所载"痛惩蚁棍"一案，杨某诉称："其母某氏年逾四旬，因在家度日艰难，拟来沪佣于富室，行至铁锚弄口，有著名蚁媒徐妪，将该氏诱进伊家，劝令改嫁，该氏堕其术中，遂由住居十六铺之水□铺伙某甲出洋五十二元娶为己室。"后在杨某的呈诉中，其母"断无改醮之心，实被蚁媒诱骗"，但媒人徐姓夫妇称"实因该氏乐从致□此事"，审理官员也认为"该氏尔年逾四旬，非幼孩可比，岂可轻听人言，顿改名节"。① 另如1902年陆南坡控告时叶氏价卖其妻，叶氏供"陆南坡前以贫苦难堪无务养赡妻子，请小妇人说合，转嫁与人，由陆立据画诺，不应又来涉讼，小妇人并非蚁媒，尚求鉴察"。② 传统社会女性自愿离夫通常难以启齿，男方借用"蚁媒"与"拐卖"等理由进行诉讼，实为避重就轻的变通之举。婚姻自主行为因为社会规范的隐晦理由，强化了传统伦理观念所塑造的女性"柔弱无知"或"水性杨花"的刻板印象。

逃避婚姻策略中极端的情况，是当事人以谋害对方来获得解脱。如《申报》刊载的一则命案："光绪十二年六月初一日下午，梁陈氏从园地工作回归，梁亚林因时候尚早嗔懒欲殴，经梁观禄劝住。梁陈氏愈加气忿，寻思梁亚林家贫貌丑，相待刻薄，终无出头之日，稔知断肠草毒人，起意将梁亚林毒死改嫁。初二日午后，梁陈氏独自赴山捡柴，采得断肠草十茎，虑人看破，将叶摘去携回，顺手放在厨房檐口所挂竹篮内，意欲乘间熬取草汁放在梁亚林粥碗给食。"③《申报》共记载了妻子谋害丈夫案件11例，丈夫杀害妻子案件13例；因家庭矛盾妻子自杀案件17例，丈夫自杀案件8例。单从《申报》婚姻案报道的数量看，婚姻矛盾发生命案的比例不小，这些案件因为新闻报道的特殊性虽不能代表社会一般情况，但也侧面表明了婚姻规范重构中的紧张状态。

四 结语

晚清"三纲五常"和封建法统摇摇欲坠，在传统社会走向现代过程中，

---

① 《痛惩蚁棍》，《申报》1884年10月24日，第3版。
② 《上海县署琐案》，《申报》1902年9月25日，第9版。
③ 《光绪十二年九月十五日京报全录》，《申报》1886年10月18日，第9版。

相较于"父子有亲,君臣有义",建立在社会分工基础上的"夫妇有别",受到经济结构与生产方式变革更为直接的冲击,夫妻关系与人伦秩序的公共约定不可避免地发生改变,婚姻规范重构掀起的波澜,成为晚清社会规范变革的先声。

晚清上海工商业经济的发展,打破了传统社会的家庭经济结构,婚姻纠纷案中为数不少的女性拥有职业与收入来源,获得了不同于小农生产模式下的社会身份,女性开始以女工、女佣的身份活跃于家庭之外的社会空间,而不再仅仅以"某某氏""某姓女"生活在家庭内部。"恪守妇道"与"安贫守节"的束缚和限制开始松动,一旦丈夫无力承担家庭经济责任,便是传统婚姻规范和现实失调的时刻,丈夫会将妻子外出务工视为"不安于室",妻子以丈夫不能赡养而起意。经济结构与生产方式变革也造成大量的离乡分居家庭,城市化动摇了基于传统熟人关系网络的婚姻缔结与存续关系,在"父母之命,媒妁之言"缺位与淡出,婚书契约功能异化的同时,"婚姻论财"现象越发显著;夫妻间基于身份属性上的固定义务关系被打破,而出现多元化的存续形态与"离经叛道"的离婚诉求,"失范"行为从"市井生活"走向公共空间,一定程度上被社会理解和认同。

在婚姻规范重构的过程中,当事人也在调整与改变自己的行为策略,他们把属于私事范畴的纠纷冲突,特别是一些难以启齿的事,放到公堂与舆论漩涡中,以获得社会认同与支持;即使是采用"越轨"方式与极端手段处理婚姻,其背后也有对婚姻规范重构的观察、判断与适应及其自身逻辑。也应当承认,虽然晚清上海官方对离婚案的司法处置存在性别偏袒,但一定程度上考虑了女性继续生存的需要,对于女性切实的婚姻诉求大体上还是倾向于支持,表现出对社会变革的适应性与灵活性。

20世纪前后资产阶级维新派和革命派对传统婚姻伦理的重新反思与呐喊,客观上顺应了社会变革的需要,力求将原本传统伦理束缚下个体难以言明的婚姻需求正当化。这一过程中,婚姻问题也由伦理层面的社会议题进入近代新旧文化、中西文明意识形态的交锋中,成为近代社会大变革的一部分。然而,从《申报》所载形形色色的案例中似乎也可以发现,西方文化的冲击可能并非近代中国婚姻规范变化的主要原因,这一重构过程更多是伴随中国社会结构的变动而内生的,新现象的出现先于新思想观点的传入,变化的种子早已植根于社会土壤,并在传统伦理观念断裂的缝隙与模糊地带中萌发。西方思想的引入更多地提供了社会规范重构的"外壳",但并没有显著地参与到具体社会变迁的运作中。

(段钊,华中师范大学信息管理学院教授;张鹏,华中师范大学历史文化学院研究生)

中国历史量化微观大数据：李中清－康文林团队40年学术回顾*

康文林　李中清

摘　要：近40年来，李中清与康文林及他们研究团队成员通过构建和分析基于中国档案材料的个人层面的数据库，发现了许多新历史现象，推出了一系列受关注的研究成果，包括构建大规模、长时段人口数据库，重新探讨中国长期的人口现象、家庭与亲属网络和社会经济成就，并成功推翻了此前影响中国学界甚大的马尔萨斯人口论；构建包括清代、民国以至共和国时期官员、职业技术群体、教育精英的大规模个人数据库，系统理解中国社会的职业获得、教育获得与阶层交流状况，同时修正学界过往的相关认识。截至2021年11月，这些数据库收录了大约893万条个人的行为和生活状况信息。本文是李中清－康文林团队首次对团队所有数据库构建和研究项目进行的系统回顾及整体性梳理与分析，包括介绍每个数据库的内容、结构和显著特征，并呈现从1979年至今完整的历史数据构建的学术历程；对所有数据库项目进行归纳分析，凝练团队在中国各类人口行为与现象、家庭和家庭组织以及不平等和社会分层等方面最重要的研究发现与

---

* 本文原刊于Campbell, Cameron, Lee, James, "Historical Chinese Microdata: 40 Years of Dataset Construction by the Lee-Campbell Research Group," *Historical Life Course Studies*, 9 (2020): 130-157。在撰写这篇文章时，李中清和康文林分别得到了HK RGC GRF 16602117 (Lee PI)、HK RGC GRF 16601718 (Campbell PI) 和HK RGC GRF 16600017 (Campbell PI) 的支持。我们非常感谢李－康团队成员的评议、修正和其他反馈。全文由汪亭亭翻译，南京大学历史学院硕士研究生侯玥然和梁晨教授进行了校对与修订。

结论；总结团队研究方法的范式意义，特别是发现历史数据、建构数据库以及探索不同数据关联、影响和比较分析不同数据等团队研究工作成功的重要性及其学术启发。

关键词：中国　历史人口学　历史大数据　量化历史　不平等

一　引言

自 1979 年至今，40 多年来，李中清－康文林研究团队（以下简称"李－康团队"）投入了大量努力，用中国档案材料定位、构建和分析个人层面的数据库，并产出了一系列学术成果。最初，团队研究了中国的人口行为、家庭、亲属网络和社会经济成就，并构建了跟踪个体从出生到死亡以及跨世代家庭的数据库。近年来，团队开始研究文武官员及其他教育精英、专业精英的社会出身和职业生涯，目前正在构建的数据库及相关研究课题有 18 世纪到 20 世纪初清代文职官员的职业生涯、20 世纪大学生的社会来源和教育轨迹、民国时期（1911—1949）政府官员及专业人士的资历和职业生涯、20 世纪 40 年代中期（土地改革时期）至 60 年代中期（人民公社时期）几十万中国农民家庭在乡村建设过程中的经历等。基于上述数据库，团队已经出版了 7 本学术著作并发表了 70 多篇学术论文（大部分以英文撰写）。其中有 11 本（篇）专著（论文）曾获得 13 个最佳学术奖或同等奖项——包括英文专著 4 本、论文 2 篇，中文专著 2 本、论文 3 篇。①

本文是对这些项目的回顾和总结。正文第一部分为数据库概述，总结了数据库的内容、数据组织方式和显著特征。第二部分介绍了自 1979 年李中清教授开始系统构建中国历史人口统计学微观数据以来，团队建设各数据库的完整历史。第三部分则总结了基于数据库分析的各项研究成果，从早期的人口行为，到后来的社会不平等和社会分层。最后，对李－康团队

---

① 请访问团队网页 https：//www.shss.ust.hk/lee-campbell-group/publications/，查看这些获奖出版物的列表和相关数据库。其中 12 位作者是当前或曾经的小组成员：康文林（Cameron Campbell）、陈必佳（Bijia Chen）、陈爽（Shuang Chen）、董浩（Hao Dong）、李中清（James Z. Lee）、李兰（Lan Li）、梁晨（Chen Liang）、任韵竹（Bamboo Y. Ren）、阮丹青（Danching Ruan）、王丰（Feng Wang）、臧晓露（Emma Zang）及张浩（Hao Zhang）。其他合著者主要来自"欧亚人口和家庭史项目"，其中包括 Tommy Bengtsson、Marco Breschi、黑须里美（Satomi Kurosu）、Matteo Manfredini、Michel Oris、津谷典子（Noriko Tsuya）和 George Alter。

多年来的研究经验进行了反思。

本文首次概述了李-康团队的所有数据库项目，并将各项目与其研究成果结合探讨，以便向读者阐明所做工作之全貌。这些项目均强调通过归纳法发现社会现象，追求对历史细节的详尽描述、对材料来源的仔细辨析、对研究所涉个体及家庭所处历史和社会背景的清醒认识。每个项目的最新信息可在研究团队网站获取。①

二 数据库

本节将介绍团队每个数据库的基本特征和当前进展。文中将数据库分成五个类别：（1）家庭、亲属关系和人口现象；（2）官员；（3）教育；（4）职业；（5）乡村建设。每个类别均包括若干数据库，有些已基本完成，有些仍在建设中。数据库内人口均为中国人，时间以18、19和20世纪为主。截至2020年7月，所有数据库共计收录8933629条记录，其中主要包含1705780名不同个体的行为和生活状况信息，并涉及与他们相关的其他数十万人的信息。② 表1总结了这些数据库的内容。目前已有五个数据库和相关文档可供下载，后文将详细介绍下载链接及其他信息。

表1 李中清-康文林研究团队数据库（截至2022年4月）

类别（首字母缩写）	记录数	人数
家庭、亲属关系和人口现象（CMGPD）	3013861	527325
官员（CGED）	5329186	562414
教育（CUSD）	414060	339816
职业（CPOD）	60278	60265
乡村建设（CRRD）	116244	215960
总计	8933629	1705780

---

① 李-康团队的网站介绍了进行中的项目、相关教师、学生和录入人员，并提供了公开发布的数据和文档的链接，详情参见 https://www.shss.ust.hk/lee-campbell-Group/。

② 家庭、亲属和人口现象数据库中的每条记录，只包含作为该记录重点的个人的信息，其形式类似于人口普查表条目；而其余的许多数据库中的记录，除了重点个人的详细信息外，有时还列出了其他相关人员（通常为配偶、父母或其他亲属）的姓名、职业或其他信息。

这些数据库的共同之处在于力求完整地记录一个具有实质意义、定义明确的目标群体。这种数据库的建设思路，有别于从一个大的目标群体中构建在统计学上有代表性的样本以供推论的思路。比起从目标群体中抽取代表性样本，囊括整个目标群体，可以更详细、更宏观地描述这些举足轻重的群体所牵涉的社会、政治和经济进程。这种方法对研究上层社会群体尤其重要。举例而言，贵族、官员、大学教员和精英大学毕业生，他们虽然只占总人口的一小部分，却可能是变革的重要推动者和先行者。如果只在他们中间抽取一个代表性样本进行研究，由于囊括的案例太少，就无法对他们的组成、功能和变迁进行充分、大量的分析。

以下是对这些数据库的详细介绍。家庭、亲属关系和人口现象数据库以地理区域和世袭地位划分。其中，两个数据集主要包含中国东北的农村人口；第三个数据集主要包含清代皇室成员，这些皇室成员几乎都居住在京师（今北京）和盛京（今沈阳）一带。教育数据库包括民国时期几乎所有主要大学和1949年后两所主要大学的学生，以及20世纪50年代初期以前绝大多数中国留学生。职业数据库则包括1760—1912年中国绝大部分文官和许多武官，以及从1912年清朝覆灭后到20世纪50年代早期的中国专业人士（几乎全部的注册会计师、卫生专业人员、工程师、全国的大学教师以及上海和北京两地的法律专业人员）。最后，乡村建设数据库包含20世纪40年代末和60年代初中期（土地改革时期），正在经历乡村建设的整个村庄、生产大队、公社甚至整个县内，以家庭为单位统计的个人信息。

（一）家庭、亲属关系和人口现象数据库

受何炳棣对中国人口历史的早期研究[1]以及 Louis Henry、Peter Laslett 等对英国及法国社会经济史研究成果的启发，[2] 团队在最初收集中国历史上个

---

[1] Ping-ti Ho, *Studies on the Population of China*, 1368–1953, Harvard East Asian Series 4, Cambridge, MA: Harvard University Press, 1959. 中文译本为〔美〕何炳棣《1368—1953 中国人口研究》，葛剑雄译，上海古籍出版社，1989。

[2] 具体可参见 Gautier, E., Henry, L., *La population de Crulai, paroisse normande: Étude historique*, Travaux et documents-Institut national d'études démographiques, Vol. 33, Paris: Presses universitaires de France, 1958; Laslett, P., Wall, R., *Household and Family in Past Time: Comparative Studies in the Size and Structure of the Domestic Group over the Last Three Centuries in England, France, Serbia, Japan, and Colonial North America, with Further Materials from Western Europe*, New York: Cambridge University Press, 1972。

体层面的微观数据时,即聚焦于家庭、亲属关系和人口现象。由此最终构建的中国多世代人口数据库(China Multi-Generational Panel Dataset,以下简称 CMGPD)适用于事件史分析法,可用于检验社群与家庭背景对人口行为和社会经济成就的影响。[①] 表 2 总结了 CMGPD 的基本信息。

表 2 家庭、亲属关系和人口现象数据库(CMGPD)

数据库名称	首字母缩写	时间跨度	家庭数	记录数	人数	启动年份
辽宁	CMGPD-LN	1774—1909	209880*	1513352	266091	1982
辽宁补充	CMGPD-LN-S	1909—2004		38650	38650	1999
双城	CMGPD-SC	1866—1913	156711	1346826	107551	2004
皇室	CMGPD-IL	1633—1933		115033	115033	1990
合计				3013861	527325	

注:* 指 1789—1913 年。对于 1789 年之前,CMGPD-LN 并不以家庭来区分个人,而是以我们称作"家庭"的行政单位来区分个人。

中国多世代人口数据库-辽宁(以下简称 CMGPD-LN)和中国多世代人口数据库-双城(以下简称 CMGPD-SC)基于辽宁和双城行政区内的户口登记册。这些登记册在格式和组织上类似于定期记录家庭及其成员的人口普查。家庭和个人在每期登记册中以大致相同的顺序排列,这有助于手动连接不同时期的记录。通过连接不同年份的个人记录构建纵向数据,我们不仅可以研究个体的生活史,还可以研究家庭和家族的历史。由于 CMGPD-SC 和 CMGPD-LN 的内容和结构与其他国家的人口资料相似,它们被用于比较研究,其中最典型者是下面介绍的"欧亚人口和家庭史项目"。

CMGPD-SC 和 CMGPD-LN 都记录了居住地、家庭成员与户主的关系、人口统计结果(包括出生、婚姻、死亡)和社会经济地位等基本指标。新进入或退出户口登记地的人很少,这使得两数据库记录的社区相对封闭,当人口事件(如出生、死亡、婚姻、迁徙)发生时,事件发生的时间会被记录下来,因此在任何特定时间点,经历事件的风险人群都是明确的。此外,每一系列的户口登记册均对目标团体有完整记录。这些数据以居民家

---

① Dong, H., Campbell, C. D., Kurosu, S., Yang, W., & Lee, J. Z., "New Sources for Comparative Social Science: Historical Population Panel Data from East Asia," *Demography*, 52.3 (2015b): 1061-1088.

庭为组织单位,包含多代人,并记录了每个家庭成员与户主的关系,将孩子与他们的父母、祖父母和其他亲属联系在一起——这使得我们可以将个体嵌入其所属家庭乃至更大的亲属网络中,以观察他们的生涯成就在多大程度上依赖于远亲和祖先的特征。

CMGPD-LN 收录了 1749—1909 年位于今辽宁省一带的 698 个社区。① 2010 年公开发布的 CMGPD-LN 涵盖 29 个行政区域的 732 份人口登记册内容,该登记册每三年记录一次这些行政人口的个人和家庭信息。数据库中包括 151 万份个人记录和 209880 份家庭记录。通过个人记录之间的联系,团队重建了多达七代共 266091 人的历史,后来也将家庭关联起来。这些数据及其附件可在校际政治和社会研究联盟(Inter-university Consortium for Political and Social Research)下载,② 每个数据集包括居住在不同地理区域的特定行政人口。

CMGPD-LN 收录的社区,分布在面积与荷兰相当的一大块区域内,域内经济、生态、地理环境类型多样,包括依靠渔业和农业的沿海社区、种植果园和旱地农业所在的内陆社区,以及以狩猎和采集作为补充的山地社区。③ 社区内人口包括租种国家土地的普通农民,以及向国家供应鱼类、蜂蜜、貂皮和其他商品的专业群体。与其他中国历史资料不同,该数据库的登记册完整且详细地记录了已婚和丧偶妇女。然而,与许多中国历史资料一样,登记册往往忽略早逝的孩子,尤其是女孩。

中国多世代人口数据库-双城(以下简称 CMGPD-SC)覆盖了 1866—1913 年黑龙江省双城县 125 个社区。④ 它包含 1346826 份个人记录和 156711 份家庭记录。通过个人记录之间的联系,团队重建了多达五代共 107551 人

---

① 具体参见 Lee, J. Z., Campbell, C. D., & Chen, S. (2010), China Multi-Generational Panel Dataset, Liaoning (CMGPD-LN), 1749 - 1909, User Guide. Ann Arbor, MI: Inter-university Consortium for Political and Social Research。

② 有关 CMGPD-LN 数据和文档,请访问 https://doi.org/10.3886/ICPSR27063.v10。在过去三年里,文档被下载 8377 次,数据被下载 2821 次(统计截至 2020 年 7 月 14 日,参见 https://pcms.icpsr.umich.edu/pcms/reports/studies/27063/utilization)。

③ 定宜庄、郭松义、李中清、康文林:《辽东移民中的旗人社会:历史文献、人口统计与田野调查》,上海社会科学院出版社,2004。

④ 具体可参见 Chen, S., *State-Sponsored Inequality: The Banner System and Social Stratification in Northeast China*, Stanford: Stanford University Press, 2017; Wang, H., Chen, S., Dong, H., Noellert, M., Campbell, C. D., & Lee, J. Z. (2013), China Multi-Generational Panel Dataset, Shuangcheng (CMGPD-SC), 1866 - 1914, User Guide. Ann Arbor, MI: Inter-university Consortium for Political and Social Research。

的历史，并追踪了一些家庭。我们于 2014 年 5 月在 ICSPR 上公开发布了 CMGPD-SC 及其相关文件。① 这些数据来自 14 个独立系列的登记册，每年更新登记一次。不同于覆盖辽宁东部的 CMGPD-LN，CMGPD-SC 包含的社区只在哈尔滨市正南方一个约 3000 平方公里的县城内。CMGPD-SC 的数据包含了更详细的社会经济特征。例如，为了反映人口多样性，户籍记录上记录了每个家庭的官方民族身份：满族、蒙古族、汉族、锡伯族和其他民族。此外，通过将 CMGPD-SC 的家庭记录与 CMGPD-SC 的土地登记册联系起来，CMGPD-SC 提供了每个家庭的土地财富数据，并区分了分配和自主获得的土地。和 CMGPD-LN 一样，CMGPD-SC 也详细记录了已婚和丧夫妇女。与 CMGPD-LN 相比，CMGPD-SC 虽在一定程度上记录了更多夭折儿童和女童，但对他们的记录仍不完整。

中国多世代人口数据库－皇室（CMGPD-IL）记录了从 1644 年（清代建立之前）到 1933 年（清代灭亡后 20 余年）115033 名清代皇室成员及另外 135000 名左右配偶等相关人员。② 数据库内皇室成员中，约 70000 名是宗室子女，其余约 45000 名是旁系（觉罗）子女。③ 这些记录源于清代皇室《玉牒》。与中国大多数由后人所修的族谱不同，《玉牒》由宗人府专司修撰。清代宗人府有 50—60 名官员负责为皇室成员（主要居于京师和盛京）编修《玉牒》，并掌管他们自生至死的各项事务。宗人府在 1660—1921 年所编 28 个版本的《玉牒》，是 20 世纪中叶以前最详细完整的、关于中国大规模人口生育率和婴幼儿死亡率的记录之一。与 CMGPD-LN 或 CMGPD-SC 不同，《玉牒》没有记录居民家庭构成。然而，《玉牒》记录了几乎所有皇

---

① 在过去三年中，文件被下载 6240 次，数据被下载 2389 次（根据 2020 年 7 月 14 日的 https：//pcms.icpsr.umich.edu/pcms/reports/studies/35292/利用率）。
② 蔡淑美、李中清、康文林、马文清：《"宗人府档案"电脑库的建立、分析利用及其困难》，李中清、郭松义主编《清代皇族人口行为和社会环境》，北京大学出版社，1994，第 191—204 页；Lee, J. Z., Campbell, C. D., & Wang, F., "An Introduction to the Demography of the Qing Imperial Lineage, 1644 – 1911," In Schofield, R., Reher, D., eds., *Old and New Methods in Historical Demography*, Oxford：Oxford University Press：1993, pp. 361 – 382。
③ Wang, F., Campbell, C. D., & Lee, J. Z., "Agency, Hierarchies, and Reproduction in Northeastern China, 1789 to 1840," In Tsuya, N., Wang, F., Alter, G., Lee, J. Z. et al., *Prudence and Pressure：Reproduction and Human Agency in Europe and Asia, 1700 – 1900*, Cambridge, MA：MIT Press, 2010, pp. 287 – 316；汪琳岚：《清代皇族成员的先赋身份与官职获得：1644—1911》，博士学位论文，北京大学社会学系，2012。

室成员（包括女儿）的出生情况、封号和官职、重大事件以及死亡或出嫁（女儿）时间。① 相比之下，那些被用在许多中国历史人口研究中的私修皇室族谱，则极少记录女儿或妻子，并且倾向于忽略在婴儿期、童年甚至青春期夭折的儿子，以及未婚或婚后无子的成年男性。② 到19世纪，皇室内部出现社会经济地位分化，皇帝近亲拥有各种特权，皇帝远亲则地位平凡。

（二）教育数据库

随着研究兴趣从人口和家族史转移到社会流动和社会分层，团队扩大了数据库的收集范围，开始涉及大学档案中的学生个人记录。这些数据库统称为中国大学生数据库（以下简称 CUSD），区分了民国时期及新中国成立后，毕业于国外大学的留学生和毕业于国内大学的大学生。这些数据主要来源于大学生的入学记录，通常包括他们的姓名、专业、籍贯、当前住址、教育背景、父母的姓名和职业，有时还包括保证人的姓名和职业。相应的数据不仅提供了学生的家庭来源信息，而且部分学生的记录可以与 CUSD 中其父母、兄弟姐妹及其他家庭成员的记录相连接。③ 表3对 CUSD 进行了总结。

表3 教育数据库

数据库名称	首字母缩写	时间跨度	记录数	人数	启动年份
中国大学生数据库	CUSD		414060	339816	
民国时期	CUSD-ROC	1912—1949	165981	136220	2010
中华人民共和国时期	CUSD-PRC	1949—2003	150893	150893	1998
海外留学生	CUSD-OS	1847—1948	97186	52703	2015
留学日本			64164	32543	
留学美国			12457	11289	

---

① 鞠德源：《清代皇族人口册籍》，李中清、郭松义主编《清代皇族人口行为和社会环境》，第170—190页。
② Campbell, C. D., Lee, J. Z., "State Views and Local Views of Population: Linking and Comparing Genealogies and Household Registers in Liaoning, 1749 - 1909," *History and Computing*, 14, 1 - 2 (2002a, publ. 2006): 9 - 29.
③ 录入工作正在进行中，我们预计记录的与父母或其他亲属联系起来的学生人数在未来几年将大幅增加，因此我们在这里不提供数据。

续表

数据库名称	首字母缩写	时间跨度	记录数	人数	启动年份
留学欧洲			7402	7356	
留学苏联			766	758	
其他			115	109	
不确定			12282	648	

中国大学生数据库－民国时期（CUSD-ROC）涵盖了民国时期（1912—1949）的大学生。① 它包括 34 所民国大学的全部或部分学生注册记录。这 34 所大学只占民国时期大学总数的三分之一，但在目前能搜集到的中国大学、政府档案馆保存的学生注册记录中，这些大学的记录已占 90%。这些大学包括大多数主要的公立、私立和教会大学。截至 2020 年 1 月，我们已录入这 34 所大学 136220 名学生的 165981 条记录。这些记录包括学生的专业、年龄、性别和籍贯。大多数学生的记录还包括至少一位家长的姓名、职业和地址，有几所学校还包括祖父母和担保人信息。目前，父母、祖父母和担保人的信息录入工作仍在进行中，同时我们也希望从已经找到的其他大学档案中补充以上信息。

中国大学生数据库－中华人民共和国时期（CUSD-PRC）包括 1952—1999 年被北京大学录取的 64500 名本科生信息，以及 1933—2003 年被苏州大学录取的 86393 名本科生信息。北京大学是中国排名最高的全国性大学之一，苏州大学则是排名最高的地方大学之一。尽管自 20 世纪 80 年代以来进行的人口普查和回顾性调查中，已明确了大学毕业生的身份，但只有最近少数调查明确了他们就读的大学，因此，学界以前几乎无法研究精英院校学生群体的社会出身或地理来源，遑论追溯 20 世纪 50 年代至今如此之长的时间跨度。②

---

① 具体可参见梁晨、董浩、任韵竹、李中清《江山代有才人出——中国教育精英的来源与转变（1865—2014）》，《社会学研究》2017 年第 3 期；Ren, Bamboo Y., Liang, Chen, & Lee, James Z., "Meritocracy and the Making of the Chinese Academe, 1912 - 1952," *China Quarterly* 244（2020）：942 - 968。
② 关于 CUSD-PRC 的构建细节见梁晨、张浩、李中清等《无声的革命：北京大学、苏州大学学生社会来源研究（1949—2002）》，三联书店，2013，第 24—37 页。关于分析方法的讨论见第 37—46 页，内容见 46—57 页。为了保护记录中学生的隐私，录入工作由大学工作人员在两所大学现场进行，原始数据未被带出。现场外的分析工作，则使用经由匿名化处理的整理、转换表或其他计算结果。

最新的中国大学生数据库-海外留学生（CUSD-OS）包括19世纪末至20世纪中期在海外求学的52703名中国学生的信息，占这一时期海外留学生总数（6.5万至7万名）的75%—80%。截至2020年6月，数据库共包含32543名留日学生的64164条记录，11289名留美学生的12457条记录，7356名留欧学生的7402条记录，在苏联留学的758名学生记录，以及其他一些留学地不明的留学生的记录。虽然CUSD-OS基于中国和外国政府记录的、在海外求学的中国学生和毕业生资料而建，几乎不涵盖这些学生的家庭成员信息，但是如果这些学生的本科学习信息也被收录于CUSD-ROC中，就可以找到他们的家庭成员信息。

（三）职官及职业数据库

近年来，团队着手构建了清末文武官员职官数据库、民国和当代中国各行业者职业数据库等大型数据库。我们构建的职官及职业数据库如表4所示。

表4 中国历史官员量化数据库（CGED）

名称	首字母缩写	时间跨度	记录数	人数	启动年份
清代缙绅录	CGED-Q-JSL	1760—1911	4433600	327618	2013
清代考试记录	CGED-Q-ER	1645—1907	102484	102484	2016
清代分发	CGED-Q-FF	1788—1903	45337	45337	2013
北洋职员录	CGED-BY-ZYL	1911—1924	658873	35814	2019
北洋分发	CGED-BY-FF	1911—1912	7442	7442	2019
民国	CGED-ROC	1911—1949	81450	43719	2018
总计			5329186	562414	

职官及职业数据库中规模最大、建设最完善者是中国历史官员量化数据库-清代（CGED-Q）。[①] CGED-Q的核心资料来自清代按季更新的官员名册——《缙绅录》。《缙绅录》列出几乎每一个实缺官员的姓名、籍贯、旗

[①] Chen, B., Campbell, C. D., Ren, Y., & Lee, J. Z., "Big Data for the Study of Qing Officialdom: The China Government Employee Database-Qing (CGED-Q)," *The Journal of Chinese History*, Vol. 4, Special Issue 2 (2020): 431-460；任玉雪、陈必佳、郝小雯、康文林、李中清：《清代缙绅录量化数据库与官员群体研究》，《清史研究》2016年第4期。

分（若有）、任职地、所任官职及其他相关信息。官员覆盖了从六部和其他京师机构衙门的高品级官员，到县级行政机构的低品级官员。每期《缙绅录》记录了 13000—15000 名官员。① 截至 2021 年 11 月，我们已经录入了 1760—1912 年 327618 名官员的 4433600 条记录。② 其中大部分记录的时间为 1830—1912 年，此期间留存下来的《缙绅录》版本比较完整。这些数据正在分阶段公布，1900—1912 年的数据可在香港科技大学的数据空间和中国人民大学清史研究所的镜像网站下载。③

在缙绅录数据库中，可通过人名匹配方式连接同一官员在长时段内连续各季的任职记录，从而构建和研究其仕途生涯。这种连接方法的使用与该官员是否为八旗子弟有关。非八旗子弟的官员大多是汉人，可以根据他们的姓、名、籍贯省和籍贯县连接其记录。这四个变量的组合具有极高唯一性，因此连接工作面临的首要挑战，是少数情况下同一官员的姓名在两期《缙绅录》中可能略有不同（通常是被误记录为其他形似字或音似字），这会导致此人的不同记录没有被连接起来。八旗官员的连接则更加困难，因为他们被记录的是旗分，而非籍贯省、县。此外，大多数旗人官员都是满洲八旗或蒙古八旗，没有姓氏记载。因此，连接旗人官员数据时面临的主要挑战，与连接非旗人官员（主要是汉人官员）时恰好相反。大约 86% 旗人官员的名字和旗分组合是唯一的，而对于那些名字与旗分组合存在重复的旗人官员记录，我们运用额外信息进行区分，以防混淆同一旗分的重名官员。团队目前正在录入官员的家庭背景信息、科举考试成绩记录以及其他来源的个人特征信息，并尝试建立这些信息之间的联系。

此外，团队已开始将职业数据库的覆盖范围，扩大至民国时期和中华人民共和国初期的政府官员及专业人士数据。这些数据对研究这一时期的

---

① CGED-Q 还包括一些武官名单，同样来自最初每三个月编印一次的《中枢备览》名册。每期《中枢备览》记录了 7000—8000 名武官。
② 其中，文官记录 3606301 条，武官记录 518596 条；文官出身的官员 284264 人，武官出身的官员 60807 人。
③ 相关数据和文档于 2019 年 5 月首次在香港科技大学数据空间公开发布，详见 https://doi.org/10.14711/dataset/E9GKRS。截至 2020 年 7 月 14 日，科大数据空间数据下载量 741 次，李-康团队网站 CGED-Q 项目页面访问量 14099 次。我们正在与中国人民大学清史研究所合作负责发布工作，由人大清史所负责维护一个镜像站点，以便中国大陆用户访问数据和文档。截至 2020 年 5 月 7 日，该镜像网站已有 3471 名访客。

国家建设,以及专业人士这一特殊社会群体的出现均有重要作用,并为对比研究清代、民国时期和新中国成立初期的官员和专业人士提供了可能。在中国历史官员量化数据库-民国时期(CGED-ROC)中,我们已经录入了1911—1949年的81450条政府官员记录。这些记录覆盖了来自教育部、国防部、中央研究院和国民政府五院(监察、考试、行政、司法、立法院)的9988名官员,以及来自交通部和铁道部的21580名官员。主要变量包括姓名、性别、年龄、籍贯、学历、当前职位和工作经历。我们还在获取相关资料,以进一步扩大该数据库。

中国专门技术人员数据库-民国时期(CPOD-ROC)(见表5)的建立可以追溯到2016年,当时任韵竹在FamilySearch(前身为犹他州家谱学会)网站上找到了辽宁省档案馆的相关资料。后来,任韵竹与其他团队成员(特别是吴艺贝)合作,利用北京、杭州、南京和上海的档案馆与图书馆资料,汇编了五个独立的数据库。在目前已录入的49689名专业技术人员中,18%是医生,36%是大学教员,36%是工程师,剩下的10%是律师和注册会计师。目前,CPOD-ROC的数据正在录入中,我们期望录入更多职业,尤其期望扩大五个在建子数据库中专业人士的规模。

表5 中国专门技术人员数据库(CPOD)

名称	首字母缩写	时间跨度	记录数	人数	启动年份
民国注册会计师	CPOD-CA	1911—1949	2021	2008	2017
民国大学员工	CPOD-UE	1911—1949	20340	20340	2018
民国工程专业人士	CPOD-EP	1911—1949	20967	20967	2018
民国法律专业人士	CPOD-LP	1911—1949	1350	1350	2018
民国卫生专业人员	CPOD-HP	1911—1949	5024	5024	2018
中华人民共和国大学员工	CPOD-UE-PRC	1949—	5500	5500	2016
院士专家	CPOD-AE		5076	5076	2019
总计			60278	60265	

(四)乡村建设数据库

最后,为了研究20世纪中叶的中国乡村革命与乡村建设,自2011年起,团队在黑龙江、山西、河北等多省收集了反映农民生产生活的个人、家庭层面数据,并启动了中国乡村建设数据集(CRRD)项目。表6对乡村建设数据库进行了总结。

表6 乡村建设数据库

名称	首字母缩写	时间跨度	记录数	人数	启动年份
中国乡村建设数据集	CRRD				
"四清"	CRRD-SQ	1946—1966	24981	125797*	2013
土地改革	CRRD-LR	1947—1948	91263	90163	2011
总计			116244	215960	

注:* 户口本中只记录了15岁以上人员的姓名和详细信息。原始的户口表格上填写了年龄低于15岁的口数,但没有提供有关他们的其他详细信息。

20世纪中叶的中国乡村建设既是近代中国社会变迁的核心,亦是世界上最大规模的农业社会的转型。我们正在构建两个数据集,记录1946—1966年这一转型时期的个人和家庭经历。当时中国共产党在全国范围内逐步进行了土地再分配,然后将农村社区组织成农业合作社,最终组成人民公社。中国乡村建设数据集 – 土地改革(CRRD-LR)的建立是为了研究1946—1953年的全国性土地改革运动。在这场运动中,中国许多农村地区的地方政府对土地改革中的事件和活动进行了系统记录。这些记录包括详细的个人、家庭层面的财产没收与分配记录,以及伴随这种财富再分配的政治斗争信息。目前,CRRD-LR包含了1946—1948年黑龙江双城全县8万多户约40万人土地改革经历的数据。

中国乡村建设数据集 – "四清"(CRRD-SQ)是关于20世纪40年代土地改革之前到1966年"文化大革命"前夕,中国农村社会和经济变革的最系统详细的资料之一。① 该数据库所采用的史料来源于1965—1966年社会主义教育运动期间"四清"运动工作队记录的"阶级成分登记表"。CRRD-SQ目前包含山西、河北、内蒙古和广东四省25000多份这样的家庭表格,其中四分之一是与山西大学中国社会历史研究中心合作整理。"阶级成分登记表"正面为个户家庭信息,记载了每户从约1946年土改前到约1966年的经济状况、

---

① Xing, L., Campbell, C. D., Li, X., Noellert, M., & Lee, J. Z., "Education, Class and Assortative Marriage in Rural Shanxi, China in the Mid-twentieth Century," *Research in Social Stratification and Mobility*, 66 (2020): 1 – 15.

户主的社会关系、三代家史；背面为家庭成员简况，记载了该户中 15 岁（指虚岁，按西方的标准其实是大约 13.5 岁或稍长）以上个人的社会人口信息，包括性别、年龄、民族、宗教、文化程度、职业、与户主关系以及个人简历。

三　数据库构建历史

回顾过去的 40 年，我们可以将团队开展的数据库建设及研究工作分为三个阶段。第一阶段为 1979—1989 年。这一时期，由于资金、技术和支持人员限制，转录和分析工作进展缓慢，工作重点是对 CMGPD-LN 的早期迭代版本进行人口统计分析。第二阶段为 1990—2008 年。由于有了稳定的资金以支持核心工作团队，这一时段数据录入工作的速度加快。核心工作团队由全职数据编码员组成，工作地点首先在美国，后来在中国。数据覆盖范围扩大到目前的整个 CMGPD 以及 CUSD-PRC。第三阶段为 2009 年至今。随着 CGED、CPOD、CUSD-ROC 和 CUSD-OS 的启动以及关于乡村建设主题的 CRRD-LR 和 CRRD-SQ 的建立，数据库收录人员类别的范围扩及政府官员、专业人士和其他教育精英。本节将分别介绍这三个阶段的进程，尤其是每个项目的启动时间和启动方式、参与者及其贡献，以及数据库构建方法和规模的关键转变。

（一）第一阶段：开始，1979—1989

40 多年前，1979 年冬天，李中清访问了中国第一历史档案馆，自此开始在中国大陆的历史档案中寻找可量化的个人层面微观数据。在 20 世纪 60 年代和 70 年代，计量史学家和社会学家用档案构建了数据库并开展分析，改变了学界对欧洲、北美历史上家庭和人口的理解。受此启发，李中清希望以同种方法研究中国历史。[1]

1982 年，在鞠德源的建议下，李中清访问了辽宁省档案馆，并获得了涵盖道义县 1774—1798 年的五份户口登记册的微缩胶片。[2] 李中清与 Robert Eng（一位经济史学家，之前有处理日本历史人口登记的经验）一起制定了

---

[1] 这十年的资金来源既有加州理工学院的内部资源，也有国家人文基金会和 Wang Fellowship 中国研究奖学金的外部支持。此外，在北京、沈阳和台北的差旅和研究经费几乎全部来自中国国家高等学习研究计划和台北中研院。

[2] 1985 年和 1987 年在辽宁省档案馆额外拍摄的登记册，将该数据涵盖时间范围延长至 1873 年。

一个编码方案，并亲自将1774年、1780年、1786年和1792年的登记册内容转录为固定表格格式，先用纸抄录，然后转为数字文件。① 1984年，李中清参加了加州大学伯克利分校人口学研究生小组开设的人口统计方法课程。他与加州理工学院（Caltech）的多名本科生合作，发表了第一份利用户籍微观数据分析20世纪前中国大陆特定历史人口死亡率、生育率和家庭结构的成果。② 他还与William Lavely及王丰一起发表了一篇颇具影响力的文章，探讨新发现的历史性数据及当代微观数据如何重塑对于中国人口行为的理解。③

虽然李中清从1985年起获得了更多的19世纪道义县的户口登记册，但对这些微观数据的研究直到1987年夏天康文林的加入才取得显著进展。康文林当时是加州理工学院电气工程专业大二的学生，在高中时就对中国历史产生了兴趣。④ 他此前接受过数据库编程方面的培训，并具有相关经验。在仔细研究了为道义户口登记册设计的数据转换、计算C语言程序后，康文林为李中清设计了一套新的工作流程：首先使用dBase Ⅲ+系统（后来使用dBase Ⅳ）进行数据管理，进而将数据导入SPSS软件进行分析。1987年夏天，随李中清重访中国第一历史档案馆和辽宁省档案馆后，康文林开始着手开发新程序。⑤ 新的数据处理流程包括构建人口事件标记变量、识别不

---

① 请参阅Lee & Campbell（1997, pp. xix – xxi），以了解协助道义县登记册录入和分析工作的完整人员名单、参与数据录入工作的编码人员名单，以及资金来源情况。

② 具体可参见安酷匿、李中清、陈慧雯《一七九五至一八二〇年间辽宁农村的成人死亡率》，中国第一历史档案馆编《明清档案与历史研究：中国第一历史档案馆六十周年纪念论文集》，中华书局，1988，第885—898页；Lee, J. Z., Eng, R., "Population and Family History in Eighteenth-Century Manchuria: Preliminary Results from Daoyi 1774 – 1798," *Ch'ing-shih wen-t'i*, 5.1 (1984): 1 – 55; Lee, J. Z., Gjerde, J., "Comparative Household Morphology of Stem, Joint, and Nuclear Household Systems: Norway, China, and the United States," *Continuity and Change*, 1.1 (1986): 89 – 111. 此时，Arthur Wolf（武雅士）已经利用20世纪上半叶日本殖民时期的记录，对台湾进行了相关研究，具体可参见Wolf, A., & Huang, C. -s., *Marriage and Adoption in China, 1895 – 1945*, Stanford: Stanford University Press, 1980。

③ Lavely, W., Lee, J. Z., & Wang, F., "Chinese Demography: The State of the Field," *Journal of Asian Studies*, 49.4 (1990): 807 – 834.

④ 康文林在1987年和1988年夏季得到了加州理工学院夏季本科生研究奖学金的支持，以供参与项目。

⑤ 1987年夏天，为了在北京和沈阳进行编程和分析，李中清和康文林从美国带来了一台又大又重的便携式微型计算机。然而，由于忘记了变压器在中国尚未普及，在沈阳工作时，不得不依靠一个手工制造的闸刀开关变压器。

同登记册中的同一人记录、连接亲属关系、判定家庭结构及组成以及构建人际关系网络（包括特定亲属网络的存在与否）。这些工作简化了数据输入过程，并为数据分析创造了新的可能性，使分析方法不再局限于比例计算。①

（二）第二阶段：加速，1990—2008

得益于1990年台北中研院和台湾"科学委员会"的支持，以及1999年李中清的大量私人捐赠，CMGPD-LN的录入速度加快。1990年以前，在最终构成CMGPD-LN的29个行政区域中，只有道义的全部登记册及盖州的部分登记册录入完成，两地共计约10万条数据。相比之下，1990—1999年的录入工作迅速得多——我们从另外8个行政区域中录入了约40万条记录。

之所以能提高录入速度，一部分原因是犹他州家谱学会从辽宁省档案馆获得了大部分馆藏户口登记册和相关资料，并将其对我们开放；另一部分原因是研究资金的增加使我们能够支持一个更大的录入团队，以便将这些资料转录为数据库。② 几乎所有数据录入工作都在美国开展，但有两个CMGPD-LN数据集在台湾完成。1999年，团队将数据录入工作地转移到中国大陆，在那里我们很幸运地找到了三位可靠并热情的全职录入人员，他们分别是肖星、孙惠成和激扬。③ 在接下来的四年里，他们录入了剩余的19个CMGPD-LN数据集，为数据库增加了100万条数据。随后，在2010年他们耗费一年时间为整个CMGPD-LN的150万条数据进行了数据清理，为公

---

① 1989年6月康文林毕业时，他已经从修习电气工程转修历史与工程及应用科学双学位。毕业后，他在Watson和Durfee基金会的资助下前往台北和北京学习中文，并在道义县生活了一段时间。在台北，他花了六个月的时间在台湾师范大学的普通话培训中心集中学习中文。1990年夏天，他在台北与李中清一起工作。1990年秋，他前往宾夕法尼亚大学攻读人口学博士学位。1992—1993年，他又在地处台北的台湾大学的校际中文研究项目（Inter-University Program in Chinese Language Studies）中进行了一年的中文强化训练，并于1993年夏天在北京进行了论文课题研究。此间他获得了社会科学研究理事会国际论文研究奖学金（Social Science Research Council International Pre-Dissertation Research Fellowship）的支持。
② 在CMGPD-LN完成后，我们向犹他州家谱学会提供了一份数据库记录与原始资料页码的对照表，以便纳入他们的在线搜索系统。
③ 将数据录入工作转移到中国后，另一个后勤方面的挑战是给编码员发放工资。我们非常感谢美国密歇根大学ICPSR、加州大学洛杉矶分校CCPR和香港科技大学的工作人员对这些资助的监督和管理，特别是ICPSR的Ruth Danner、CCPR的Lucy Shao和香港科大的Freda Ching。

开发布这些数据做好了准备。①

为了对生育率和婴幼儿死亡率进行比 CMGPD-LN 更详细的分析，李中清与台北中研院的赖慧敏和刘素芬合作，于 1990 年开始构建 CMGPD-IL。中国第一历史档案馆的鞠德源此前曾向李中清介绍了宗人府收集的历史人口微观数据，包括《玉牒》等皇室宗谱。②《玉牒》几乎完整地记录了所有皇族男婴和女婴的出生与死亡，而原本的 CMGPD-LN 很少记录女儿，并遗漏了一些在婴儿期或童年夭折的儿子，因此《玉牒》成为对 CMGPD-LN 的宝贵补充。1985 年中国第一历史档案馆为犹他州家谱协会拍摄《玉牒》的缩微胶片时，李中清获得了这些数据的副本。1990—1992 年，李中清与赖慧敏、刘素芬合作，监督了对宗亲数据的录入工作。李中清还在 1989 年招募了王丰参与这些数据的分析，并与康文林一起发表了 CMGPD-IL 数据集的介绍文章。③ 康文林在他的博士学位论文中使用了 CMGPD-IL。他通过比较 CMGPD-IL 中 18 和 19 世纪的死亡模式，与北京在 20 世纪二三十年代以及 1949 年后的死亡模式，来研究北京的长期死亡趋势。④ 后来，李中清与其博士生汪琳岚（北京大学社会学系）合作，在数据库中加入了 1933 年《爱新觉罗族谱》中记录的旁系子弟（觉罗）数据，并将其运用于汪琳岚的博士学位论文写作。⑤

2003 年，当时就职于密歇根大学的李中清与历史学博士生陈爽合作，

---

① 1999—2006 年，我们还走访了辽宁的 57 个村庄，整理了近 250 个家谱等相关数据集。
② 鞠德源：《清代皇族人口册籍》，李中清、郭松义主编《清代皇族人口行为和社会环境》，第 170—190 页。
③ 具体可参见 Lee, J. Z., Campbell, C. D., & Wang, F., "An Introduction to the Demography of the Qing Imperial lineage, 1644 - 1911," In Schofield, R., Reher, D., eds., *Old and New Methods in Historical Demography*, Oxford: Oxford University Press, 1993, p. 361. 书中列出了推动这项工作的中研院的学者、输入数据的编码员、帮助编程的加州理工学院的本科生，以及资金来源。李中清、郭松义主编的《清代皇族人口行为和社会环境》一书提供了该项目详细的中文历史，包括数据输入过程和为分析做准备的数据转换。
④ 1993 年夏天，康文林在北京做档案和图书馆研究时，收集了 20 世纪北京的死亡率数据。这项研究得到了黄志环（Jennifer Huang Bouey）的协助。
⑤ 与《玉牒》不同，《爱新觉罗家谱》和中国历史上几乎所有家谱一样，不涉及女儿。2008 年 4 月至 2011 年 7 月，数据录入工作主要由激扬在肖星的协助下完成。汪琳岚：《清代皇族成员的先赋身份与官职获得：1644—1911》，博士学位论文，北京大学，2012；Wang, L., Lee, J. Z., & Campbell, C. D., "Institutions and Inequality: Comparing the Zongshi and the Jueluo in the Qing Imperial Lineage," *Sungkyun Journal of East Asian Studies*, 10.1 (2010): 33 - 61。

开始构建 CMGPD-SC,以分析黑龙江双城县土地持有和人口行为的关系问题。① 除了土地持有,CMGPD-SC 还可以进行 CMGPD-LN 无法实现的其他分析,如基于民族的比较分析等。犹他州家谱学会共获得了双城 338 份人口登记册、23 份土地登记册,并于 2003 年秋季将其向我们开放。2004—2007 年,肖星、孙惠成和激扬录入了 CMGPD-SC 的 130 万条记录。② 相比之下,CMGPD-LN 的 150 万条记录的录入则进展缓慢,大约花了 20 年时间。现任艾奥瓦大学历史系副教授的陈爽对数据录入工作进行了监督,领导了对 CMGPD-SC 的分析工作,并以此作为她博士学位论文和专著的主要内容。③ 这同时也是我们对"欧亚人口和家庭史项目·生育卷"的主要贡献。④

由于工作流程的一些变化,团队稳定管理和分析大型数据库的能力得到了提高。20 世纪 90 年代初,团队使用由马文清(Chris Myers)和康文林维护的 dBase 程序。这些程序读取录入人员提供的原始录入文件,并生成可以在 SPSS 和后来的 STATA 中进行分析的文件。但是 dBase 程序工作速度很慢。20 世纪 80 年代末,当需要处理的记录接近 70000 条时,为了将录入人员输入的原始数据转化为可用于分析的文件,dBase 程序需要运行一天以上,而且很容易崩溃。⑤ 最后,在 90 年代中期,我们决定停止继续开发 dBase 程序。该程序继续被用来处理传入文件,并为 STATA 分析准备文件,

---

① 2013 年公布的 CMGPD-SC 用户指南提供了一份以各种方式为 CMGPD-SC 构建做出贡献的完整个人名单,具体可参见 Wang, H., Chen, S., Dong, H., Noellert, M., Campbell, C. D., & Lee, J. Z. (2013), China Multi-Generational Panel Dataset, Shuangcheng (CMGPD-SC), 1866 - 1914, User Guide. Ann Arbor, MI: Inter-university Consortium for Political and Social Research.
② 此期间的工作得到了 NIH NICHHD 1R01HD045695 - 01A2 的支持(Demographic Responses to Community and Family Context, James Lee PI)。
③ Chen, S., Where Urban Migrants Meet Rural Settlers: State Categories, Social Boundaries, and Wealth Stratification in Northeast China, 1815 - 1913, Ph. D. diss., University of Michigan, Department of History, 2009; Chen, S., *State-Sponsored Inequality: The Banner System and Social Stratification in Northeast China*, Stanford: Stanford University Press, 2017.
④ Chen, S., Campbell, C. D., & Lee, J. Z, "Categorical Inequality and Gender Difference: Marriage and Remarriage in Northeast China, 1749 - 1913," In Lundh, C., Kurosu S. et al., eds., *Similarity in Difference: Marriage in Europe and Asia, 1700 - 1900*, Cambridge, MA: MIT Press, 2014, pp. 393 - 438.
⑤ 当康文林还在加州理工学院时,电脑程序非常慢,而且容易崩溃。因此当他和李中清向数据库合并新编码的登记册,或向数据库增加新变量时,他经常睡在李中清办公室的地板上,每隔几个小时就会起来检查程序是否还在运行,一旦报错就纠正问题并重新启动程序。

但没有被进一步开发。新变量创建改为在 STATA 中进行。最终，康文林决定完全放弃使用 dBase 程序，并编写了 STATA 代码来处理导入文件、数据运行、新变量创建和数据分析、数据输出的整个过程。这使得将录入人员提供的原始文件转化为分析用的工作文件所需时间，减少到几个小时。

为了更好地了解 CMGPD-LN 记录的社会背景，并更多地了解记录中家庭的历史，我们在辽宁农村开展了实地调查。1999—2006 年，我们在辽宁省政府地方志办公室的高静及其同事的陪同下，对辽宁进行了 8 次实地考察，访问了 57 个大型农村社区。我们花了大约 250 个工日走访 CMGPD-LN 人口的后代，并收集当地的资料，如家谱、墓碑、契约和其他关于这些人口的家传资料。我们还收集了从 1911 年（CMGPD-LN 截止日期）到我们访问时的口述历史和家庭信息。我们将这些地方数据与康文林和李中清以及定宜庄、郭松义研究的州家庭和人口登记册进行了比较。① 在每个社区，我们与受访家庭分享了从 CMGPD-LN 中生成的家谱。许多受访家庭已经遗失了他们的家谱，或仅存列出男性成员辈分和名字的简易家谱。我们提供的材料，包括了他们曾出仕的、取得一定成就的或拥有一定知名度的祖先姓名等信息，这帮助他们重建了家族历史。

得益于技术进步，我们开始使用事件史分析和其他回归分析方法，来研究个人人口行为和结果与家庭和社区背景之间的关联。电脑处理和分析数据的性能飞速提升。在 20 世纪 90 年代初，涉及道义数据集中 10 万条左右记录的计算，除了制表或线性回归外，其他任何处理都需要 15 分钟到 1 小时，所需具体时长取决于所包括的样本数、变量数、模型类型和模型数量。到 20 世纪 90 年代末，在更大数量的记录上运行更高级的运算，所需时间则要少得多。到 2010 年，对 CMPGD-LN 和 CMGPD-SC 近 300 万条记录的合并计算，几分钟内即可在个人电脑上完成。

1993 年，速水融（Akira Hayami）邀请李中清参加"欧亚人口和家庭史项目"。这是一个国际比较项目，研究古代社区背景、家庭组织和人口行为之

---

① Campbell, C. D., Lee, J. Z., "State Views and Local Views of Population: Linking and Comparing Genealogies and Household Registers in Liaoning, 1749 – 1909," *History and Computing*, 14, 1 – 2 (2002a, publ. 2006): 9 – 29；定宜庄、郭松义、李中清、康文林:《辽东移民中的旗人社会：历史文献、人口统计与田野调查》，上海社会科学院出版社，2004。

间的相互作用，这也激励了我们向事件史分析的转变。① 该项目于 1994 年启动，在李中清、Bengtsson 和 Alter 的编辑下，麻省理工学院出版社出版了该系列的三本专著。第一本关于死亡率，第二本关于生育率，第三本关于婚姻。② 该项目由拥有比利时、中国、意大利、日本和瑞典社区户籍数据的研究团队合作，指定了死亡率、生育率和婚姻的事件史模型——这些模型可以应用于所有数据集中，从而产生可比较的结果。后文将讨论该项目的发现。

21 世纪初，团队开始计划公开发布 CMGPD。李中清在 2003 年到密歇根大学工作以后，加入了校际政治和社会研究联盟（ICPSR），这对我们的工作至关重要。与 Myron Guttman 等人的谈话使我们相信，公开发布 CMGPD 不仅重要，而且在 ICPSR 的支持下是完全可行的。ICPSR 为我们向美国国立卫生研究院提交资金申请和管理以及拨款管理提供了行政支持，并通过 ICPSR 的人口研究数据共享（DSDR）计划为 CMGPD 的数据、文档存放提

---

① 各卷的历史可参见 Bengtsson, T., Campbell, C. D., Lee, J. Z. et al., *Life under Pressure*: *Mortality and Living Standards in Europe and Asia*, *1700 - 1900*, Cambridge, MA: MIT Press, 2004, pp. xi - xii; Lundh, C., Kurosu, S. et al., *Similarity in Difference*: *Marriage in Europe and Asia*, *1700 - 1900*, Cambridge, MA: MIT Press, 2014, pp. xxiii - xxv, xvii - xxi; Tsuya, N. O., Wang, F., Alter, G., Lee, J. Z. et al., *Prudence and Pressure*: *Reproduction and Human Agency in Europe and Asia*, *1700 - 1900*, Cambridge, MA: MIT Press, 2010, pp. xxiii - xxv。*Life under Pressure* 的中译本为〔瑞典〕托米·本特森、〔美〕康文林、李中清等《压力下的生活：1700—1900 年欧洲与亚洲的死亡率和生活水平》，社会科学文献出版社，2007。康文林对参与该项目的经历进行了回忆和反思，可参见 Campbell, C. D., "Large-Scale Collaboration and Comparison in Historical Demography: Reflections on the Eurasia Project," In Matthijs, K., Hin, S., Kok, J., & Matsuo, H., eds., *The Future of Historical Demography*: *Upside and Inside Out*, Leuven: Acco, 2016, pp. 193 - 196。Lee 和 Steckel 对 Bengtsson 等人的工作表达了欣赏并做出了评价，可参见 Lee, R., Steckel, R. H., "Life under Pressure: An Appreciation and Appraisal," *Historical Methods*, 39.4 (2006): 171 - 176. Retrieved from https://u.demog.berkeley.edu/~rlee/oldceda/Publications/pdfs/rlee/LeeSteckel_LifeUnderPressureReview_HistoricalMethods2006.pdf。Daniel Little 在他的博客上发表了文章《理解社会》，讨论了"欧亚人口与家庭史项目"，参见 https://understandingsociety.blogspot.com/2014/08/eurasia-project-on-population-and.html。

② 我们还要感谢在 2004 年、2010 年和 2015 年的社会科学史协会会议，以及 2005 年和 2011 年的美国人口协会会议上评议这些作品的学者们，以及 2014 年美国社会学协会会议对"欧亚人口与家庭史项目"的总结讨论。这些会议的众多参与者中，有 Douglas Anderton、Jason Beckfield、Hilde Bras、Andrew Cherlin、Jack Goldstone、David Hacker、Michael Haines、Charles Hirschman、Jan Kok、Ronald Lee、Daniel Little、Deirdre McClosky、Myron Gutmann、Karen Oppenheim Mason、Richard L. Steckel、Jan Van Bavel 和 Andreas Wimmer。在每一卷出版之前，我们在社会科学史协会会议、欧洲社会科学史会议、世界经济史大会和其他会议上分享了正在进行的工作。在各卷的致谢中均已列出这些会议。

供了人员支持。① 2009 年李中清调到香港科技大学（HKUST）工作后，加州大学洛杉矶分校（UCLA）的康文林在加州人口研究中心的行政支持下，负责提交和管理一项拨款，以支持 CMGPD-SC 的公开发布。但公开发布工作本身仍然通过 ICPSR DSDR 进行，并得到了 ICPSR 工作人员的支持，其中最主要的工作人员是 Susan Hautaniemi Leonard。从 2011 年到 2014 年，康文林每年夏天在上海交通大学举办讲习班，向用户介绍 CMGPD 的内容和数据组织方式，并演示管理和分析数据的高级操作。在此期间由任玉雪接待康文林，Dan Xu 提供后勤支持。基于讲习班的培训经验，康文林、董浩和李中清编写了《CMGPD 培训指南》，作为《CMGPD 用户指南》的补充。②

21 世纪头十年末期，团队在社会流动、分层和不平等方面开辟了新的研究路线。最初，我们研究了道义数据库中父子之间社会和经济成就方面的关联（Lee & Campbell，1997：196 - 214）。1996 年康文林刚开始担任加州大学洛杉矶分校社会学助理教授时，仍然专注于人口学，但与 Donald Treiman、William Mason、Robert Mare、Judith Seltzer、Ken Sokoloff、Jean-Laurent Rosenthal 以及其他社会学和经济学同事的交流，激发了他利用 CMG-PD-LN 的独特属性研究社会流动、不平等、亲属关系和其他主题的想法。③ 除了研究父子之间的关联外，我们进一步研究了社会经济成就与扩展的亲属网络特征之间的关联，从同一家庭的兄弟姐妹、叔叔和祖父母起步，扩及家庭外的亲属，最后扩展至世系。然而，我们面临一个限制因素：CMG-

---

① NIH NICHHD 1R01HD057175 - 01A 项目（The Liaoning Multi-Generational Panel Dataset: Public Release and User Training, Lee and then Leonard PI）支持了 CMGPD-LN 在 2009—2012 年的公开发布。NIH NICHHD 1R01HD070985 - 01（Multi-generational Demographic and Landholding Data: CMGPD-SC Public Release. Campbell PI）支持了 2012—2016 年 CMGPD-SC 的公开发布。

② Lee, J. Z., Campbell, C. D., & Chen, S. (2010), China Multi-Generational Panel Dataset, Liaoning (CMGPD-LN), 1749 - 1909, User Guide. Ann Arbor, MI: Inter-university Consortium for Political and Social Research; Wang, H., Chen, S., Dong, H., Noellert, M., Campbell, C. D., & Lee, J. Z. (2013), China Multi-Generational Panel Dataset, Shuangcheng (CMGPD-SC), 1866 - 1914, User Guide. Ann Arbor, MI: Inter-university Consortium for Political and Social Research.

③ 在 20 世纪 90 年代和 21 世纪初，在加州大学洛杉矶分校举办的三个系列研讨会给了康文林关于超越传统的历史人口学方面特别重要的启发。这三个研讨会是 Von Gremp Workshop in Economic History、the UCLA/RAND Joint Labour and Population Workshop 和 the California Centre for Population Research Seminar Series。

PD 数据集没有记录除了成年男子的官职外任何关于其他非农业职业的信息。此外,只有 CMGPD-SC 记录了土地持有情况。

由于对不平等和社会流动领域的研究兴趣日益增长,并渴望跳出人口统计学领域,在花了 20 多年时间收集 20 世纪前中国社会经济成就、相关人口现象的个人层面信息之后,我们将注意力转向构建数据库以研究古今中国的不平等、社会流动和社会变革。在知晓北京大学档案馆所保存了学生学籍卡后,李中清及其合作者启动了 CUSD-PRC 项目。北京大学学籍卡录入工作启动于 2003 年,由李中清的合作者阮丹青、杨善华以及杨的博士生张浩监督。苏州大学学籍卡的录入工作则于 2007 年开始,由清华大学历史学博士梁晨监督,他在密歇根大学做过李中清的博士后,现在是南京大学历史学院教授。

(三) 第三阶段:扩大,2009 年至今

这一阶段始于 2009 年李中清转到香港科技大学任职。2013 年,康文林也从加州大学洛杉矶分校转到香港科技大学,加入了李中清研究团队。因地理位置之便,团队得以经常去往大陆,与研究人员交流、展示成果,并探索古今中国的系统性新材料。此间我们发现了一批可以转化为数据库的新史料,并由此将研究对象由家庭组织和人口行为扩展到教育精英。慷慨而稳定的校内外资助也使得录入工作继续扩展。[①] 与在美国时相比,李中清和康文林在香港更容易招收、培养有相关兴趣的研究生,并与他们开展合作。自李中清在港科大工作以来,团队培养了倪志宏(Matthew Noellert)、董浩和陈必佳,截至 2020 年夏天 (本文英文版完成时),他们分别是一桥大学经济学研究科的副教授、北京大学光华管理学院社会研究中心的助理教授和中国人民大学历史系的博士后。当时团队的博士生有香港科技大学的李湘宁和任韵竹、华中师范大学的薛勤,以及上海交通大学的杨莉和吴艺贝。

团队建设了相关数据库,以研究古今中国的不平等、社会流动和社会变化等问题。2010 年,梁晨提出了一项关于 20 世纪上半叶大学生社会来源

---

① 研究得到了香港研究资助局以下基金支持:642911(Lee PI)、640613(Lee PI)、16400114(Campbell PI)、16400714(Lee PI)、16602315(Lee PI)、16600017(Campbell PI)、16602117(Lee PI)、16601718(Campbell PI)。

的研究计划,该研究拟在 CUSD-PRC 的基础上进行扩展,构建并分析基于中国各地历史档案馆藏学籍卡的数据库(CUSD-ROC)。① 他与李-康研究团队的其他成员合作,找到了目前 CUSD-ROC 34 所大学中一半学校的学籍卡,并组织了大部分的数据录入工作。任韵竹、李中清和张铭雨找到了另一半学籍卡并完成了录入工作。这些材料的转录过程与 CMGPD 数据库的转录过程不同:不是由一个专门团队负责转录原始资料的扫描件,而是在当地招聘人员到档案馆现场输入数据。因此,增加变量或因前后信息不一致核查原件时,都需要实地往返档案馆。

团队启动的下一个项目是 CGED-Q。2013 年,密歇根大学博士后、现上海交通大学历史系副教授任玉雪向康文林和李中清展示了她从清华大学图书馆出版的 206 种《缙绅录》中转录的中国东北官员记录,以及正在开展的相关研究。② 康文林由此设想将《缙绅录》作为研究清代官场和清代官员职业动态的一种资源。康、李和任三人制订了一个计划,将这批材料中的 280 万条记录以及来自其他《缙绅录》版本的 120 万条记录全部录入。这项工作已于 2020 年夏天完成。2014 年 CMGPD 录入人员开始输入数据,2016 年增加了新录入人员,录入的速度提高了一倍。陈必佳于 2015 年加入该项目,当时她是香港科技大学社会科学专业的硕士研究生。她在数据录入的协调工作中发挥了关键作用,并撰写了关于清代官员职业生涯的博士学位论文。③

虽然 CMGPD、CGED 和大部分 CUSD 数据库都由李中清或康文林发起,并与我们研究团队的其他资深成员(如梁晨)合作完成,但我们最新关于中国农村革命(CRRD-LR、CRRD-SQ)和中国专业人士兴起(CPOD)的

---

① 具体可参见梁晨、董浩、任韵竹、李中清《江山代有才人出——中国教育精英的来源与转变(1865—2014)》,《社会学研究》2017 年第 3 期;Ren, Bamboo Y., Liang, Chen, & Lee, James Z., "Meritocracy and the Making of the Chinese Academe, 1912 – 1952," *China Quarterly*, 244 (2020): 942 – 968。

② 英文介绍参见 Chen, B., Campbell, C. D., Ren, Y., & Lee, J. Z., "Big Data for the Study of Qing Officialdom: The China Government Employee Database-Qing (CGED-Q)," *The Journal of Chinese History*, Vol. 4, Special Issue 2 (2020): 431 – 460。中文介绍参见任玉雪、陈必佳、郝小雯、康文林、李中清《清代缙绅录量化数据库与官员群体研究》,《清史研究》2016 年第 4 期。内容包括项目介绍、结果样本,以及为 CGED-Q 做出贡献的合作者、学生和录入人员的完整名单。

③ Chen, B., Origins and Career Patterns of the Qing Government Officials (1850 – 1912): Evidence from the China Government Employee Dataset-Qing (CGED-Q), Ph. D. diss., Hong Kong University of Science and Technology Division of Social Science, 2019.

数据库,则主要由年轻团队成员发起,他们发掘了相关材料,并为完成博士学位论文构建了数据库。2011年,倪志宏在双城进行实地考察时发现了CRRD-LR的基础材料,并利用这些数据撰写了他的博士学位论文和2020年的著作。① 山西大学中国社会史研究中心主任行龙根据他收集的7800份农村家庭社会阶层登记表,发起了中国乡村建设数据集-"四清"(CRRD-SQ)。2015年,倪志宏与山西大学中国社会史研究中心教授胡英泽合作负责了CRRD-SQ的初始录入工作。② 2016—2019年,倪志宏与香港科技大学博士生李湘宁合作,将CRRD-SQ的涵盖范围从1个省扩展到4个省,从8000个家庭扩展到2.5万个家庭。③

同样,虽然CUSD-ROC和CUSD-OS分别由梁晨在2010年、李中清在2019年发起,但从2018年开始,是由任韵竹发起并协调各种CPOD数据集的建设工作。在任韵竹的指导下,吴艺贝和杨莉协调了CUSD-OS的数据录入工作。吴艺贝还找到了CGED-ROC的数据资料,并负责了数据转录工作。

四 研究发现

本节将按主题来分别介绍团队的研究发现。首先,我们将介绍关于人口现象和家庭组织的研究。对该主题的研究是一个发展的过程,肇始于计算人口比例和描述家庭结构,后深入至研究因家庭背景的差异而产生的家庭等级,最后扩展至研究婚配选择、家庭背景对个人健康和晚年死亡率的影响以及其他相关主题。其次,我们将介绍关于代际社会流动和不平等的研究。我们先是研究父亲的社会经济成就如何影响儿子取得的相关成就,后来又研究父亲以外的多代亲属在塑造个人成就中的作用。最近我们把亲属网络和世系群体(而不是个人)作为分析变量,来更宽泛地研究社会分层和不平等问题。再次,我们将总结近期关于20世纪中国大学生的地理和社会来源的研究成果。最后,我们将概述最近关于清代政府官员职业生涯的研究成果。

---

① 孙惠成、肖星和激扬在2012年完成了CRRD-LR大部分的编码工作,并在2013年将各CRRD-LR事件登记册上的个人联系起来。
② 由此产生的数据库保存在山西大学,分析工作由该校人员进行。与CUSD-PRC一样,对该数据库的任何分析都是基于应研究需要制作的表格或其他计算结果,而不是基于原始数据。李湘宁(Xiangning Li)牵头负责这些材料的分析工作。
③ 倪志宏和李湘宁牵头负责这些材料的分析工作。编码工作主要由李秀兰负责。

（一）人口行为

在人口行为方面，团队最早的研究路径是使用总体比例来呈现死亡率、生育率、人口年龄及性别构成、家庭结构等的演化趋势和模式。李中清和Eng介绍了基于1774—1798年道义县五份户口登记册的相关数据，并描述了该地的出生率、死亡率、人口年龄构成和家庭结构。[1] 他们在其他研究中证实，这些资料完全记录了成年男性和已婚及丧偶女性，但遗漏了许多在婴儿期或幼儿期死亡的儿子和大多数女儿。李中清、康文林和王丰介绍了CMGPD-IL数据库，并展示了皇室成员死亡的时间趋势和年龄模式。[2] 李中清、康文林、安酴匿（Lawrence Anthony）和陈慧雯（Suen Chen）的研究表明，道义的死亡率水平和模式与历史上世界其他地区相似。[3] 李中清和Gjerde比较了道义的家庭结构与挪威、美国的家庭结构，指出现有家庭结构分类方案的缺陷，并提出了一个更有利于中外社会比较的新分类方案。[4] 对CMGPD-IL与CMGPD-LN的比较表明，皇室成年男性的死亡率高于辽宁道义农村地区的成年男性，这可能是因为被限制在北京生活使他们受到了"城市惩罚"（urban penalty）。这些早期研究成果，启发了一系列充分运用个人细节数据的后续研究，如探索生育率、死亡率以及其他人口现象与各种社会、经济变量的关系等。以下将分别介绍这些研究。

1. 生育率

关于生育模式的早期研究结果启发了后续工作——研究节制生育对降低婚内生育水平的作用。王丰、李中清和康文林的相关研究表明，由

---

[1] Lee, J. Z., Eng, R., "Population and Family History in Eighteenth-Century Manchuria: Preliminary Results from Daoyi 1774 – 1798," *Ch'ing-shih wen-t'i*, 5.1 (1984): 1 – 55.

[2] 具体可参见 Lee, J. Z., Campbell, C. D., & Wang, F., "An Introduction to the Demography of the Qing Imperial Lineage, 1644 – 1911," In Schofield, R., Reher, D., eds., *Old and New Methods in Historical Demography*, Oxford: Oxford University Press: 1993, pp. 361 – 382。

[3] 具体可参见安酴匿、李中清、陈慧雯《一七九五至一八二〇年间辽宁农村的成人死亡率》，中国第一历史档案馆编《明清档案与历史研究：中国第一历史档案馆六十周年纪念论文集》，第885—898页; Lee, J. Z., Campbell, C. D., & Anthony, L., "A Century of Mortality in Rural Liaoning, 1774 – 1873," In Harrell, S., ed., *Chinese Historical Microdemography*, Berkeley: University of California Press, 1995, pp. 163 – 182。

[4] Lee, J. Z., Gjerde, J., "Comparative Household Morphology of Stem, Joint, and Nuclear Household Systems: Norway, China, and the United States," *Continuity and Change*, 1.1 (1986): 89 – 111.

道义和清朝皇室人口数据计算得到的婚内生育率低于欧洲,从结婚到首次生育的时间间隔及此后的生育间隔均比欧洲长得多,而且停止生育的时间也比欧洲早得多。① 他们认为,这些现象是主动而非被动节制生育的结果。基于这些发现,李中清和王丰提出了与马尔萨斯及其继任者截然不同的观点:对生育率的预防性抑制,对20世纪之前的中国人口动态产生了重要影响;② 20世纪中国大陆、台湾和香港生育率骤降,是因为中国人继承了根据经济和其他情况主动控制生育率的历史遗存,迅速应用了限制生育的新技术。随后,我们与马尔萨斯理论支持者就中国历史人口动态的解释问题展开了激烈辩论。③ 康文林和李中清重新审视了生育控制问题,认为但凡适当考虑不同夫妇生育能力的差异性,就会发现明显的节育证据。④

我们在对死亡率进行研究的同时继续探索生育率差异,以阐明社区、家庭和个人环境对生育的影响。李中清和康文林比较了道义地区不同家庭结构、家中排行和社会经济地位男子的累积生子数量。⑤ 一般来说,在家庭或社会经济地位中具有特权地位的男子育有更多孩子。这些男子不仅早婚和再婚的可能性更高,而且在某些情况下,他们在婚姻中的生育率更高。特权与生育之间呈正向关系,这与前述关于死亡率的结论形成了鲜明对比:在某些情况下,有特权的男性死亡率出人意料地更高。此外,在困难

---

① Wang, F., Lee, J. Z., & Campbell, C. D., "Marital Fertility Control Among the Qing Nobility: Implications for Two Types of Preventive Check," *Population Studies*, 49.3 (1995): 383 - 400; Lee, J. Z., Campbell, C. D, *Fate and Fortune in Rural China: Social Organization and Population Behaviour in Rural Liaoning, 1774 - 1873*, Cambridge: Cambridge University Press, 1997, pp. 83 - 102.

② 具体可参见 Lee, J. Z., Wang, F., *One Quarter of Humanity: Malthusian Mythology and Chinese Realities, 1700 - 2000*, Cambridge, Mass.: Harvard University Press, 1999.中译本见李中清、王丰《人类的四分之一:马尔萨斯的神话与中国的现实(1700—2000)》,陈卫、姚远译,三联书店,2000。

③ Campbell, C. D., Wang, F., & Lee, J. Z., "Pretransitional Fertility in China," *Population and Development Review*, 28.4 (2002): 735 - 750; Lee, J. Z., Campbell, C. D., & Wang, F., "Positive Checks or Chinese Checks?" *Journal of Asian Studies*, 61.2 (2002): 591 - 607.

④ Campbell, C. D., Lee, J. Z., "Fertility Control in Historical China Revisited: New Methods for an Old Debate," *History of the Family*, 15.4 (2010b): 370 - 385.

⑤ Lee, J. Z., Campbell, C. D., *Fate and Fortune in Rural China: Social Organization and Population Behaviour in Rural Liaoning, 1774 - 1873*, Cambridge: Cambridge University Press, 1997, pp. 133 - 156, 177 - 195.

时期，即粮食价格高涨或出现气候问题时，生育率会下降。① 董浩还研究了东亚不同地区人口中当地家庭系统对共居亲属生育的调节作用差异。② 其他分析主要集中在婚内生育和收养等行为上。王丰、李中清和康文林用 CMG-PD-LN 重新审视了生育率，并证明生育率与经济和家庭等级制度中的地位有关。③ 康文林和李中清还研究了婚内生育率与生活在家庭之外的亲属特征的关联，但没有发现任何关联。④ 陈爽、李中清和康文林的研究表明，双城的生育率与家庭土地持有量以及其他测度下的社会经济和家庭地位呈正相关。⑤ 王丰和李中清表明，在清代皇室家族中，多达 12.5% 的男性子嗣被亲属收养，通常情况下，收养在保持血统连续性和实现其他目标方面发挥了重要作用。⑥

2. 死亡率

早期对婴儿和儿童死亡率的描述性分析引出了对杀害女婴的研究，这成为李中清和王丰批判中国历史人口动态的马尔萨斯式解释的基础之一。⑦ 李中清和康文林等人以道义的出生和死亡登记作为间接证据，认为一些家

---

① Campbell, C. D., Lee, J. Z., "Demographic Impacts of Climatic Fluctuations in Northeast China, 1749 – 1909," In Kurosu, S., Bengtsson, T., & Campbell, C. D., eds., *Demographic Responses to Economic and Environmental Crisis*, Kashiwa: Reitaku University Press, 2010a, pp. 107 – 132; Wang, F., Campbell, C. D., & Lee, J. Z., "Agency, Hierarchies, and Reproduction in Northeastern China, 1789 to 1840," In Tsuya, N., Wang, F., Alter, G., Lee, J. Z. et al., *Prudence and Pressure: Reproduction and Human Agency in Europe and Asia, 1700 – 1900*, Cambridge, MA: MIT Press, 2010, pp. 287 – 316.

② Dong, H. Patriarchy, Family System and Kin Effects on Individual Demographic Behaviour Throughout the Life Course: East Asia, 1678 – 1945, Ph. D. diss., Hong Kong University of Science and Technology Division of Social Science, 2016.

③ Wang, F., Campbell, C. D., & Lee, J. Z., "Agency, Hierarchies, and Reproduction in Northeastern China, 1789 to 1840," In Tsuya, N., Wang, F., Alter, G., Lee, J. Z. et al., *Prudence and Pressure: Reproduction and Human Agency in Europe and Asia, 1700 – 1900*, Cambridge, MA: MIT Press, 2010, pp. 287 – 316.

④ Campbell, C. D., Lee, J. Z., "Long-term Mortality Consequences of Childhood Family Context in Liaoning, China, 1749 – 1909," *Social Science and Medicine*, 68. 9 (2009): 1641 – 1648.

⑤ Chen, S., Lee, J. Z., & Campbell, C. D., "Wealth Stratification and Reproduction in Northeast China, 1866 – 1907," *History of the Family*, 15. 4 (2010): 386 – 412.

⑥ Wang, F., Lee, J. Z., "Adoption Among the Qing Nobility and Its Implications for Chinese Demographic Behaviour," *History of the Family*, 3. 3 (1998): 411 – 428.

⑦ Lee, J. Z., Wang, F., *One Quarter of Humanity: Malthusian Mythology and Chinese Realities, 1700 – 2000*, Cambridge, Mass.: Harvard University Press, 1999.

庭杀戮或忽视女婴，进而影响了幸存儿童数量和性别构成。① 这种杀戮和忽视行为是人们对当时的经济条件和个人生存状况的反应。如前所述，因不满足于依赖间接证据，我们建立了完整记录子女出生和死亡的 CMGPD-IL。这引出了对清朝皇室婴儿和儿童死亡率的分析，该分析提供了杀害婴儿的直接证据：女婴在出生后第一天和一个月内的死亡率异常高，进一步表明杀婴不仅仅是经济危机或极端贫困的结果。②

另一组死亡率研究采用事件史分析法描绘死亡率差异模式，并阐明了家庭、社区和制度环境对死亡风险的影响。李中清和康文林首先提出，死亡率随社会经济地位和家中排行而变化。这种关系有时与直觉相反：男性的特权有时意味着更高的死亡风险。③ 死亡风险不仅取决于家庭规模和组成，也取决于家庭中是否有特定的亲属。康文林和李中清研究了家庭环境如何影响寡妇和孤儿的死亡率，并表明寡妇的死亡风险取决于她们是否有儿子。④ 有儿子的寡妇死亡率不受丧夫影响，但没有儿子的寡妇丧夫后死亡率会升高。董浩运用辽宁、台湾以及日本东北部三地的户籍数据，主导开展了三地家庭背景对死亡率影响的比较研究。⑤

在此基础上，团队进一步研究了经济、气候对死亡率的短期冲击，以及公共卫生干预对死亡率的长期影响。康和李根据对社会地位、家庭环境

---

① Lee, J. Z., Campbell, C. D., & Tan, G., "Infanticide and Family Planning in Rural Liaoning, 1774 – 1873," In Li, L., Rawski, T., eds., *Chinese History in Economic Perspective*, Berkeley: University of California Press, 1992, pp. 149 – 176; Lee, J. Z., Campbell, C. D, *Fate and Fortune in Rural China: Social Organization and Population Behaviour in Rural Liaoning, 1774 – 1873*, Cambridge: Cambridge University Press, 1997, pp. 58 – 82.

② Lee, J. Z., Wang, F., & Campbell, C. D., "Infant and Child Mortality Among the Qing Nobility: Implications for Two Types of Positive Check," *Population Studies*, 48. 3 (1994): 395 – 412.

③ Lee, J. Z., Campbell, C. D., *Fate and Fortune in Rural China: Social Organization and Population Behaviour in Rural Liaoning, 1774 – 1873*, Cambridge: Cambridge University Press, 1997, pp. 133 – 156, 177 – 195.

④ Campbell, C. D., Lee, J. Z., "When Husbands and Parents Die: Widowhood and Orphanhood in Late Imperial Liaoning, 1789 – 1909," In Derosas, R., Oris, M., eds., *When Dad Dies*, Bern: Peter Lang, 2002b, pp. 313 – 334.

⑤ Dong, H. Patriarchy, Family System and Kin Effects on Individual Demographic Behaviour Throughout the Life Course: East Asia, 1678 – 1945, Ph. D. diss., Hong Kong University of Science and Technology Division of Social Science, 2016; Dong, H., Manfredini, M., Kurosu, S., Yang, W., & Lee, J. Z., "Kin and Birth Order Effects on Male Child Mortality: Three East Asian populations, 1716 – 1945," *Evolution and Human Behaviour*, 38. 2 (2017): 208 – 216.

和物价相互作用的分析,认为在特权和死亡风险之间存在折中关系,因为特权个体的死亡率对物价波动更敏感。① 2004 年,康和李使用 CMGPD-LN 中一个更大的样本,更详细地研究了死亡率水平差异和死亡率对物价波动的敏感性。男性死亡率比女性死亡率对谷物价格的波动更敏感,而且这种反应受年龄、社会经济地位和家庭背景的影响。② 这些结果有助于 Bengtsson 等人对东西方的比较研究。③ 2010 年,康和李研究了 1782—1789 年、1813—1815 年和 1831—1841 年异常寒冷的夏天,以及其他异常气候对死亡率的影响。在 1782—1789 年,预期寿命下降了 10 岁以上。年轻男性和女性受到的打击尤其大,5—15 岁男性的死亡率为非气候异常期的 8.78 倍,5—15 岁女性的死亡率为 4.65 倍。④ 此外,康文林通过比较 19 世纪 CMGPD-IL 中死亡率和 20 世纪初、中、后期北京的死亡率,评估了 20 世纪初和 1949 年后北京公共卫生干预措施的效果。⑤

最近的研究考察了家庭背景和家庭历史对老年人及后代死亡率的影响。陈爽使用 CMGPD-SC,比较了双城移民中原籍为北京城市及其周边地区者,与原籍为东北农村者的死亡率差异。⑥ 她发现,尽管享有国家政策给予的特权,原籍北京的移民后代死亡率仍一直更高。2009 年,康和李使用 CMGPD-

---

① Campbell, C. D., Lee, J. Z., "Price Fluctuations, Family Structure and Mortality in Two Rural Chinese Populations: Household Responses to Economic Stress in Eighteenth-and Nineteenth-century Liaoning," In Bengtsson, T., Saito, O., eds., *Population and the Economy: From Hunger to Modern Economic Growth*, Oxford: Oxford University Press, 2000, pp. 371 – 420.

② Campbell, C. D., Lee, J. Z., "Mortality and Household in Seven Liaodong Populations," In Bengtsson, T., Campbell, C. D., Lee J. Z. et al., *Life under Pressure: Mortality and Living Standards in Europe and Asia, 1700 - 1900*, Cambridge, MA: MIT Press, 2004, pp. 293 – 324.

③ Bengtsson, T., Campbell, C. D., Lee, J. Z. et al., *Life under Pressure: Mortality and Living Standards in Europe and Asia, 1700 - 1900*, Cambridge, MA: MIT Press, 2004.

④ Campbell, C. D., Lee, J. Z., "Demographic Impacts of Climatic Fluctuations in Northeast China, 1749 - 1909," In Kurosu, S., Bengtsson, T., & Campbell, C. D., eds., *Demographic Responses to Economic and Environmental Crisis*, Kashiwa: Reitaku University Press, 2010a, pp. 107 – 132.

⑤ Campbell, C. D., "Public Health Efforts in China Before 1949 and Their Effects on Mortality: The Case of Beijing," *Social Science History*, 21.2 (1997): 179 – 218; Campbell, C. D., "Mortality Change and the Epidemiological Transition in Beijing, 1644 - 1990," In Liu, T. -j., Lee, J., Reher, D. S., Saito, O., & Wang, F., eds., *Asian Population History*, Oxford: Oxford University Press, 2001, pp. 221 – 247.

⑥ Chen, S., Campbell, C. D., & Lee, J. Z., "Vulnerability and Resettlement: Mortality Differences in Northeast China by Place of Origin, 1870 - 1912, Comparing Urban and Rural Migrants," *Annales de Démographie Historique*, 2 (2005, publ. 2006): 47 – 79.

LN 研究了家庭环境对成年人和老年人死亡率的影响。他们发现，幼年丧母或出生时母亲年龄在 35 岁以上的男性成年后死亡率更高。那些出生时间与前一胎间隔较短、母亲年龄在 35 岁以上、父亲是残疾人或受薪官员的男性，老年时的死亡风险会升高。① 2014 年，董浩和李中清使用 CMGPD-LN 研究了童年时曾经历迁居的男性的死亡率，发现在迁入地有亲属者迁居后死亡率更低。② 2018 年，臧晓露和康文林使用 CMGPD-LN 研究了童年时与祖父母共居对成年和老年时死亡率的影响。③

3. 婚姻和家庭

学界对婚姻的研究一直颇为关注，因为婚姻时机和总体成婚概率密切反映了家庭的优先事项和家庭中的个人特权。婚姻直接体现了家庭对子女婚配时间及婚配对象的明确抉择。相比之下，生育率和死亡率（排除杀婴后）虽同样能反映家庭优先事项和决策，但在其他各种因素的影响下，这种关联难以简单解释。团队的研究表明，地位高的男性更有可能结婚，且丧偶后更有可能再婚。1997 年，李中清和康文林首次证明道义男性的社会经济地位、家庭地位与成婚概率之间存在正相关关系。④ 在皇室成员中，社会地位也与男性成婚概率正相关。⑤ 共居远亲的社会经济地位同样影响男性成婚概率，此外也有明显证据表明家庭内同一代未婚男性之间存在婚配优先次序。⑥ 地位较高的女性倾向于晚婚，但几乎所有女性最终都会结

---

① Campbell, C. D., Lee, J. Z., "Long-term Mortality Consequences of Childhood Family Context in Liaoning, China, 1749 – 1909," *Social Science and Medicine*, 68. 9 (2009): 1641 – 1648.

② Dong, H., Lee, J. Z., "Kinship Matters: Long-term Mortality Consequences of Childhood Migration, Historical Evidence From Northeast China, 1792 – 1909," *Social Science and Medicine*, 119 (2014): 274 – 283.

③ Zang, E., Campbell, C. D., "Males' Later Life Mortality Consequences of Coresidence with Paternal Grandparents: Evidence From Northeast China, 1789 – 1909," *Demography*, 55. 2 (2018): 435 – 457.

④ Lee, J. Z., Campbell, C. D., *Fate and Fortune in Rural China: Social Organization and Population Behaviour in Rural Liaoning, 1774 – 1873*, Cambridge: Cambridge University Press, 1997, pp. 133 – 156, 177 – 195.

⑤ Lee, J. Z., Wang, F., & Ruan, D., "Nuptiality Among the Qing Nobility: 1600 – 1900," In Liu, T. -j., Lee, J. Z., Reher, D., Saito, O., & Wang, F., eds., *Asian Historical Demography*, Oxford: International Studies in Demography, Oxford University Press, 2001, pp. 353 – 373.

⑥ Campbell, C. D., Lee, J. Z., "Kin Networks, Marriage, and Social Mobility in Late Imperial China," *Social Science History*, 32. 2 (2008b): 175 – 214.

婚。① 再婚的机会也与社会经济地位有关，地位高的鳏夫更有可能再婚。

我们还考虑了婚姻的其他影响因素，包括多妻制和经济冲击。尽管在20世纪以前，一夫多妻制是中国最广为人知的婚姻特征之一，但在CMGPD-LN和CMGPD-SC所涵盖的农村人口中却极为罕见。随着时间的推移，即使在皇族中，一夫多妻者也越来越少，到19世纪后半期，除了皇室宗亲外，一夫多妻者已经非常罕见。此外，一夫多妻制主要用于延长男性的生育时间，而非同时与不同的妻妾生育子嗣。② 在辽宁农村，粮价上涨带来的经济困难对婚姻的影响存在滞后性，而并不像对死亡率和生育率的影响那样直接——女婴和女童死亡率的上升不均衡地减少了20年后成年女性的数量，加剧了婚姻市场的不平衡。③

最近，团队研究了婚配对象选择问题，以深入了解家庭对其姻亲的选择偏好。这有助于划定历史上中国各群体之间的社会、经济和制度界限。我们关于该主题的第一篇论文研究了CMGPD-SC中的族际婚姻，以了解在制度不禁止八旗子弟与普通平民通婚的情况下，汉族和满族会不会通婚。④ 我们发现，满汉通婚很普遍，其可能性取决于家庭特征，包括家庭异族通婚史、当地婚姻市场构成以及其他因素。我们关于该主题的第二篇论文研究了20世纪中期的中国山西农村中教育和家庭阶层因素对婚配选择的影响。⑤ 研究结果表明两者均对婚配有重要影响，而且影响机制在1949年新中国成立前后变化并不大。这是一个新发现，因为学界虽然此前已有许多

---

① Chen, S., Campbell, C. D., & Lee, J. Z., "Categorical Inequality and Gender Difference: Marriage and Remarriage in Northeast China, 1749 – 1913," In Lundh, C., Kurosu S. et al., eds., *Similarity in Difference: Marriage in Europe and Asia, 1700 – 1900*, Cambridge, MA: MIT Press, 2014, pp. 393 – 438.

② Lee, J. Z., Wang, F., & Ruan, D., "Nuptiality Among the Qing Nobility: 1600 – 1900," In Liu, T.-j., Lee, J. Z., Reher, D., Saito, O., & Wang, F., eds., *Asian Historical Demography*, Oxford: International Studies in Demography, Oxford University Press, 2001, pp. 353 – 373.

③ Campbell, C. D., Lee, J. Z., "Economic Conditions and Male First Marriage in Northeast China, 1749 – 1909," *Sungkyun Journal of East Asian Studies*, 8.1 (2008a): 17 – 42.

④ Chen, B., Campbell, C. D., & Dong, H., "Interethnic Marriage in Northeast China, 1866 – 1913," *Demographic Research*, 38.34 (2018): 929 – 966.

⑤ Xing, L., Campbell, C. D., Li, X., Noellert, M., & Lee, J. Z., "Education, Class and Assortative Marriage in Rural Shanxi, China in the Mid-twentieth Century," *Research in Social Stratification and Mobility*, 66 (2020): 1 – 15.

关于 20 世纪后半叶中国婚姻双方教育匹配度的研究,但关于 20 世纪中期阶级成分对婚配的作用的研究较少。

另一项工作是调查家庭动态,包括家庭扩张和分家。在辽宁,很大一部分人口生活在宗族中,和众多远亲生活在一起。① 宗族等级森严,成员的地位和特权取决于与族长的关系。② 族长及其子孙最有特权,而较远的亲属则享有较少特权。宗族的分裂,通常由能够联结家族各脉的族长或长老之死引发。③ 族长主要是男性,但寡妇有时会在丧夫后继任族长。对族长的远房亲属来说,分家是一种解放:他们以前处于家族底层,分家后却有可能掌控新组成的家庭的资源。④

(二) 比较

从 1994 年到 2014 年的 20 年间,我们和王丰一起参与了国际合作比较项目——欧亚人口和家庭史项目 (Eurasia Project in Population and Family History),并在其中分析了 CMGPD。通过对欧洲和亚洲的数据集进行几乎相同的分析,该研究比较了瑞典西南部、日本东北部、中国东北部、比利时东部和意大利北部人口对经济状况的反应模式。我们与研究瑞典西南部斯堪尼亚的 Tommy Bengtsson、Christer Lundh 和 Martin Dribe,研究日本东北部福岛的速水融、津谷典子和黑须里美,研究比利时东部的 Michel Oris 和 George Alter,以及研究意大利北部的 Marco Breschi、Matteo Manfredini 和 Renzo Derosas 展开了广泛交流。⑤

---

① Lee, J. Z., Campbell, C. D, *Fate and Fortune in Rural China*: *Social Organization and Population Behaviour in Rural Liaoning, 1774 – 1873*, Cambridge: Cambridge University Press, 1997, pp. 105 – 132; Lee, J. Z., Gjerde, J., "Comparative Household Morphology of Stem, Joint, and Nuclear Household Systems: Norway, China, and the United States," *Continuity and Change*, 1.1 (1986): 89 – 111.
② Lee, J. Z., Campbell, C. D, *Fate and Fortune in Rural China*: *Social Organization and Population Behaviour in Rural Liaoning, 1774 – 1873*, Cambridge: Cambridge University Press, 1997, pp. 133 – 156.
③ Lee, J. Z., Campbell, C. D., "Headship Succession and Household Division in Three Chinese Banner Serf Populations, 1789 – 1909," *Continuity and Change*, 13.1 (1998): 117 – 141.
④ 康文林、李中清:《中国东北地区分家的原因和结果 (1789—1909)》,李中清、郭松义、定宜庄主编《婚姻家庭与人口行为》,第 1—32 页。
⑤ 每个团队都有一些我们偶尔会进行互动的其他参与者。

对死亡率、生育率和结婚率的比较研究,揭示出无论在东方还是西方,家庭背景都在塑造人口现象方面发挥着作用。① 除了这个意料之外的相似点,东西方之间也存在意料之外的差异。我们发现,影响人口对经济冲击之反应的因素中,在西方,社会经济差异很重要;而在东方,家庭背景的社会政治差异更为重要。总体而言,东方人口对经济冲击的反应比西方弱,这与基于马尔萨斯人口动态解释的预期相反。我们强调使用相同模型分析所有不同数据库以得出比较结果,并由此得出新观点,这使我们的研究明显区别于以往的国际人口家庭比较研究。

为了深入了解 CMGPD-LN 所用八旗户口登记册的优缺点,我们还比较了 CMGPD-LN 中记录的家庭和他们自己的家谱。在我们的八次实地考察中,从每个村庄收集的材料中都有家族族谱。我们将这些资料转录成一个数据库,然后比较 CMGPD-LN 和家谱的家族成员记录,发现在婴儿期和儿童期死亡的子女往往被排除在家谱之外,从而导致依据家谱估计的生育率低于实际生育水平。② 我们还发现根据家谱估计的生育率之所以偏低,也因为家谱更有可能忽略那些始终未婚的和婚后无子的成年人。既往研究认为,调整婴儿和儿童死亡率以及出生时的性别比,可以处理忽略女儿及早逝儿子带来的生育率估计值偏误,从而"修正"从家谱估计出的生育率。这项研究则发现,家谱忽略无子女成年人带来的偏误,使这种"修正"变得更加困难甚至不可能。

在董浩的带领下,我们新启动了一项关于历史上东亚地区家庭和人口现象的比较性合作研究。董浩整合了来自中国东北、台湾、日本东北和韩国的数据库,并与黑须里美和杨文山(Wenshan Yang)合作分析这些数据。在这些比较中,我们还使用了韩国丹城县的家庭户籍簿,这些户籍簿由一

---

① 相关研究可参见 Bengtsson, T., Campbell, C. D., Lee, J. Z. et al., *Life under Pressure: Mortality and Living Standards in Europe and Asia, 1700 – 1900*, Cambridge, MA: MIT Press, 2004; Tsuya, N. O., Wang, F., Alter, G., Lee, J. Z. et al., *Prudence and Pressure: Reproduction and Human Agency in Europe and Asia, 1700 – 1900*, Cambridge, MA: MIT Press, 2010; Lundh, C., Kurosu, S. et al., *Similarity in Difference: Marriage in Europe and Asia, 1700 – 1900*, Cambridge, MA: MIT Press, 2014。
② Campbell, C. D., Lee, J. Z., "State Views and Local Views of Population: Linking and Comparing Genealogies and Household Registers in Liaoning, 1749 – 1909," *History and Computing*, 14 (1 – 2) (2002a, publ. 2006): 9 – 29.

批主要来自成均馆大学的历史学家公开提供，我们通过姓名连接将其转化为纵向数据。① 由此比较研究了各东亚人群之间家庭背景（包括是否拥有特定亲属）对人口行为的影响。②

（三）社会流动、不平等和移民

我们对社会流动的研究，始于分析父子成就的关联，进而发展至研究亲属网络对个人成就的影响，最后扩展到研究家族的影响。家族是中国历史上一个关键的社会分层因素。最初对父子成就关系的研究表明，在道义，如果父亲能获得官职，儿子也会有更大的机会获得官职。③ 但与学界对19世纪北美和欧洲社会流动的研究结果相比，辽宁地方精英带给儿子的成就优势远没有西方那么明显。④ 社会地位提高也会导致民族身份改变，担任官职的汉族男子更有可能将汉族名字改成满族名字。⑤ 在辽宁的每一代人中，有很大一部分获得政府官职男子是"新"的，他们的父亲没有任何官职，

---

① 康文林和董浩编写了程序，将不同登记簿中同一人的记录纵向连接起来，将横截面数据转化为面板数据。参见 Dong, H., Campbell, C. D., Kurosu, S., Yang, W., & Lee, J. Z., "New Sources for Comparative Social Science: Historical Population Panel Data From East Asia," *Demography*, 52.3 (2015b): 1061–1088。建立的纵向连接详见 https://doi.org/10.14711/dataset/IVIDZV。

② Dong, H., Campbell, C. D., Kurosu, S., & Lee, J. Z., "Household Context and Individual Departure: The Case of Escape in Three 'Unfree' East Asian Populations, 1700–1900," *Chinese Journal of Sociology*, 1.4 (2015a): 513–539; Dong, H., Campbell, C. D., Kurosu, S., Yang, W., & Lee, J. Z., "New Sources for Comparative Social Science: Historical Population Panel Data From East Asia," *Demography*, 52.3 (2015b): 1061–1088; Dong, H. Patriarchy, Family System and Kin Effects on Individual Demographic Behaviour Throughout the Life Course: East Asia, 1678–1945, Ph. D. diss., Hong Kong University of Science and Technology Division of Social Science, 2016; Dong, H., Manfredini, M., Kurosu, S., Yang, W., & Lee, J. Z., "Kin and Birth Order Effects on Male Child Mortality: Three East Asian Populations, 1716–1945," *Evolution and Human Behaviour*, 38.2 (2017): 208–216.

③ Lee, J. Z., Campbell, C. D., *Fate and Fortune in Rural China: Social Organization and Population Behaviour in Rural Liaoning, 1774–1873*, Cambridge: Cambridge University Press, 1997, pp. 196–215.

④ Campbell, C. D., Lee, J. Z., "Social Mobility From a Kinship Perspective: Rural Liaoning, 1789–1909," *International Review of Social History*, 48.1 (2003): 1–26.

⑤ Campbell, C. D., Lee, J. Z., & Elliott, M., "Identity Construction and Reconstruction: Naming and Manchu Ethnicity in Northeast China, 1749–1909," *Historical Methods*, 35.3 (2002): 101–116.

其他父系亲属也没有。① 拥有其他官员亲属通常也有利于个人官职获得，但并非永远如此。②

在辽宁农村，家族也是地位分化的一个影响因素。取得成就的机会和结婚的机会，不仅取决于个人和家庭特征，也取决于家族归属。③ 家族在当地社会的相对地位，从清代到20世纪末具有长期延续性。④ 社会经济特权不仅增加了一个男人的子女数量，而且增加了他最多六代之后的后代总数，这意味着当地每一代人中，前几代最具社会经济特权成员的后代们都在全部人口中占据更高比例。⑤ 我们还探索了计算机技术在家族研究中的应用。傅四维（Siwei Fu）和董浩等使用可视化和网络技术来研究家族繁衍结构的决定因素。⑥

最近我们从一个更广泛的角度研究不平等问题。陈爽研究了双城基于体制归属和土地持有的社会分层问题。国家根据体制归属定义的人口类别规定了不同的土地权利。这些不同的土地权利影响了持有土地以及获得其他社会和经济特权的机会。双城居民在某些情况下对国家规定的社会等级制度提出了挑战，但同时也在其他情况下强化了这种制度。⑦ 倪志宏研究了1945年后双城土地改革中的个人数据，发现地方强人手中的权力被重新分配，这为财产的重新分配铺平了道路——新分配仍然由国

---

① Campbell, C. D., Lee, J. Z., "Social Mobility From a Kinship Perspective: Rural Liaoning, 1789 – 1909," *International Review of Social History*, 48.1 (2003): 1 – 26.
② Campbell, C. D., Lee, J. Z., "Kin Networks, Marriage, and Social Mobility in Late Imperial China," *Social Science History*, 32.2 (2008b): 175 – 214.
③ Campbell, C. D., Lee, J. Z., "Villages, Descent Groups, Households and Individual Outcomes in Rural Liaoning, 1789 – 1909," In Bengtsson T., Mineau, G., eds., *Kinship and Demographic Behaviour in the Past*, Springer, 2008c, pp. 73 – 104.
④ Campbell, C. D., Lee, J. Z., "Kinship and the Long-term Persistence of Inequality in Liaoning, China, 1749 – 2005," *Chinese Sociological Review*, 44.1 (2011): 71 – 104.
⑤ Song, X., Campbell, C. D., & Lee, J. Z., "Ancestry Matters: Patrilineage Growth and Extinction," *American Sociological Review*, 80.3 (2015): 574 – 602.
⑥ Fu, S., Dong, H., Cui, W., Zhao, J., & Qu, H., "How Do Ancestral Traits Shape Family Trees Over Generations?" *IEEE Transactions on Visualization and Computer Graphics*, 24.1 (2018): 205 – 214.
⑦ Chen, S., *State-Sponsored Inequality: The Banner System and Social Stratification in Northeast China*, Stanford: Stanford University Press, 2017.

家界定。①

团队还研究了移民问题。CMGPD-LN 跟踪了在辽宁省内迁移的家庭。离开原居住地的行为通常是非法的，但也会被记录下来。我们的第一项相关研究考察了影响辽宁省内家庭合法迁移和非法迁出该地区的因素。② 家庭年龄结构制约着合法移民，老人较少的"年轻"家庭更有可能移民。同时，官员家庭不太可能迁移。非法迁移在未婚或丧偶的男性、族长的远房亲戚或小家庭的成员中更为常见。董浩等人比较研究了中国东北地区的移民模式与 18、19 世纪韩国、日本的移民模式。③

（四）20 世纪中国大学生的社会与地理来源

通过对 CUSD 学籍卡数据库等其他材料的研究，团队阐释了从 19 世纪末到 21 世纪初中国大学生地理来源和社会出身的变化。在清代，1905 年废除科举考试之前，教育精英经由科举制度在全国范围内遴选。而在 20 世纪上半叶的中华民国时期，教育精英大多来自沿海大城市的商人和专业人士家庭。④ 此外，梁晨等人发现，新中国成立初期，北京大学和苏州大学的学生来源仍然类似于民国时期，来自沿海城市的商人和专业人才家庭的学生比例高。⑤

更重要的是，梁晨等还表明，1955 年引入的标准化考试（高考），以及中小学教育的大幅扩张，从根本上改变了大学的生源构成。农民和工人家庭首个大学生的数量在这一时期显著增加，这种情况一直持续到 20 世纪 90

---

① Noellert, M., *Power over Property: The Political Economy of Communist Land Reform in China*, Ann Arbor: University of Michigan Press, 2020.

② Campbell, C. D., Lee, J. Z., "Free and Unfree Labour in Qing China: Emigration and Escape Among the Bannermen of Northeast China, 1789 – 1909," *The History of the Family*, 6.4 (2001): 455 – 476.

③ Dong, H., Campbell, C. D., Kurosu, S., & Lee, J. Z., "Household Context and Individual Departure: The Case of Escape in Three 'Unfree' East Asian Populations, 1700 – 1900," *Chinese Journal of Sociology*, 1.4 (2015a): 513 – 539.

④ 梁晨、董浩、任韵竹、李中清：《江山代有才人出——中国教育精英的来源与转变（1865—2014）》，《社会学研究》2017 年第 3 期；Ren, Bamboo Y., Liang, Chen, & Lee, James Z., "Meritocracy and the Making of the Chinese Academe, 1912 – 1952," *China Quarterly*, 244 (2020): 942 – 968。

⑤ 梁晨、张浩、李中清等：《无声的革命：北京大学、苏州大学学生社会来源研究（1949—2002）》。

年代。20世纪90年代，专业人士家庭出身的大学生比例开始回升。然而，至少到2004年，北京大学约30%的学生和苏州大学约40%的学生仍然来自工人家庭。① 这与西方大部分国家的模式截然不同。在西方，就读于精英私立大学的学生与北大、苏大学生不同，绝大多数来自高收入家庭。高考是为来自普通家庭的学生保留了机会，还是更偏向于来自富裕家庭的学生？这是当下的热门话题，这些发现为该辩论提供了重要论据。②

（五）清代官场与官宦生涯

通过分析CGED-Q，我们深入了解了清代官场和官员生涯。这是研究清代官员的传统方法所不及的，因为传统方法强调对个人、职位或特定时间段的案例研究。任玉雪、陈必佳、康文林、李中清等人的研究表明，中央政府，尤其是上层，直到清末都由满人和其他旗人主导。只有一小部分科举出身的汉人得以在中央政府任职，且主要局限于翰林院及其相关部门。然而在中央政府之外，官员主要是汉人，且有更多官员出身于捐纳而非科举。③ 所有官员仕途长短的中位数不到七年，其中封疆大吏和贡生仕途生涯的中位数仅为三年。④ 1905年科举制度的废除，对已获科名者的仕途没有什

---

① 具体参见梁晨、李中清、张浩等《无声的革命：北京大学与苏州大学学生社会来源研究（1952—2002）》，《中国社会科学》2012年第1期；梁晨、张浩、李中清等：《无声的革命：北京大学、苏州大学学生社会来源研究（1949—2002）》。
② 2012年发表的一篇公开这些结果的文章（即发表在《中国社会科学》的《无声的革命：北京大学与苏州大学学生社会来源研究（1952—2002）》）立即引起了公众的广泛讨论，我们在团队网页上对这些讨论进行了总结。共计有超过100篇相关文章在1000多个中国媒体网站上被转发、转载或转播，其中包括一些电视报道和讨论。最引人关注的是，时任全国政协主席俞正声在2014年中国人民政治协商会议的一场教育分会上提到了我们的书《无声的革命：北京大学、苏州大学学生社会来源研究（1949—2002）》。2020年7月12日，余亮教授在中国的Bilibili网站上发布了关于该书的视频评论，截至2020年7月15日该视频已被播放24万次，被点赞了2.2万次。
③ 相关研究可参见任玉雪、陈必佳、郝小雯、康文林、李中清《清代缙绅录量化数据库与官员群体研究》，《清史研究》2016年第4期；Chen, B., Origins and Career Patterns of the Qing Government Officials (1850 – 1912): Evidence from the China Government Employee Dataset-Qing (CGED-Q), Ph. D. diss., Hong Kong University of Science and Technology Division of Social Science, 2019; Chen, B., Campbell, C. D., Ren, Y., & Lee, J. Z., "Big Data for the Study of Qing Officialdom: The China Government Employee Database-Qing (CGED-Q)," *The Journal of Chinese History*, Vol. 4, Special Issue 2 (2020): 431 – 460。
④ Chen, B., Campbell, C. D., Ren, Y., & Lee, J. Z., "Big Data for the Study of Qing Officialdom: The China Government Employee Database-Qing (CGED-Q)," *The Journal of Chinese History*, Vol. 4, Special Issue 2 (2020): 431 – 460.

么影响。陈必佳、康文林、李中清研究了清代末年的旗人官员,发现他们的人数和职位在清末新政时期变化不大,但由于民人官员人数的增加,他们在官员中的比例下降了。① 2020 年,康文林的研究表明,在 1905 年废除科举考试后,已获科名候缺待任者以跟从前相同的速度进入仕途,而已获官职者的流动率则没有受到影响。② 这一发现挑战了学界关于科举停废阻碍精英抱负施展的观点。③

五　结语

回顾 40 年来在人口、社会和经济史方面的协作研究后,以下是一些反思和见解。首先,在寻找、获取和构建多样化大型微观数据集方面,我们是极幸运的,这几乎是我们所有研究的基础。这是团队努力的结果。在搜寻微观数据以理解古今中国方面,我们所取得的成就日益依赖于与李－康研究团队各位同事的合作。典型的例子包括梁晨和任韵竹对民国时期大学生学籍卡的整理编纂,任玉雪对她所做《缙绅录》研究进展的分享,倪志宏和李湘宁对 20 世纪中期中国乡村建设相关新材料的发掘,任韵竹、吴艺贝和杨莉关于海外留学生和专业人士材料的最新发现,等等。

其次,诸多机构的支持,对我们获得本文所讨论的微观数据至关重要。辽宁省档案馆、中国第一历史档案馆、辽宁省地方志办公室、犹他州家谱协会、山西大学中国社会历史研究中心、双城县档案馆等诸多机构,以及中国和美国的许多大学,如北京大学、苏州大学、上海交通大学、清华大学、浙江大学和哥伦比亚大学等,均向我们慷慨提供了馆藏资料。另有一些数据库,尤其是 CGED-Q,依靠于已经出版或公开提供下载渠道的材料。其中最重要的是清华大学图书馆馆藏清代《缙绅录》,它与哈佛大学燕京图书馆和哥伦比亚大学图书馆馆藏《缙绅录》一起,构成了 CGED-Q 的主要

---

① 陈必佳、康文林、李中清:《清末新政前后旗人与宗室官员的官职变化初探——以〈缙绅录〉数据库为材料的分析》,《清史研究》2018 年第 4 期。
② 康文林:《清末科举停废对士人文官群体的影响——基于微观大数据的宏观新视角》,《社会科学辑刊》2020 年第 4 期。
③ Bai, Y., Jia, R., "Elite Recruitment and Political Stability: The Impact of the Abolition of China's Civil Service Exam System," *Econometrica*, 84.2 (2016): 677-733.

数据来源。

再次，许多学界同人对团队这些数据库的支持，也使我们深深受益。囿于篇幅，无法列出他们中的所有人，在此谨单独列出一些发挥了关键作用的人物。鞠德源、Robert Eng、Alice Suen、迟少艾（Anna Chi）等人帮助李中清启动了对道义的研究。Mel Thatcher 安排查阅了犹他州家谱协会馆藏。台北中研院的刘翠溶（Ts'ui-jung Liu）、刘素芬和赖惠敏协助建立了 CMGPD-IL 和 CMGPD-LN。在中研院的录入人员中，蔡淑美（Shu-mei Tsay）对 CMGPD-IL 和 CMGPD-LN 的贡献最大。陈爽、倪志宏和陈必佳分别协调和监督了 CMGPD-SC、CRRD-LR 和 CRRD-SQ 以及 CGED-Q 的数据输入工作。梁晨、任韵竹、张浩、吴艺贝和杨莉发起、协调并监督了 CUSD 和 CPOD 的各个子数据库的建立。董浩帮助创建了韩国登记册的纵向连接，并领导协调 CMGPD 和日本、韩国及台湾的其他数据库的整合工作。大量录入人员孜孜不倦地输入所有这些数据。这里无法列出所有录入人员，但须得特别强调六位长期做出极大贡献的人。孙惠成、激扬和肖星输入了大量的 CMGPD-LN、CMGPD-SC、CRRD-LR 数据，并与葛晓东、刘北籀和赵宓一起输入了 CGED-Q 的数据。

最后，如果没有慷慨的机构支持和零星的个人支持，我们不可能坚持至今。李中清在加州理工学院开始了他的职业生涯，正是在那里，当时还是本科生的康文林与他结识。现在回想起来，加州理工学院是仅有的几个能在 20 世纪 80 年代初支持一位人文/历史学助理教授（后来升任正教授）进行中国问题定量研究的地方之一。也很难想象，在任何其他学术机构，一个学习电子工程、没有中文语言能力的大二学生，仅仅出于对中国历史的兴趣，就可以走进历史学教授的办公室，经过一番讨论，勾勒一个计划，为一个正在进行的项目重新组织数据管理和分析流程，并从此成为一位合作者。康文林随后在宾夕法尼亚大学研究生院学习，然后在加州大学洛杉矶分校担任社会学助理教授、副教授和正教授，尽管他的工作内容不那么容易理解，但他仍获得了导师和同事的认可。

来自加州理工学院、密歇根大学、加州大学洛杉矶分校、北京大学、香港科技大学、上海交通大学以及中国其他大学的内部资金和行政支持，以及美国国家卫生研究院、中国国家自然科学基金、香港研究资助局以及台湾"科学委员会"的持续研究支持，使团队的数据采集和数据库建设能力大大提升。同样重要的是,各大学为团队提供了与研究生、博士后和客座教授合作的机会(有时还提供了资金),他们为过去40年间的数据库建设和研究做出重要贡献,并在一些项目中发挥了领导作用,希望未来仍能如此。特别感谢 Myron Guttman,作为校际政治和社会研究联盟的负责人,他在我们扩展工作规模及首次寻求大量外部资金时提供了指导和支持。

长期合作对我们的工作起到了关键推动作用。对我们来说,最持久、最有影响力的合作,是我们与来自不同国家和学科的同事在"欧亚人口和家庭史项目"上共事了20年。与其他项目参与者的互动,促使我们扩大研究课题范围、学习和应用更先进的方法以及为其他项目寻找开展比较研究的机会。与其他研究同类数据或课题的同人们在频繁、持续互动中产生的友情,鼓舞了团队成员的士气。我们对与王丰长达20年的卓有成效的合作记忆犹新,这种合作零散地产生了许多研究成果,比如《人类的四分之一》(*One Quarter of Humanity*) 及 *Prudence and Pressure* 等书。① 我们与 Tommy Bengtsson 和津谷典子也有合作,包括我们在隆德和东京以及他们在帕萨迪纳的相互来访。

许多关于特定论文和长期项目上的短期合作也同样重要。定宜庄和郭松义针对 CMGPD-LN 提供了建议,在辽宁省政府地方志办公室高静的帮助下,我们与他们一起进行了实地考察,最终形成了一本书。② 在我们构建和分析 CMGPD-IL 时,郭松义也与我们分享了他的专业知识。我们也有幸与其他许多人共同撰写了使用我们数据库的论文或论文集,这些合作者包括 Lawrence Anthony、欧立德(Mark Elliott)、Robert Eng、William Lavely、马文清、宋曦(Xi Song)、陈慧雯、谭国富(Guofu Tan)、臧晓露和傅四维,以及屈华民(Huamin Qu)团队的其他成员。同样,我们也从与速水融、金建泰(Kuen-tae Kim)、黑须里美、朴铉濬(Hyunjoon Park)、李相国(Sangkuk Lee)、刘翠溶、孙炳圭(Byun-giu Son)、津谷典子、杨文山及其他合作者的

---

① Lee, J. Z., Wang, F., *One Quarter of Humanity*: *Malthusian Mythology and Chinese Realities*, *1700 - 2000*, Cambridge, Mass.: Harvard University Press, 1999; Tsuya, N. O., Wang, F., Alter, G., Lee, J. Z. et al., *Prudence and Pressure*: *Reproduction and Human Agency in Europe and Asia*, *1700 - 1900*, Cambridge, MA: MIT Press, 2010.

② 定宜庄、郭松义、李中清、康文林:《辽东移民中的旗人社会:历史文献、人口统计与田野调查》。

交流互动中受益。

回顾过去，我们认为，团队所做研究的一个显著特点，即使用数据归纳和数据驱动方法，对我们取得成功至关重要。这种方法强调通过对我们构建的数据库进行实证分析，发现有关人口现象、家庭、社会和经济组织的规律。我们总是从寻找有助于研究学界普遍感兴趣的某个话题的数据开始。接下来，通过探索性和描述性分析，我们试图揭示人口现象、家庭及社会组织的关键模式。只有在开展大量工作来验证数据，进而详细阐释描述性分析中发现的关系和模式之后，我们才会转向精心设计的回归模型。虽然这种方法很耗时，有时需要花费数年时间来寻找、获取、输入和清理数据，在此基础上进行分析，然后才能取得主要成果，但我们相信，这样的做法使得我们对中国的家庭、社会和经济组织基本模式的理解发生了根本性的转变，而且直到最近这种转变还在不断增加。

相较于解释性学术研究，我们坚信微观数据驱动的实证研究有其重要性，因为关于中国历史仍有许多未知、错知。① 因此，在力所能及之处，我们进行了尽可能完整的数据录入，投入大量时间和精力来制作详细的文档和用户指南以备数据公开发布，创建了一个完整、永久的资源以供我们自己和其他人研究一系列广泛主题。本文所述的这些项目，正被推广至针对世界上其他地区的研究中。我们期待在未来，构建并应用此类数据库能够成为社会科学和历史学研究的常态——在纵贯式调查和其他统计资料出现之前，这些数据能用来发现历史事实。

（康文林，香港科技大学社会科学部讲座教授、华中师范大学特聘教授；李中清，香港科技大学人文学部及社会科学部讲座教授暨言爱基金社会科学教授）

---

① 世界范围内，一个很好的例子是马尔萨斯关于中国人口模式的论述，这一理论一度被广泛接受。参见 Lee, J. Z., Wang, F., *One Quarter of Humanity*: *Malthusian Mythology and Chinese Realities, 1700 - 2000*, Cambridge, Mass.: Harvard University Press, 1999。中国范围内，一个典型案例是关于来自贫困家庭的大学生是否有机会进入一些最具竞争力的大学的辩论。此外，我们还反思了对死亡率和相关行为的误解，并描述了纠正错误及建立新认知的过程，可参见 Bengtsson, T., Campbell, C. D., Lee, J. Z. et al., *Life under Pressure*: *Mortality and Living Standards in Europe and Asia, 1700 - 1900*, Cambridge, MA: MIT Press, 2004, pp. 435 - 439。

南京国民政府时期公务员考绩制度及其实践情况（1935—1949）

吴艺贝

中国历代的政治最注重综核名实，而综核名实的主要方法就是"考绩"。"考绩"一词最早出自上古舜帝"三载考绩，三考黜陟幽明"，① 其意为三年考察一次政绩，考察三次后罢免庸劣的官员，提拔贤明的官员。所谓"考功"、"考核"、"考课"与"考绩"大抵是一个意思，均指考核官吏的政绩。民国时期人们通过研究古代和西方的考绩制度，设法建立一个合理完善的考绩制度，并提出了许多有益的探讨。② 目前学界对考绩制度的研究多集中于古代和当代，③ 民国时期的相关研究成果则相对较少，一般仅

---

① 《书·舜典》，转引自朱祖延编著《引用语大辞典》（增订本），武汉出版社，2010，第512页。
② 民国时期时人研究古代考绩制度可参考李飞鹏《中国历代考绩制度述要》，《考试院公报》1933年第2期，第97、99—120页；李飞鹏：《清代考绩制度概要》，《考试院公报》1933年第2期，第121—135页；李白虹：《中国历代考绩制度之精神》，《考核汇刊》创刊号，1942年，第59—63页。民国时期时人介绍西方考绩制度可参见余秀豪《警察晋级与考绩：各国之晋级制度》，《中央警官学校校刊》第1卷第2期，1936年，第64—103页；朱元懋：《行政效能与考绩制度：介绍美国的成绩给分制度》，《行政效率》第5、6期合刊，1934年，第247—248页；孙澄方：《考绩制度与方法（附表）》，《行政效率》第3卷第5期，1935年，第477—492页。
③ 对古代考绩制度的研究如邓小南《课绩·资格·考察：唐宋文官考核制度侧谈》，大象出版社，1997；王东洋：《魏晋南北朝考课制度研究》，社会科学文献出版社，2009；戴卫红：《北魏考课制度研究》，中国社会科学出版社，2010；常越男：《清代考课制度研究》，北京大学出版社，2010；薛刚：《清代文官考核研究》，中国社会科学出版社，2020。另据笔者不完全统计，"中国知网"中还有20余篇硕博士学位论文与汉代、唐代、魏晋南北朝、金代、清代考绩制度的相关研究。现行公务员考核制度的研究则更加多样化，主要是关于中外公务员考核制度的比较研究、全国公务员考核制度、某省市公务员考核制度、公务员考核制度的现存

是作为文官制度或是群体研究中的组成部分粗略介绍。①本文以南京国民政府时期公务员考绩制度为研究对象,探究其制度演变轨迹,厘清历年来公务员考绩参加人数及其构成,然后分析其成因,从而探究南京国民政府时期公务员考绩制度的实践情况。

本文主要利用湖北省档案馆、中国第二历史档案馆馆藏资料,民国时期的期刊、报纸、书籍及2016年出版的《民国时期国情统计资料汇编》中的相关统计资料。

一 南京国民政府时期公务员考绩制度演变

清朝覆灭后,北京政府借鉴了日本官制,②开始推行西方式的文官制度,将中央行政官分为特、简、荐、委任四种,除特任外分九等:一至二等为简任官;三至五等为荐任官;六至九等为委任官。这一制度一直沿用到南京国民政府时期,极少变更。也是到南京国民政府时期,"文官"才正式改称"公务员"。

1928年8月,在国民党二届五中全会上,胡汉民、孙科等人根据孙中山《建国大纲》中有关"五权宪法"的构想,提出在国民政府设立行政、考试、

问题及对策探讨。如乐继荣《公务员绩效考核及激励功能研究——以苏州市吴中区为例》,南京农业大学出版社,2008;秦涛:《近现代中国公务员考绩法制研究》,博士学位论文,武汉大学,2010;袁娟主编《公务员平时考核研究》,中国人事出版社,2013;陈放:《日本公务员考核制度与评价要点》,《中国人事科学》2018年第5期。

① 群体研究中涉及考绩的有王玉娟《民国川省县长的铨选与考绩》,四川大学出版社,2014;申晓云:《民国政体与外交》,南京大学出版社,2013;蒋秋明:《南京国民政府审判制度研究》,光明日报出版社,2011;孙静:《民国警察群体与警政建设研究,武汉:1945—1949》,人民日报出版社,2015。文官制度中涉及考绩的有肖如平《国民政府考试院研究》,社会科学文献出版社,2008,第236—242页;姬丽萍:《中国现代公务员考铨制度的初创(1928—1948)》,天津古籍出版社,2008;房列曙:《中国近现代文官制度》(下),商务印书馆,2016。与本文主旨真正密切相关的仅有3篇研究成果。何家伟:《大悖初衷——南京国民政府公务员考绩制度嬗变及其实施研究》,《民国档案》2009年第1期;孙晓艳:《民国时期成都市政府公务员考绩——侧重南京国民政府执政时段的考察》,硕士学位论文,四川大学,2010;邵帅:《民国时期法官考绩制度研究》,《蓟门法学》第4辑,中国法制出版社,2015,第350—362页。

② 同时期日本官制分为"亲任""敕任""奏任""判任"四等。参见陈之迈《中国政府》,上海人民出版社,2012,第384页。

立法、司法、监察五院，以达到分权制衡的目的。① 1930 年 1 月 6 日，考试院与所属考选委员会、铨叙部同时成立。至此，考试院成为全国最高人事行政机构。考选委员会负责考试事宜，铨叙部负责公务员之登记、任免之审查、升降转调之审查、资格之审查、成绩考核之登记及考取人员之登记事宜。② 更为具体地说，铨叙部甄核司所属考绩科负责公务员考绩相关事务。③

南京国民政府时期最早的一部考绩法规是 1929 年公布的《考绩法》，但由于以下多方面的原因，该法始终未曾真正实施。其一，"十八年公布的考绩法有许多窒碍难行的地方"；④ 其二，公务员甄别审查和登记一再延期；其三，1929 年高普考试尚未举行，即使骤然进行考绩，也无替补人才。

1933 年底，铨叙部才再次启动修订公务员考绩法案事宜。考试院对铨叙部所提交的各项考绩法规及附属表件等草案，加以审核和修订。1935 年 6 月 28 日，立法院通过公务员考绩法修正案；随后的一年内先后颁布了《公务员考绩法》《公务员考绩法施行细则》《公务员考绩奖惩条例》《考绩委员会组织通则》《修正公务员考绩法施行细则》。

这一系列公务员考绩法规定，考绩对象为在同一机关任同官等职务，⑤ 且自铨叙合格之月起算，至考绩时止年满一年者。所谓"铨叙合格"者主要包括甄别合格者、登记合格者、任用审查合格者；所谓"年满一年"包括任用审查人员的派代期间，但最多不可超过三个月。按种类可分为年考和总考。各机关主管长官一般于该年度年底时，令机关掌管人事登记人员按照国民政府颁布的"公务员考绩第　次年考考绩表"填载各项信息。查填完毕后转交直接上级长官办理初核，再上级长官办理复核，交由考绩委员会办理汇核，然后由各机关主管长官斟酌初核复核分数，拟定最后分数、考语，并

---

① 《二届五中全会关于逐次设立五院等决议》，中国第二历史档案馆编《国民党政府政治制度档案史料选编》（上），安徽教育出版社，1994，第 83 页。
② 《法律评论》（北京）第 6 卷第 1 期，1928 年，第 22—23 页。
③ 1941 年铨叙部改组后，考绩科改隶铨叙部考功司。
④ 池世英：《公务员的考绩》，《独立评论》第 210 期，1936 年，第 15 页。
⑤ 所谓"在同一机关任同官"，指"县长在同一省区内互调，继续任职满一年者；司法人员在同一高等法院管辖下互调，继续任同官等职务满一年者；外交人员国外互调，或国内外互调，继续任同官等职务满一年者；改组或扩充成立之机关，其原有人员，继续任同官等职务满一年者；在省政府各厅处互调，继续任同官等职务满一年者；在筹备期间内任职至机关正式成立后，继续任同官等职务满一年者；在同一最后复核长官所属各机关互调，继续任同官等职务满一年者"。见《修正公务员考绩法施行细则》，《法令周刊》第 339 期，1937 年，第 26 页。

决定"等次"和"奖罚"。各机关依上述程序由各级长官详加考核后,"依其官等编册密封,汇送铨叙机关,分别登记或核定之"。①

公务员考核标准,依其平日工作、学识、操行三项,分别以分数定之,每项最高分数为"工作"50 分,"学识"和"操行"各 25 分,总分 100 分,再根据其总分定其等级、奖惩(见表1)。"工作分数"主要根据"工作概况"②并参酌"勤惰摘要"栏所载情形判定。"学识分数"指的主要是补习教育成绩。"操行分数"主要根据"操守和性行"观察所得。1935 年公务员考绩的标准极为笼统空洞,"工作、学识、操行三项中,怎样算优,怎样算劣,优劣之间的分数又当如何评定?都没有具体的分寸可以依据,为长官的虽欲守正不阿,秉公考绩",却无从着手,正如时人所言,"其见考绩表而不三叹者,我想一定不是凡人"。③

表1 公务员考绩之等级、奖惩

		90 分以上	80 分以上	70 分以上	60 分以上	不满 60 分	不满 50 分	不满 40 分
年考	等级	一等		二等	三等	四等	五等	六等
	奖惩	晋级		记功	不予奖惩	记过	降级	解职
总考	等级	一等	二等	三等	四等	五等	六等	七等
	奖惩	升等	晋级	记功	不予奖惩	记过	降级	解职

资料来源:《公务员考绩奖惩条例》,《考试院公报》第 11 期,1935 年,第 16 页。

1937 年,全面抗战爆发,"值此非常时期,各机关人事上之变动颇大,被裁者有之,停薪者有之,另调职务或派往他处者有之。考查成绩,计算员额,均极感困难"。④ 故 1938 年 1 月 20 日,行政院令准考试院 1937 年考绩暂行停止举行。1939 年底,全面抗战已逾二年,"各级公务员操守才能之

---

① 《修正公务员考绩施行细则》,《法令周刊》第 339 期,1937 年,第 27 页。
② "工作概况"主要是按照"各该公务员一年内实际工作状况,依其掌管职务之性质,予以翔实纪载"。见《修正公务员考绩法施行细则》,《法令周刊》第 339 期,1937 年,第 27 页。"勤惰摘要"主要包括所属职员请假(婚假、丧假、事假、病假、娩假)、旷职、早退、迟到等情况。
③ 萧文哲:《对非常时期公务员考绩之管见》,《中山半月刊》第 1 卷第 6 期,1939 年,第 15—17 页。
④ 《奉行政院令准考试院咨为二十六年考绩经呈准暂行停止举行一案仰即知照》,《云南省政府公报》第 10 卷第 31 期,1938 年,第 9 页。

表现，自亦愈见明确。为综合名实、申明赏罚，以促进一切政务之推行、保障战时行政效能之增进起见……铨叙部体察实际情形，参照各机关之见，并秉承考试院指示，拟定《非常时期公务员考绩暂行条例》"。①

与全面抗战爆发前相比，1939年考绩暂行条例做了相应调整。首先，简化考绩手续。全面抗战前考绩分为初核、复核、汇核、最后复核，战时则简化为初核、复核。其次，进一步扩大考绩对象，对于在同一机关任同等官职者的限制较以往更为放松。除依照前次规定者外，另加以下几款：县长在同省内调用，或随原任省政府主席转调他省继续任职者；财务人员在同一辖区内调用，省政府各厅处或市政府各局处人员调用，各县政府以下人员在同省内调用，以上人员调职后继续任同官等职务者。②再次，在考绩种类上，废除总考，设立临时考绩，并真正开始实行平时考绩，拟定"公务员每月工作操行学识成绩记录表"。为了让主管长官更好地切实执行平时考核，铨叙部还将记功、记大功和记过、记大过赋予各机关主管长官平时奖惩属员之用。最后，为达到战时激励人心的目的，以免断于晋级加薪一途，致实行时发生困难，增加了奖励的种类。1939年考绩条例在晋级、升等待遇外，另加升等存记、奖状、酌加俸额、授予勋章、授予奖章5种。③最为重要的是，1939年考绩暂行条例进一步明确考绩标准（见表2），长官根据所列标准评定分数。年终考绩总分达80分以上者晋级，60分以上者留级，不满60分者降级或免职。

表2 1939年《非常时期公务员考绩暂行条例》考绩标准

项目	一般	减分	加分
工作 （50分）	严守办公时间，平时请假不逾规定日数，于应办事件无过误者（30分）	不及左侧标准者	工作特著勤劳者；办事繁难或重要事件有成绩者；工作上能辅导他人者；本机关业务之改进有贡献者
操行 （25分）	公私行为均守规律者（15分）	行为不守规律者	能实践或劝导他人实践精神总动员实施事项，有显著之事迹者；能实践或劝导他人实践新生活须知，有显著之事迹者；能实践、劝导他人实践节约运动大纲，有显著之事迹者

① 《考试院二十八年工作实施报告》（1940年6月），湖北省档案馆藏，LSA1.5-11。
② 《非常时期公务员考绩暂行条例》，《浙江省政府公报》第3199期，1940年，第2页。
③ 《考试院二十八年工作实施报告》（1940年6月），湖北省档案馆藏，LSA1.5-11。

续表

项目	一般	减分	加分
学识（25分）	学识能胜任其职务者（15分）	学识不能胜任其职务者	一定程限内阅读书籍有心得者；于研究问题有独到见解者。而其研究问题与阅读书籍主要指总理遗教（其中以遗嘱所举者尤为重要）、中国国民党历届重要决议案、总裁关于主义政策之重要言论、国民政府各种根本法令；直接与职务有关之基本学术及实践智识为主

资料来源：《非常时期公务员考绩暂行条例》，《浙江省政府公报》第3199期，1940年，第2页。

  1943年公布的《非常时期公务员考绩条例》及其施行细则再次对考绩奖惩进行了调整。第一，重视平时考绩，拟定"公务员每月平时考核纪录表"，加强铨叙部对平时考核的视察工作。第二，进一步细化考绩标准。将考绩分为对主管人员和非主管人员的考核，其不同之处仅在于"工作"考核中的两项，"操行"和"学识"没有区别。"操行"考核以党员守则及其他有关法令为准，主要是"守信、勤俭、廉洁、守法、奉公"5项；"学识"考核，以总理遗教、总裁关于主义政策之重要言论、国民政府各种根本法令及直接与职务有关之基本学术及实践知识为主，具体表现在"识见、进修、言词、才能、学力"5项。主管人员"工作"方面主要考核"推进、领导、合作、自动、条理、负责、准确、速度、质量、请假"10项；非主管人员"工作"方面主要考核"守时、数量、合作、自动、条理、负责、准确、速度、质量、请假"10项。① 第三，调整奖惩规定。总分数在80分以上者简任晋一级，荐任、委任晋二级；总分数在70分以上者，简任酌给一个月俸额内之一次奖金，荐任、委任晋一级；总分数在60分以上者留级；总分数不满60分者降级；总分不满50分者免职。其中，最优人员应有最高额之限制，即80分以上者不得超过该机关参加考绩人数的1/3，如有超过者，由铨叙机关就分数较少人员核减。应予核减人员，其总分数较少者有2员以上相同时，就委任、荐任、简任依次平均核减，同官等中总分数相同者在2员以上时，就该官等考绩名册中名次较后者核减。总分数在同等官中

---

① 《非常时期公务员考绩条例施行细则》，《行政院公报》第6卷第12期，1943年，第63页。

为最多者,除晋级外,并得酌给 2 个月俸额以内之 1 次奖金,但简任以 1 员、荐任以 2 员、委任以 3 员为限。①

1945 年抗战胜利后,为适应战后新变化,国民政府先后公布《公务员考绩条例》(10 月 30 日)和《公务员考绩条例施行细则》(11 月 24 日)。依该次考绩条例及其施行细则规定,首先,公务员平时考核,奖励以嘉奖、记功、记大功为限,惩戒以申戒、记过、记大过为限,考绩时功过得互相抵消。与以往不同的是,平时考核所记功过,只是作为年终考绩时增减分的依据,并没有直接的降级、减俸、免职等处罚。年终考绩恢复到战前的以分数定等级,再依等级定奖惩的途径。依考绩标准评定分数,80 分以上者为一等,70 分以上者为二等,60 分以上者为三等,不满 60 分为四等,不满 50 分为五等。其次,考绩对象,进一步放宽。该次考绩对同一机关的定义除照以往规定外,又新增了一些:其一,凡自 1944 年 4 月 20 日国民政府公布《聘用派用人员管理条例》后,登记有案之相当官等职务,合并计资,满一年者予以考绩;其二,依《公务员内外调用条例》调用继续任同官等职务者;其三,主计人员及人事管理人员,与所在机关人员相互调用,继续任同官等职务者,以上均属于同一机关。②再次,考绩标准,再次细化。公务员考绩仍以"工作""操行""学识"三项作为评定分数之标准。1943 年的平时考绩标准按照级别之大小分为主管人员和非主管人员,该次则将其直接借鉴至年终考绩表,并进一步细分为甲、乙、丙三种标准。各种考绩表,于考绩举行前由各机关人事主管人员斟酌被考绩人员职务性质,拟请主管长官决定分别使用之。三种考绩表"操行""学识"标准相同,不同的只是"工作"标准。"操行"项分为"是否守法、是否公正、是否廉洁、是否受人敬重、是否诚恳接受指导";"学识"项分为"本职之学识或技能、全部业务之学识、对于国家根本法令及政策之研究、识见、进修精神"。甲种考绩表,机关或机构(各机关内部所属单位)主管及副主管人员③适用,其"工作"考绩标准为"是否长于领导、对于主管业务之创建推动及改进有无妥实办法、对于人与事之考察及支配是否充当、是否负责、工作是否

---

① 《非常时期公务员考绩条例》,《立法院公报》第 124 期,1943 年,第 89—95 页。
② 上海市政府人事处编印《公务员考绩须知》,1946,第 1 页。
③ 如署长、局长、处长、司长、处所主任、科长课长室主任或副局长、副处长、副主任及其他法定或实际指派主持一部分事务之相当人员。

切实可靠、工作是否达到预定限度、能否与人合作、是否机敏、有无毅力、能否耐劳苦";乙种考绩表,简任及荐任佐理人员①适用,其"工作"考绩标准为"对于各项工作问题考虑能否周到、对于本机关业务之创建推动及改进有无特殊之建议、对于工作是否适合需要、是否负责、工作是否切实可靠、工作是否如限完成、能否与人合作、是否机敏、有无恒心、能否耐劳苦";丙种考绩表,委任佐理人员适用,其"工作"考绩标准为"工作是否有条理、工作是否如限完成、是否负责、是否与人合作、是否机敏、有无恒心、能否遵守办公时间、工作速度、工作数量、能否耐劳苦"。②

从南京国民政府时期公务员考绩制度的演变轨迹来看,其制度逐渐完善。这主要表现在以下几个方面:考绩对象范围不断扩大,数次放宽对同一机关任职的规定,使在同一机关任职满一年者人数增加,让更多公务员可以参与考绩;细化考绩标准,逐渐明确"工作""学识""操行"各项的指标要求,使负责考绩的主管长官有据可循,有法可依;重视平时考绩,并将其作为年终考绩的重要参考;适应形势需要,根据战时、战后的实际情况,相应调整考绩法规。

二 参加公务员考绩的人数及其普及率

一般而言,该年度的考绩是从次年 1 月开始办理,但因时局动荡,加之手续烦琐等原因,往往若干年后才会有确切的统计资料。以 1935 年度考绩为例,《公务员考绩法施行细则》虽规定中央及地方各机关均须在半年内将考绩表册送达铨叙部,但事实上,绝大部分地方机关并不能按时送达,直到 1938 年,1935 年度的考绩案才算是告一段落。因而不同学者看到截止日期不同的统计资料,得到的数据也就不同。加之,部分学者对原始统计数据出现误读,如被引用最多同时也是被误用最多的——曹必宏主编的《中华民国实录》第 5 卷所载"各年度公务员考绩案审查结果统计表(民国 25 年至 36 年)",③ 该统计表指的是各年度办理的考绩案,而不是各年度参加

---

① 如助理、秘书、科员、视察员、调查员、助理员、办事指导员及其他相当人员。
② 《公务员考绩条例》,《行政院水利委员会月刊》第 2 卷第 11、12 期合刊,1945 年,第 43—44 页。
③ 曹必宏编《中华民国实录》第 5 卷,吉林人民出版社,1997,第 4400 页。

考绩的人数。因此，笔者认为有必要厘清南京国民政府时期每年到底有多少人参加考绩，参加者中又以中央还是地方为主体。

1944 年 8 月，考试院在第三届国民政府参政会第三次大会上做了工作报告，报告中言"1935 和 1936 两年参与考绩人数共计 19299 名，1938 年度参与考绩者 3290 名，1939 年度参与考绩者 4012 名，1940 年度参与考绩者 4054 名，1941 年度参与考绩者 4573 名，1942 年度参与考绩者 6147 名，1943 年度参与考绩人数 4819 名"。① 既然某年度的考绩是从次年初开始办理，那么理论上离考绩年度至少两年以上，该数据方才可信。以此类推，1942 年度考绩是从 1943 年 1 月开始审查，1944 年 8 月距其已有近两年，因此 1942 年及其之前的数据应是可信的。反之，1943 年度考绩数据有所失真。故我们还需多方仔细比对其他统计资料，方能得出相对可靠的数据。

据曹必宏主编《中华民国实录》，1936 年审查 1935 年度考绩案为 8882 名。再据中国第二历史档案馆"核定公务员考绩案报告表"，"1937 年办理 1935 年度公务员考绩案为 1370 名，1938 年办理 1935 年度公务员考绩案为 155 名"。② 将 1936 年、1937 年、1938 年所办 1935 年度公务员考绩案相加，可知 1935 年度参与全国公务员考绩者有 10407 名。"1937 年办理 1936 年度公务员考绩案为 6582 名，1938 年办理 1936 年度公务员考绩案为 200 名，1939 年办理 1936 年度公务员考绩案为 1327 名，1940 年办理 1936 年度公务员考绩案为 771 名。"③ 同样，将 1937 年、1938 年、1939 年、1940 年所办 1936 年度公务员考绩案相加，可知 1936 年度参与全国公务员考绩者有 8880 名。我们再将 1935 年度和 1936 年度参加公务员考绩的人数相加，就会得出"19287"，而这个数字恰好与 1944 年考试院所做报告中的"19299"相符。④

2016 年 4 月出版的《民国时期国情统计资料汇编》选编了"1943—

---

① 考试院秘书处编《第三届国民参政会第三次大会考试院工作报告书》，1944，第 12 页。
② 《核定公务员考绩案报告表》，中国第二历史档案馆藏，全宗号二七，案卷号 785。转引自房列曙《中国近现代文官制度》（下），商务印书馆，2016，第 698 页。
③ 《核定公务员考绩案报告表》，中国第二历史档案馆藏，全宗号二七，案卷号 785。转引自房列曙《中国近现代文官制度》（下），第 699 页。
④ 《第三届国民参政会第三次大会考试院工作报告书》，第 12 页。

1945年度公务员考绩"相关资料。通过这份资料，我们可以了解到"1943年度参与考绩者7949名，1944年度参与考绩者10341人，1945年度参与考绩者11924名"。① 1945年的数据为1946年底所制，因此，1945年度考绩数据尚不准确，但估计最多应在14000左右。惜笔者并未找到1946—1948年度参加公务员考绩人数。由图1观之，1938年受抗战影响较大，参加考绩的人数与全面抗战爆发前相比大幅下降，但自次年开始，每年参加考绩人数有所回升，至1944年时，已基本恢复到全面抗战前考绩参加的人数。

图1 1935—1945年历年参加考绩人数变化

要想考察南京国民政府时期公务员考绩的普及情况，还需结合该时期公务员队伍的数量。1935年时，"据铨叙部的调查，中央政府现在约有公务人员四万余，全国各机关约有公务人员十四五万"。② 1946年南京国民政府中央机关公务员数量为本部13386人、附属机关189893人，中央机关总计203279人；各省市政府公务人员数量为公务员81343人、教职员39915人、警保官员26997人；剔除教职员与警保人员后中央与地方公务员共计284622人。③ 由于统计标准及资料来源不同，也有人记载，1947年南京国民政府中央机关公务员数量为本部14030人、附属机关458758人，中央机

---

① 数据引自郑成林选编《民国时期国情统计资料汇编》第1册，国家图书馆出版社，2016，第124页；郑成林选编《民国时期国情统计资料汇编》第2册，国家图书馆出版社，2016，第457—460页。
② 池世英：《公务员的考绩》，《独立评论》第210期，1936年，第13—17页。
③ 国民政府主计处统计局编印《中华民国统计提要（1947年）》，1947，第134页，表75、表76。

关总计 472788 人；各省市政府公务人员数量为文职 127071 人、教职员 65680 人、武职 26963 人；剔除教职员与武职人员后，中央与地方共计 599859 人。① 以上两份资料统计时间间隔仅 1 年，却相差 31 万之多，对比后不难发现，这主要是中央附属机关人数相差过大造成的。再仔细阅读原文材料后笔者发现，1946 年统计资料中资源委员会、粮食部等部门未含附属机关，而交通部附属机关实有人数又不包括邮电机关人员在内，仅有 9781 人。显然，1947 年的统计数据更接近当时全国公务员人数的实际情况，因此本文取 1947 年的统计数据。

从 1935 年至 1947 年，全国公务员总数虽增长了近 2 倍，但参加考绩的人数并未随之大幅增长，相较于庞大的公务员队伍，历年来参加公务员考绩的人数极其有限，无论全面抗战前后，始终仅占全国公务员总人数的 10% 不到。

此外，笔者搜集到 1938 年、1939 年、1940 年、1941 年、1943 年、1944 年、1945 年中央与地方参加考绩的人数，并制成图 2。由图 2 观之，除 1938 年外，每年参加考绩的公务员 70% 以上来自中央机关。1941 年度中央 27 个机关职员（附属机关未计在内）总数 6049 人，参加考绩考成者共 2537 人，占职员总数的 42% 左右；1942 年度中央 28 个机关（附属机关未计在内）职员总数 7572 人，参加考绩考成者共 3533 人，占职员总数的 46% 左右。② 1945 年度，中央 30 个机关（附属机关未计在内）实有职员总数 6583 人，参加考绩考成者 3925 人，占实有总人数的 59%。③ 另有资料记载，1943 年度，中央各政务机关参加考绩人数占机关总人数比例平均数为 60.73%；1944 年度，中央各政务机关参加考绩人数占机关总人数比例平均数为 62.75%，惟有国民政府参军处、侨务委员会、蒙藏委员会等三机关之考绩未参加之人数占全体半数以上。④ 故仅就中央各机关本部而言，不同的统计资料均显示，半数左右的公务员参加了考绩考成。

综上，全国公务员考绩以中央各机关（含附属机关）为主体，地方各

---

① 曹必宏编《中华民国实录》第 5 卷，第 4375、4376 页。
② 《国民政府年鉴（1943—1946 年）》第 3 册，国家图书馆出版社，2011，第 325 页。
③ 考试院秘书处编印《第四届国民参政会第二次大会考试院工作报告书》，1946，第 14 页。
④ 《中央机关 1945 年度考绩考成有关文件》，中国第二历史档案馆藏，全宗号一二（7），案卷号 424。

机关参加考绩人数较少，远逊于中央。1943 年后，中央各机关参加考绩人数的增长主要来自附属机关，并渐有超过本部参加考绩人数之趋势，但前文已述，中央各机关之附属机关，至 1946 年时，人数已达几十万之多，与之相比，其参与考绩的人数实在是少之又少。

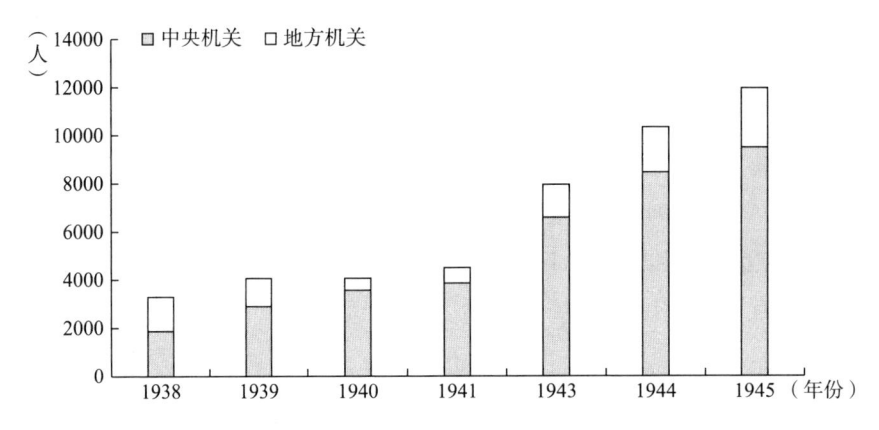

图 2　1938—1945 年中央与地方机关参加考绩人数

资料来源：1938 年度、1939 年度、1940 年度考绩数据来自《统计月报》第 79、80 期合刊，1943 年，第 24、25、26 页。1941 年度数据来自《国民政府年鉴（1943—1946 年）》第 3 册，第 331—333 页。1943 年度、1944 年度、1945 年度考绩数据来自郑成林选编《民国时期国情统计资料汇编》第 1 册，第 124 页；第 2 册，第 457—460 页。该数据与前文历年公务员参加考绩总人数稍有不符，但差距不大，因此可以利用。笔者所搜集到的 1942 年度考绩数据与总人数相差过大，故未放入图中。

三　考绩不普及的原因

自 1935 年至 1949 年国民政府共出台了 5 部考绩法，其考绩对象虽不断扩大，却始终有一定限制条件，即"以现职自依法经审查合格之月起计资，至年终考绩时已满一年者为限"。[①] 这项规定对公务员暗含了两个要求：其一，需要在同一机关任职满一年；其二，需要铨叙合格。这两点也正是限制国民政府考绩展开的因素，使公务员参与考绩的人数始终十分有限。下面笔者将分述其如何影响考绩，以及为何要如此规定。

---

① 《准铨叙部电复建议改善铨叙考绩办法意见三点一案令仰知照由》，《浙江省政府公报》第 3327 期，1941 年，第 48—49 页。

（一）考绩与铨叙

所谓铨叙合格，可分三种解释："其就职在甄别条例施行期间者，为甄别合格；在登记条例施行期间者，为登记合格；在任用法施行期间，不属于补行甄别者，为任用合格，此因法律施行之时与地不同，而异其解释者也，被考既限于铨叙合格人员，则凡任现职未经铨叙合格者，当然不在考绩之列。"①

1929年10月以后，国民政府相继颁布《现任公务员甄别审查条例》和《现任公务员甄别审查条例施行细则》。依条例和施行细则规定，除政务官外，凡在《公务员任用条例》施行以前所任用之简、荐、委任职，任职满3个月者，均须送审甄别。该项工作从1930年6月开始正式办理，原定一年内完成，但"初则因送请甄别者为数无多，继则因公务员任用制度尚有待于通盘规划，先后呈准展期五次，历时两年又九月，始行结束"。② 为了减少阻碍，考试院已放宽甄别标准，但甄别工作仍一再展期，直至1933年4月才算结束。1933年国民政府颁布《公务员任用法》，因该法对于公务员的任用资格高于甄别审查时期，各机关后悔不已，"纷纷要求继续甄别审查，以便补救"。③ 故1934年4月23日，国民政府又颁布了《公务员登记条例》。事实上，该登记条例就是"甄别的变相延长"，④ 其任用资格高于甄别审查的规定，但又低于任用法的规定。起初，登记条例规定只实行6个月，但因"全国幅员广大，或因地处偏僻，奉令较迟，手续不明，辗转解释。以故半年以来，送表到部者，尚属无多"，⑤ 考试院决定延迟6个月，展期至1935年5月止，故考试院院长戴季陶原定于1930—1931年开始办理的考绩也一再延期。

据铨叙部统计，从1930年至1946年底，公务员甄别、登记、任用审查合格者共计146906人，⑥ 其间，又有人因种种原因辞职或病故，至1946年

---

① 马洪焕：《铨叙制度概要》，出版社不详，1944，第43页。
② 行政院新闻局编印《铨叙制度》，1947，第2页。
③ 肖如平：《国民政府考试院研究》，第185页。
④ 陈天锡编《戴季陶先生文存三续编》，第208页，转自肖如平《国民政府考试院研究》，第180页。
⑤ 《公务员登记条例施行期间延长》，《法律评论》（北京）第12卷第3期，1934年，第33页。
⑥ 《铨叙登记有案公务员（民国二十六年底至民国三十五年底）》，《统计月报》第115、116期，1947年，第64页。

底时，在职而又铨叙合格的公务员仅90382人，仅占当年应送铨叙总人数的42.54%，尚不及全国应送铨叙官员总人数之一半。将表3所列中央各院部会、中央各院部会之附属机关、各省市政府及附属机关实有人数与前文所述统计资料对比后不难发现，中央各院部会数据最为可靠，而其附属机关及各省市政府及附属机关均不甚切实完备，但我们仍可从中略窥一二。其一，中央各院部会本部公务员与中央各附属机关、省市政府及其附属机关公务员素质相差较大，前者91.95%铨叙合格，而后者铨叙合格者均未达半数；其二，铨叙人数及其百分比与考绩人数及其参与率密切相关，各机关铨叙合格率越高，公务员考绩参与率越高。如前所述，中央各院部会本部，每年均有近半甚至一半以上的公务员参与考绩，而中央各附属机关、省市政府及其附属机关的参与率则较低，尤其是省市政府及其附属机关。

表3　政府机关员额调查结果统计（1946年12月26日）

单位：人，%

项别	总计	中央各院部会	中央各院部会之附属机关	各省市政府及附属机关
实有人数	262967	11022	135551	116394
应送铨叙人数	212485	8597	102232	101656
已送铨叙人数	90382	7905	38349	44128
未送铨叙人数	122103	692	63883	57528
已送铨叙占比	42.54[1]	91.95	37.52	43.41
未送铨叙占比	57.46[2]	8.05	62.48	58.59

原注：（1）实有人数包括雇员在内，故应送铨叙人事另栏开列；（2）中央各院部会已送铨叙人数占91.95%，故只甚少人未送铨叙；（3）中央各院部会之附属机关已送铨叙人数仅占37.52%，其未送铨叙人数所占百分比甚大，因交通部所属铁路局员警为不送审人员，列入未送审栏，计24260，故实际应送铨叙栏应为77972人，未送铨叙栏应为39623人，占50.82%，已送铨叙38349人，占49.18%；（4）各省市政府及其附属机关员额调查表中有湖北、福建、广东三省，所送资料较完全，计已包括各厅处局专员公署市政府在内，广东省更包括各县税捐征收在内；（5）浙、湘、川、甘、滇、察、绥、新、辽、北等11省未报。

注：[1]此处为笔者计算所得，原表中数据为44.61；[2]此处为笔者计算所得，原表中数据为55.39。

资料来源：《铨叙部检送第二十七至三十六次人事会报纪录》，中国第二历史档案馆，全宗号一二（7），案卷号1005。

其实，对于考绩对象限于"铨叙合格者"这项规定，不少机关负责人在办理过程中都曾表示棘手。1935年12月16日，湖北省秘书处就有关考绩法的实施过程中出现的两个难点，向江西、河南、安徽三省秘书处咨询，信中直言："本省前以为期将届，若依照考绩法实施即发生困难两点：一、考绩法施行细则第二条载'依本法考绩之公务员，以现职经甄别审查，登记审查，或经任用审查合格者为限。'在张主席任内，本省及各厅处职员登记及或呈荐者为数极少，自与上项规定多有不合，应否同时举行考绩及应否继续任用均系问题。"① 辜仁发在检讨1941年陕西考绩工作时直言："考绩工作顺利推行，须以铨叙制度普遍施行为其先决条件，本省过去因交通梗塞，教育不甚发达，而铨叙资格按照公务员任用法之规定，取格甚高，以致能铨叙合格者甚少，一般公务人员视铨叙为畏途，铨叙合格者愈少，则考绩工作之推行愈难。"② 当时也有人提出异议，如萧文哲就认为，"同为国家服务之公务人员，只因未经铨叙或任职未满一年，遂不论其成绩如何优劣，均不予奖进或黜免，不但有乖立法之本意，亦且有失事理之平衡"。③

既然考绩工作推行困难的一个重要原因是参加铨叙者少，那么国民政府为何不干脆取消这一限定条件呢？早在1934年考绩还未正式开展时，《公务员考绩法施行草案暨说明》就曾对此做出解释："按公务员任用法规，曾任资格，须以甄别合格，或考绩合格者为条件。若考绩法不加上如上之限制，则凡未经甄别，或甄别不合格，以及非法任用人员，均得参加考绩，而获得任用法上之资格。此则不但有失甄别意义，并足使各机关任用人员，借此规避任用审查，故拟此限制条件。"④ 曾长期担任铨叙部次长的马洪焕也给出过解释："以考绩合格在任用法上为任用资格之一，未具任用资格而任现职，因任现职而考绩合格，因考绩合格而取得任用资格，则任用资格将无法存在，而取巧规避之风亦无从防止，任职虽无资格而成绩合格，理论上固应允其继续任职，然亦须视其任何种职务具何种成绩，如非特异寻常，则不可轻开此途，以来幸进，此将来有待研究之问题也。又任职而未经由铨叙程序，在铨叙立场言，其公务员之身份，即为未确定，遽予考绩，

---

① 《湖北省政府关于江西省政府有关办理公务员考绩情形的公函》，湖北省档案馆藏，LS1-1-387-5。
② 辜仁发：《一年来的陕西考绩工作》，《陕政》第3卷第5期，1942年，第141—143页。
③ 《中山半月刊》第1卷第6期，1939年，第15—17页。
④ 《公务员考绩法施行条例草案暨说明》，《考试院公报》第4期，1934年，第37页。

亦有倒因为果之嫌。"①

简言之，从法理上来说，倘若不加限制，将有大批人员可以通过考绩获得任用资格，但事实上，这些人又不满足任用条件，这将有碍公务员铨叙的进行，同时，对于通过甄别审查、登记审查、任用审查等合法途径确认公务员身份者而言也是一种不公平。

（二）考绩与任期

1942年，陕西政务委员辜仁发在总结一年来的考绩工作时感慨道："民国肇造以来，几岁无宁日，各级主官变动频繁，每存五日京兆之心，各级职员多随主管之去留而多所更动，在此情况之下，不言高级机关对此尚未十分注意，即使注意及之，亦以人员变动甚多。年终考绩无从举办……人事变动频繁事隔经年已觉不易稽考，倘遇最高级主官有所变动，则困难愈多。良以每一工作人员之成绩，须有确实事实为依据，绝不能臆造杜撰，有时被考绩人已离开职务，而直接主官又复更换，将至完全无所依据。"②由此可见，人员流动与各机关参加考绩人数比例有着莫大的关系。

王奇生对南京国民政府时期县长群体进行了考察，发现县长更迭频繁这一现象贯穿20世纪20—40年代全国各省，"县长任期，半年以下者约占1/3，半年至一年者约占1/3"。③另据江苏、浙江等27省民政厅统计室报表，各省1947年上半年去职的521名县市局长的平均任期为1.4年，其中任期未满一年者有196人，占37.6%。④这意味着，长官频繁更迭这一现象并不限于县长这一群体，也常见于县市局等地方长官中。每一次的长官更迭，伴随的往往是整个机关人员的调动，从而造成考绩的停办。

南京国民政府也颁布了一些限制人员流动的法令。如1941年5月颁布的《限制公务员流动办法》规定："一、各机关任用人员如系其他机关现任人员，应俟其原长官照准辞职，始得任用；二、各机关现在人员未经辞职照准，擅离职守者，以交代未清论，依公务员交代条例第九第十条第十三

---

① 马洪焕：《铨叙制度概要》，第44页。
② 辜仁发：《一年来的陕西考绩工作》，《陕政》第3卷第5期，1942年，第141—143页。
③ 王奇生：《民国时期县长的群体构成与人事嬗递》，《历史研究》1999年第2期。
④ 《各省去职县市局长任期统计（三十六年一至六月）》，《内政统计月报》第7、8、9期合刊，1947年，第1页。

条办理，改任其他机关职务时经原长官之声请，任用机关应即停止。"① 但这些规定似乎收效甚微，公务人员出于主动或被动的原因而异动。南京国民政府时期，尤其是全面抗战爆发后，物价高涨，多数公务员入不敷出，生活艰苦，各公务机关，薪津多不划一。"金融机关，往往较国营事业机关为优，而国营事业机关，又往往较普通行政机关为优。待遇参差不齐，津贴多寡不等。故公务人员为求增加待遇，多得津贴，当从甲机关转入乙机关，从乙机关又跳进丙机关，以致人事纷扰，行政紊乱，此种异动情形，遂使各机关人心浮动。"②

1946年5月30日，在铨叙部第十二次人事会报上，文官处主任梅嶙高报告称："主席对于各机关人员的考绩异常注重，限制公务员的流动，各机关是要负责任的，不能说各机关参加考绩人数百分比少，与人事流动无关。"③ 考功司司长陈曼若对此深表赞同，并解释了考绩条例上规定非在同一机关继续服务满一年不能参加考绩的缘故，其主要有二："一、我国过去人事管理机构未普遍成立，人员异动后在其前后机关之成绩，不易确切查考，如须辗转分别查考前任机关成绩，必无法同时举办，而比较之意全失；二、确定同机关始准考绩，可以免除公务员见异思迁，不安心工作之弊端。"④

四 结语

晚清至北京政府时期，考绩制度荒废，南京国民政府时期才得以真正重建。从理论层面言，南京国民政府考绩制度逐渐完善，一方面为适应形势需要，相应地调整考绩法规，重视平时考绩，并将其作为年终考绩的重要参考；另一方面又多次扩大考绩范围，细化考绩标准。但数个考绩法规及其施行细则始终坚持受考绩人员须同时满足以下两个条件：其一，在同

---

① 《本局训令（卅二）专字第2354号，民国卅二年十二月一日：为奉令重申限制公务员异动办法仰遵照由：令各附属机关（不另行文）》，《西南公路》第264期，1944年，第1390—1391页。
② 李宗义：《公务员异动之原因及其解决途径》，《考核汇刊》第2期，1943年，第32页。
③ 《铨叙部检送第十二次至二十六次人事会报纪录（1946.05—1947.12）》，中国第二历史档案馆藏，全宗号一二（7），案卷号1006。
④ 《铨叙部检送第十二次至二十六次人事会报纪录（1946.05—1947.12）》，中国第二历史档案馆藏，全宗号一二（7），案卷号1006。

一机关任职满一年;其二,铨叙合格。这两项规定,暗含限制公务员改任职务及督促公务员参加铨叙之意。但吊诡的是,南京国民政府颁布的一些有关公务员任用的配套法令却又与此相矛盾。

如1935年11月13日南京国民政府修正公布的《公务员任用法》第十二条规定:"初任人员应为试署,并从最低级俸叙起。但二等委任职以下人员,得按其学识、经验酌叙级俸。曾任同等公务员积有年资及劳绩者,得按其原叙等级、原支俸额,酌叙级俸。"① 此原文对所支原俸额"以未限定为依法任用者为限,而聘任派任准予任用人员实支薪额之高下,依法亦未定有一定标准"。② 如此一来也就默认改任职务或跳机关任事之晋级加俸为法律所许可,以致许多公务员投机取巧,"一年内改任职务(包括跳机关)数次,其可晋级加俸之高度,即等于其本人在同一机关服务数次年终考绩之所得,匪仅影响考绩制度之推行,且影响于机关人员之异动者甚大。工作情绪之不谐和,不安于位,以及工作效率之极度降低,亦随之而生"。③

又如1942年11月6日颁布的《公务员任用补充办法》中对于未铨定等级者的年资计算问题规定如下:"其曾任年资计算标准,凡未经铨定级数人员,无论本人在职期中是否晋级,均自各官等最低格起算,任满一年即晋一格,其任职在一年以上者,依次递推,晋至各官等最高级满三年者即认为有升等任用资格。"④《非常时期公务员考绩条例》规定,"总分数在80分以上者简任晋一级,荐任委任晋二级;总分在70分以上者,简任酌给一个月俸额内之一次奖金,荐任委任晋一级"。⑤ 如此,则未铨叙者每年可依年资晋一级,铨叙者参加考绩的话,简任人员总分须80分以上,荐任、委任人员总分须在70分以上方可晋级。正如铨叙部审查委员会次长王子壮在日记中所言:"铨叙早者吃亏,愈后来者愈便易,铨叙部使人多来参加者,现

---

① 《公务员任用法》,《国民党政府政治制度档案史料选编》(下),第58页。
② 苏雷:《对于修正公务员任用法及非常时期公务员任用补充办法之商榷》,《人事行政》第2期,1943年,第90页。
③ 苏雷:《对于修正公务员任用法及非常时期公务员任用补充办法之商榷》,《人事行政》第2期,1943年,第90页。
④ 《公务员任用补充办法年资计算表说明》,《甘肃省政府公报》第695期,1948年,第43页。每一方格表示年资一年。
⑤ 《非常时期公务员考绩条例》,《立法院公报》第124期,1943年,第89页。

在立法上是使大家不来。盖愈来迟愈沾光也。"①

以上两例足证南京国民政府时期各种公务员法规之间缺乏协调、不相匹配,以致无法达到避免公务员见异思迁及推进公务员铨叙工作的目的。非但如此,这两个限制条件还将绝大部分的公务员拒在考绩之门以外。与日渐庞大的公务员群体相比,历年来参加公务员考绩者并未随之增长,其人数始终寥若晨星。尤其是地方机关行政人员待遇微薄,难以维持一家生计,素质稍高者,往往向中央机关本部及其附属机关聚集,使得铨叙率随之大于地方机关,公务员参加考绩者人数也常数倍于地方机关。

综上所述,南京国民政府时期考绩制度始终没有成为官员晋升的主流渠道,更没有达到汰庸留能的目的。考绩制度未能树立权威,公务员多抱"'于吾何有'之感,是则法同虚设,而难期劝勉警惕之效"。② 是以公务员多存"五日京兆之心",钻营取巧,从而导致官员整体素质各方面不能达标,贪污腐败现象不断。这也成为国民党政权最后失败的一个重要原因。

(吴艺贝,上海交通大学科学史与科学文化研究院博士研究生)

---

① 《王子壮日记》第 10 册,台北,中研院近代史研究所,2001,第 152 页。原题为《作事与作官》,1945 年 4 月 21 日。
② 薛伯康:《对于修正公务员考绩法草案之意见》,《行政效率》第 2 卷第 11 期,1935 年,第 1507—1510 页。

学位论文

晚清湖南政区分等与邮政空间[*]

杨洵奕

对于晚清邮政事业的发展与变迁，学术界关注已久。晚清时期，老大帝国被西方坚船利炮叩开大门，近代社会的诸多事物在这片古老的土地落地生根、缓慢成长。与此同时，传统社会的许多事物仍在发挥作用，并未被剔除。此时的中国传统与现代交织，新旧间此消彼长，邮政即是一例。中国近代邮政制度引自西方。19世纪60年代，海关在通商口岸试办邮政，1896年，大清邮政正式成立，由海关代管，中国近代邮政就此兴起。与此同时，延续千年的传统邮驿仍在为国家服务。

传统的晚清邮政史研究多侧重于邮政的近代化历程和邮政发展的地方特色，对邮政空间的研究相对薄弱。[①] 已有的对邮政空间的研究，则主要聚焦于邮政空间与经济空间的关系。其中，王哲利用多版本的邮政舆图对中国国内市场网络进行分析，并以四川为个案，认为基层邮政半径可以代表基层市场半径。[②] 高廉考察了经济因素对晚清邮政发展的影响，认为晚清邮

---

[*] 本文修改自硕士学位论文《近代湖南邮政空间演化研究（1899—1937）》（华中师范大学，2019）。

[①] 苏全有：《清末邮传部研究》，中华书局，2005；叶美兰：《中国邮政通史》，商务印书馆，2017；吴昱：《从"置邮传命"到"裕国便民"——晚清邮驿与邮政制度转型研究》，博士学位论文，中山大学，2009；王斌：《湖南邮政研究（1899—1937）》，硕士学位论文，湘潭大学，2008。成果较多，不再赘述。

[②] 王哲、刘雅媛：《近代中国邮政空间研究——基于多版本邮政舆图的分析》，《中国经济史研究》2019年第2期。

政分布已有明显的经济特征。① 诚然，经济因素对晚清邮政空间的发展具有重要作用，但考虑到邮政是国家治理体系的重要环节，政治性因素对晚清邮政空间的塑造与影响亦不可忽视。基于此，笔者拟利用方志及海关邮政出版之《通邮处所集》等材料，② 对其数据进行量化，以观察晚清湖南邮政发展的时空特征，进而借助清代的政区分等③观察晚清湖南的政治空间，两相比较，探讨晚清时期以湖南为代表的内陆地区邮政发展与政治间的关系。

一 晚清湖南政区分等的空间分布

"冲繁疲难"是雍正帝根据广西布政使金鉷的建议，设立的政区分等制度。"地当孔道曰冲，政务纷纭曰繁，赋多逋欠曰疲，民刁俗悍、命盗案多曰难。"④ 根据各府县之交通、政务、赋税、治安的状况来确定等第。与该政区分等制度相对应的是清代按最要、要、中、简四等缺分的选官任官制度。"冲繁疲难"四字与"最要、要、中、简"缺分相匹配，即兼四字缺者为最要缺，三字者为要缺，二字者为中缺，一字或无字者为简缺。最要缺与要缺由所属督抚调选，两者合称"繁缺"；中缺与简缺由吏部铨选，两者合称"简缺"。由于"繁缺"由地方督抚调选，故各地督抚多奏请将"简缺""中缺"升为"要缺"。为保持中央对地方人事任命的控制，1778年（乾隆四十三年）吏部规定各省若将某府县由简缺改为繁缺，则须将该省另一府县由繁缺改为简缺，⑤ 由此达到各省的府县缺分比例大体平衡，吏部与督抚简任官员的权力大体平衡。此后除新设州县之新奏等第与缺分外，各省缺分比例大体保持稳定。

---

① 高廉、袁为鹏：《论晚清邮政地理分布的经济特征》，《西南大学学报》（社会科学版）2020年第1期。
② 传统社会留下大量的方志，方志中对驿站的具体位置及人员、马匹配置都有明确记载；海关邮政会不定期出版《通邮处所集》及类似出版物，历版《通邮处所集》将当时全国各邮政局所的等第、经营业务以及所属州府清晰标出。上述两者为晚清邮政时空分布的复原提供了可能。
③ 政区分等作为清代地方选官制度，其标准化、指标化的特征为量化带来可能，我们可借此检视晚清的政治空间结构。
④ 方大湜：《平平言》，湖南科学技术出版社，2010，第41页。
⑤ （嘉庆）《大清会典事例》卷四九《吏部·汉员遴选·道府请旨部选各缺不准改题调缺》，沈云龙编《近代中国史料丛刊三编》，台北，文海出版社，1992，第2257—2258页。

"冲繁疲难"是将各州县不同的信息进行标准化、指标化处理，根据标准化后的信息，将各州县的官员选拔分为两种不同的渠道，一方面实现中央与地方间权力的合理划分，另一方面使官员能力与地方情况相匹配。官员的升迁与其出任官职的缺分间存在联系，出任繁缺的官员的升迁概率是出任简缺者的近两倍。① 由于各州县的等第与缺分同官员的晋升存在联系，故各州县在国家治理中的地位存在一定差异，而各州县的"冲繁疲难"四字则是衡量此种差异最为直观的标准。

本文以《清史稿·地理志》所载湖南各县为基准进行空间复原。长沙与善化，衡阳与清泉②分别为长沙府、衡州府的附郭，由于近代邮政在两地设置的邮政局所是以府命名，无法精确到县，兼之民国将长沙、善化合为长沙县，将衡阳、清泉合为衡阳县，为便于统计，本文将长沙、善化合为长沙县统计，衡阳、清泉合为衡阳县统计。长沙、善化县等一致，合并后的长沙县县等不变；衡阳县等为"冲繁疲难"，缺分为最要缺，清泉县等为"疲难"缺分为中缺，合并后的衡阳县取等第高者，县等为"冲繁疲难"，缺分为最要缺。乾州厅、凤凰厅、永绥厅、晃州厅、南洲厅为直隶厅，但面积较小，民国时五厅皆改为县，本文将五厅同直隶州本州处理，按县计算，散州亦按县计算。

湖南全省等第中含"冲"字的县共有25个，③沿清代的湖广驿道及湘黔驿道分布，全省设有驿站的县大都包括在内，但设有驿站之永顺、保靖、凤凰、麻阳无"冲"字等第，而未设驿站之湘乡、黔阳两县则有"冲"字。④ 湖广驿道与湘黔驿道为通京大道，是国家主干驿道的组成部分，而湘西地区的驿路为支干驿道，故虽有驿站但无"冲"字。全省"繁"字共出现34次，其中与"冲"字同时出现的有18处，占"冲"字总数的72%，"繁"字总数的52.9%，大多数交通要道其政务相对繁巨。此外，"繁"字多分布于湘东、湘西山区，及宝庆府。宝庆府除城步县无"繁"字外其余各县都有"繁"字。宝庆三面环山，民风剽悍，极难治理，有"湘省已治

---

① 胡恒：《清代政区分等与官僚资源调配的量化分析》，《近代史研究》2019年第3期。
② 1757年析衡阳县东南乡为清泉县。
③ 刘铮云：《〈清史稿·地理志〉府州厅县职官缺分繁简订误》，《中央研究院历史语言研究所集刊》1994年第3期，第613—619页。
④ 李瀚章修，裕禄等撰（光绪）《湖南通志》卷80《武备志三·驿传·铺递》，第1—16页。

宝未治,湘省未乱宝先乱"之称。"疲"字全省共出现 14 次,为"冲繁疲难"四字中出现频率最少的字,湘东北环洞庭湖区是"疲"字分布较为集中的地区,洞庭湖时常泛滥,1840—1911 年有史籍可考之洪水即有 27 次之多,[①] 导致该区域民力较贫,难以按时完纳。另外在部分山区"疲"字有零星分布。"难"字分布在全省较为普遍,共出现 48 次,除湘南地区有较为成片的无"难"字区外,"难"字分布几乎遍及全省。

表 1　近代湖南各县"冲繁疲难"组合方式

组合	数量	占比(%)
冲繁疲难	3	4.05
冲繁难	12	16.22
冲疲难	1	1.35
繁疲难	6	8.11
冲繁	3	4.05
冲难	1	1.35
繁难	9	12.16
疲难	4	5.41
冲	5	6.76
繁	1	1.35
难	12	16.22
无	17	22.97

如表 1 所示,在全省 74 县中,无字组合有 17 个,所占比例最高,与全国的状况较为一致。湘省无单独为"疲"字的县,"冲""繁""难"各占一字的县有 18 个,其中又以"难"字居多,在官方看来,湘省民风剽悍,治理艰难。两字组合中"繁难"出现频率最高,相当于其他几种组合形式之和,"繁"与"难"同时出现的频率相当高,有 30 次之多,占"繁"字次数的 88.24%,"难"字出现的 62.5%,可见政务纷纭与治理艰难之间存在较为密切的联系。而在三字组合中,"冲繁难"出现了 12 次,占"繁""难"出现次数总数的 40%,数量多于"繁难",说明是否处于交通要道对

---

① 湖南省地方志编纂委员会编《洞庭湖志》(上),湖南人民出版社,2016,第 28—34 页。

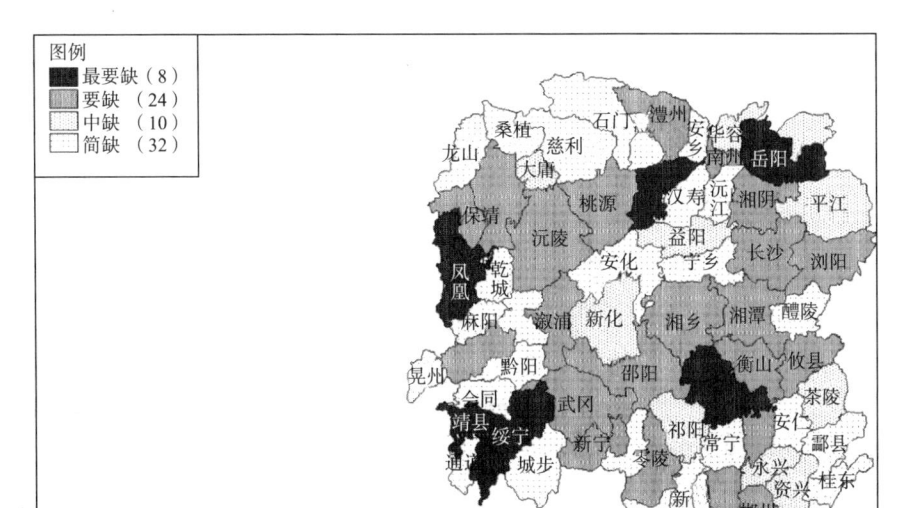

政务多少、治理难易有较大影响。

图 1　清代湖南缺分分布示意

根据清代的制度设计，县等与缺分相对应。理论上，湘省无字缺为17处、一字缺为18处、二字缺为17处、三字缺19处、四字缺为3处。但如图1所示，晚清湖南有最要缺8处、要缺24处、中缺10处、简缺32处。实践中清廷提升了湘省10个县的县缺，一字缺升要缺3处，二字缺升要缺2处，二字缺升最要缺5处。二字缺升最要缺的情况，全国府、县两级只出现过8次。湖南的升缺都出现在交通不便、政务相对繁巨、少数民族聚集的湘西地区，中央通过向地方让渡选官权，达到治理上的相对平衡。这一地区治理相对棘手，中央被迫做出权力的牺牲。宏观来看，繁缺主要分布在湘江、沅江中下游地区及湘西山区，简缺主要分布在资江、澧水流域及湘南山区。

二　晚清湖南传统邮驿空间分布

邮驿制度起自周代，步传为邮，马传为驿，两者合为邮驿，演化千年，及至清代，集历代之大成，形成一套行之有效的邮驿制度。设立邮驿制度之主要目的即"置邮传命",是政府、军队间传递讯息、运输物资的重要渠道,并为往来官员提供住宿、车马等服务。以京师皇华驿为中心,以驿站为节点,形成辐射全国的驿站网络。驿站多设在交通便利、人口稠密处,有驿书、马夫、兽医提供服务,两站的间隔距离基本固定在一定区间。除驿站网络外,还设置有以急递铺为主的步班递铺网络,以及以塘站为主的军事情报传递网络对其进行补充,形成较为立体的邮驿网络。邮件根据其紧要程度,传递速度为日行200里至600里不等,邮件外粘贴排单,将邮件速度等级、所经各站等信息注明其上,各站将邮件经过时日在单上填明,以此核查监督邮件是否按时传递。驿站等机关以邮符为凭,给负责承传的人员提供运输邮件所需物品。邮符分两种,官员发给"勘合",兵役发给"火牌",所产生的各项支出费用由当地税课承担,各省布政使司每年汇奏一次。驿站的特点为"因程设限,依限传递;因地制宜,区别对待;选择捷径,分秒必争"。①

晚清湖南共有驿站56处,排夫2466人,马1421匹,铺递1230个,铺司5607人。② 如图2所示,湖南的驿站以长沙为枢纽,沿湖广驿道与湘黔驿道呈十字交叉分布。全省共有27县设置驿站,占全省74县的36.49%,其中设在有"冲"字的23县、有"繁"字的19县、有"疲"字的3县、有"难"字的20县,可见驿站的分布同是否处在交通要道有较高联系;在赋税征收困难的地区,驿站分布较少。将驿站分布与缺分相比较,繁缺县设有驿站的有18个,占繁缺县总数的56.25%;简缺县设有驿站的有9个,占简缺县总数的21.43%,很明显在繁缺县设置驿站的频率更高,占比更大。州府治所设有驿站者12个,占治所总数的66.67%,占设驿县总数的44.44%,治所的设驿率相对较高。

作为驿站网络的补充,急递铺遍布湖南。急递铺多以各县城中的总铺为中心,向全县四周分布,直至各县边界,每铺之间间隔距离多为10里,

---

① 刘广生、赵梅庄编著《中国古代邮驿史》(修订版),人民邮电出版社,1999,第564—565页。
② 李瀚章修,裕禄等撰(光绪)《湖南通志》卷80《武备志三·驿传·铺递》,第1—16页。另刘广生、赵梅庄根据《光绪会典》《光绪会典事例》统计,光绪年间,湖南驿站为62处,急递铺(所)1240处,铺兵5513人;《湖南省志》第11卷《邮电志》根据光绪《湖南通志·武备志》统计,湖南有排夫1926人,马1100匹,铺递1098个,铺司5351人,但其统计方式与数据存疑。

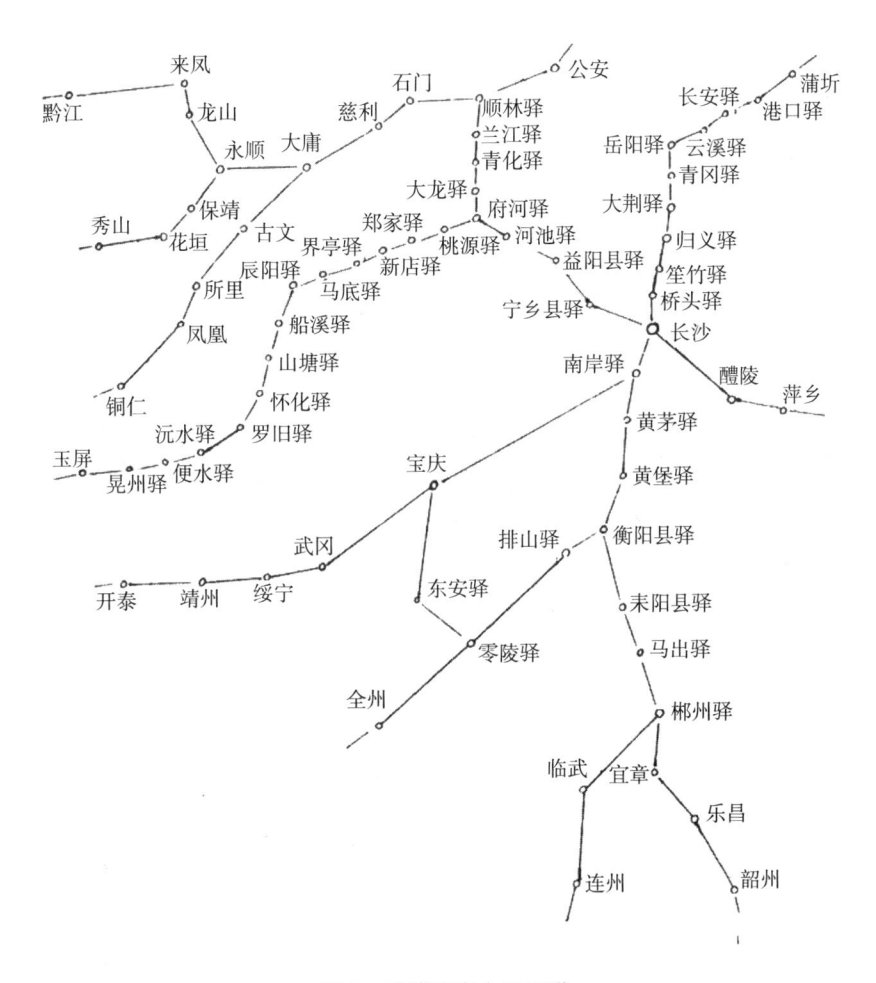

图 2 晚清湖南主干驿道

资料来源：湖南省地方志编纂委员会编《湖南省志》第 11 卷《邮电志》，湖南出版社，1995，第 18 页。

部分道路崎岖之地，每铺间隔大于 10 里或小于 10 里，各县驿路相互连接，形成铺递网络。各县急递铺数量的均值为 16.6 处，有"冲"字县的均值为 21.5 处，有"繁"字县的均值为 20.7 处，有"疲"字县的均值为 18.4 处，有"难"字县的均值为 19.0 处；繁缺县的均值为 21.5 处，简缺县的均值为 12.9 处；在设有驿站县的均值为 21.1 处，在未设置驿站县的均值为 14.0 处。急递铺的分布同驿站相类似，亦是在交通要津与政务繁难的地区分布较多，在赋税征收较为困难的地区分布较少；在繁缺县的数量较多，在简缺县的数量较少。此外，急递铺在各州府治所的均值为 24.4 处，比非州府治所的均值多出 10 处，驿站在邵阳、桂阳两个州府治所未设点，但急递铺在邵阳的数量达全省最多的 57 处，桂阳也有 20 处。在设有驿站的县，急递铺的数量相对更多，保证信息及时的扩散与收集；同时急递铺分布向缺分等级更高地区、区域行政中心倾斜的特征更为明显。

晚清湘省邮驿的空间分布有如下特征：其一，区域差异明显，湘江下游、沅江下游、洞庭湖沿岸地区邮驿发展程度明显高于其他地区；其二，为保证与京师间的消息畅通，信息能够及时上传下达，交通冲要地区是传统邮驿发展的重点；其三，传统邮驿系统着重保证国家治理中的重点地区与各府州行政中心的发展。总体来看，传统的邮驿系统在湖南以驿站驿路为主干，以急递铺为补充，构建出一套完整的信息传递网络，其中各府州治所与高缺分县是信息传播中的重要节点，控制着信息的集中与分发。

三　晚清湖南邮政空间分布

（一）1905 年湖南邮政空间分布

1899 年，岳州开埠，大清邮政在此设立总局，为湖南近代邮政之始；1904 年，长沙开埠，海关在长沙成立总局，湖南被分为长沙邮界与岳州邮界[①]。1909 年，由于常德"除长沙省会外，系该省最要之地方"，[②] 岳州邮界邮政总局迁往常德，并将岳州邮界兼管之贵阳副邮界划归腾越邮界管辖。1910 年，海关将岳州邮界、长沙邮界同时改为副邮界，设副总局，划归汉口邮界及总局管辖。1911 年，邮政从海关分离。海关的垂直管理极大地影响了晚清湖南邮政的发展，海关总税务司对邮政每做出一次调整，湖南邮政的管理亦随之发生改变。

自 1904 年始，海关总税务司每年都会在呈报总理衙门之海关报告中附

---

① 岳州邮界兼管贵阳副邮界。
② 帛黎：《大清邮政宣统元年事务情形总论》（宣统二年四月十三日），北京市邮政管理局文史中心编《中国邮政事务总论》（上），北京燕山出版社，1995，第 153 页。

有当年大清邮政的《邮政事务总论》。① 由 1905 年《邮政事务总论》② 可知，1905 年湖南全省共有邮政局所 52 处，发件量为 530194 件，占 1911 年湖南邮政局所数量的 22.13%，邮件量的 27.85%。③ 近代邮政虽已入湘 6 年，但此时的湖南邮政仍相对薄弱，该年份的邮政发展情形能较好地反映海关邮政在湘初期的发展情况。

考察湖南邮政的空间等级结构，本文采用经济地理学的"中心职能指数"概念，④ 拟选取各县邮政局所数量（J_i）、邮政营业收入额（Y_i）与邮政汇兑额（H_i），测算各县邮政局所指数（K_{J_i}）、营业收入指数（K_{Y_i}）和汇兑额指数（K_{H_i}）。⑤ 计算公式如下：

$$K_{J_i} = \frac{J_i}{\frac{1}{n}\sum_{i=1}^{n} J_i} \qquad K_{R_i} = \frac{Y_i}{\frac{1}{n}\sum_{i=1}^{n} Y_i} \qquad K_{M_i} = \frac{H_i}{\frac{1}{n}\sum_{i=1}^{n} H_i}$$

其中，由于各邮政局所所允许的每人每日最高汇兑限额在不同时期有所不同，笔者拟依据当时各邮政局所每人每日最高汇兑限额计算各县汇兑量。在分别计算出邮政局所指数、营业收入指数和汇兑额指数的基础上，

---

① 1904 年之《邮政事务总论》被称为《光绪三十年邮政事务通报总论》，1907 年版更名为《光绪三十三年邮政事务情形总论》，1911 年版更名为《中华邮政前清宣统三年事务总论》。
② 1905 年出版的《邮政事务总论》之附件丙为《大清邮局名目处所单》，该单按邮界将全国各邮政处所名称列出，同时在当年英文版《邮政事务总论》（REPORT ON THE WORKING OF THE POST OFFICE）之附件 B "各邮界总局与分局清单"（APPENDIX B：LIST OF IMPERIAL HEAD AND BRANCH OFFICES ARRANGED BY DISTRICTS）中，将各邮界所属邮局列出，并标明其是否为火汇局（Money Order Office A）或旱汇局（Money Order Office B）。火汇局又称甲汇局，是指通过以蒸汽机为动力的交通工具进行运输汇局，其汇兑标准是每人每天可汇兑 5 次，每次最高可汇兑关平银 50 两；旱汇局又称乙汇局，为以使用非蒸汽机为动力的交通工具进行运输的汇局，其汇兑标准是每人每天可汇兑 5 次，每次最高可汇兑关平银 10 两。
③ 据 1905 年和 1911 年的《邮政事务总论》，见《中国邮政事务总论》（上）。
④ 中心职能指数是经济地理学中研究某一区域内各节点的经济规模与实力，对节点进行等级划分，在此基础上进行区域经济联系研究的常用方法。
⑤ 邮局之等第可以分为三等，其主要依据为业务量，具体有月营业收入和月开发汇票两个指标：就月营业收入而言，一等邮局在 5000 元左右，二等邮局在 600 元左右，三等邮局在 200 元左右；就月开发汇票而言，一等邮局在 20000 左右，二等邮局在 6000 元左右，三等邮局在 1000 元左右。以上为邮政局所的等第要求，笔者依此统计各县邮政局的营业收入，倘若邮寄代办所营业收入达到三等邮局之标准，即可升为三等。本文中将邮寄代办所的营业收入按 100 元计算。由于清代未对邮政局所进行分级，故除总局按一等局进行统计外，其余各邮政局均按二等局进行统计。参见张樑任《中国邮政》，上海书店出版社，1990，第 78 页。

笔者将进一步计算各县邮政的中心职能指数。公式如下：

$$K_{T_i} = K_{J_i} + K_{Y_i} + K_{H_i}$$

$$K_{E_i} = \frac{K_{J_i} + K_{Y_i} + K_{H_i}}{3}$$

中心职能指数的计算结果是划分区域内各县邮政发展情况等级的依据。本文将全省邮政发展情况分为四级：$K_{T_i} \geq 10$，$K_{E_i} \geq 3.3$ 者为一级县；$10 > K_{T_i} \geq 5$，$3.3 > K_{E_i} \geq 1.6$ 者为二级县；$5 > K_{T_i} \geq 2$，$1.6 > K_{E_i} \geq 0.6$ 者为三级县；$2 > K_{T_i} > 0$，$0.6 > K_{E_i} > 0$ 者为四级县。一、二级县邮政发展程度较高，是邮政发展核心区。

1905 年湖南共有邮局 11 处、代办所 41 处，① 邮政局所共计 52 处。全省有 41 个县分布有邮政局所。如图 3 所示，全省有一级县 3 个，二级县 9 个，三级县 1 个，四级县 28 个，另有 33 县未设邮政局所。在设有邮政局所的 41 个县中，有"冲"字的 24 个，有"繁"字的 25 个，有"疲"字的 9 个，有"难"字的 29 个；繁缺县有 23 个，简缺县有 18 个；为州府治所的有 13 个。邮政核心区的 12 县中，有"冲"字的 11 个，有"繁"字的 10 个，有"疲"字的 4 个，有"难"字的 11 个；繁缺县有 10 个，简缺县 2 个；为州府治所者 8 个。

邮政局所的分布仍同该地是否处于交通要道有较大的关系，几乎全部有"冲"字的县都设有邮政局所。此外该处政务是否繁巨也是影响邮政局所设置的重要因素。而赋税征收相对困难的地区其邮政发展并未出现明显的劣势，有 64.29% 的有"疲"字县设有邮政局所，这一比例甚至高于"难"字出现的比例。繁缺县的总量虽然小于简缺县的总量，但设有邮政局所的繁缺县的数量要多于简缺县，邮政局所在设置时更偏好在治理中更为重要的地区。邮政核心区中有"冲繁疲难"四字或为繁缺县的比例远高于这类县在全省有邮政局所地区的平均比例，国家治理难度较大的地区亦是邮政着重注意的对象。从空间上看，1905 年邮政局所主要沿湖广驿道和湘黔驿道分布，邮政发展核心区则主要分布在湘江中下游地区，湘江流域邮政发展的总体水平要好于资江、沅江、澧水流域。在湘西北与湘西南地区

---

① 另《光绪三十一年邮政事务通报总论》附件甲中记载，1905 年湖南有邮局 17 处、代办所 35 处，邮政局所共计 52 处。

则还有成片的地区未设置邮政局所。

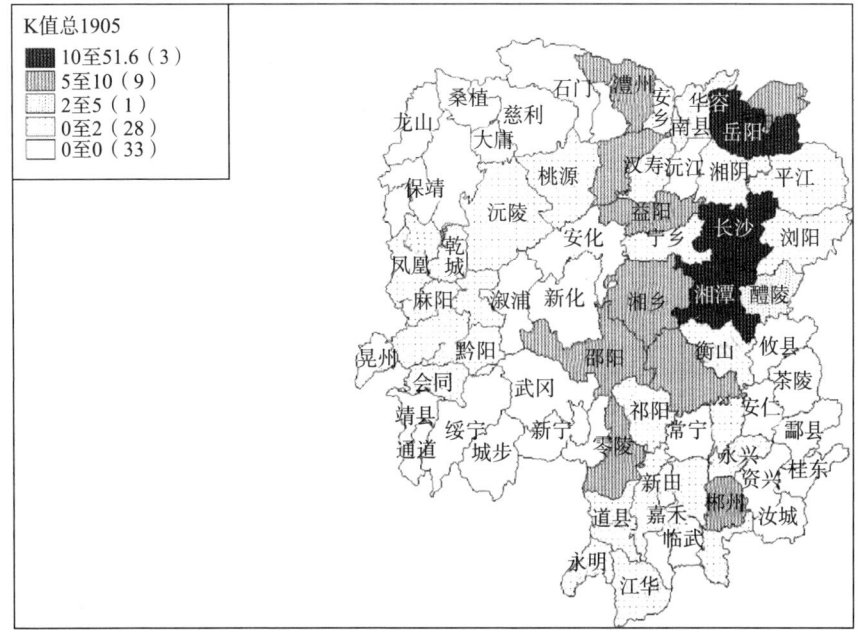

```
K值总1905
■ 10至51.6（3）
▨ 5至10（9）
▦ 2至5（1）
▒ 0至2（28）
□ 0至0（33）
```

图3　1905年湖南各县邮政中心职能指数示意

（二）1910年湖南邮政空间分布

1910年6月，海关邮政出版《大清邮政章程通邮局所汇编》，此书为研究海关邮政及大清邮政末期邮政局所空间分布的珍贵材料。该书共有两编，第一编为"邮政章程"，第二编为"通邮局所"。在第二编内，分省分州府将各邮政局所名单详细开出，并单独列出各省总局、分局、内地局、保险及代收货价包裹局、火汇局、旱汇局、快递信件局、汽机通运局之名单。此时湖南邮政共有邮局18处、代办所86处，邮政局所共计104处。①

按照1905年邮政局所数据的处理方式，笔者对1910年邮政局所数据进行处理。此时湖南全省有68个县设有邮政局所，只有6个县还未设邮政局所。6县中有3县为无字简缺县，1县为"冲"字简缺县，1县为"难"字简缺县，1县为"繁难"升格最要缺县。全省共有一级县4个，二级县9

---

① 邮政总署编《大清邮政章程通邮局所汇编》，清宣统二年（1910）铅印本。

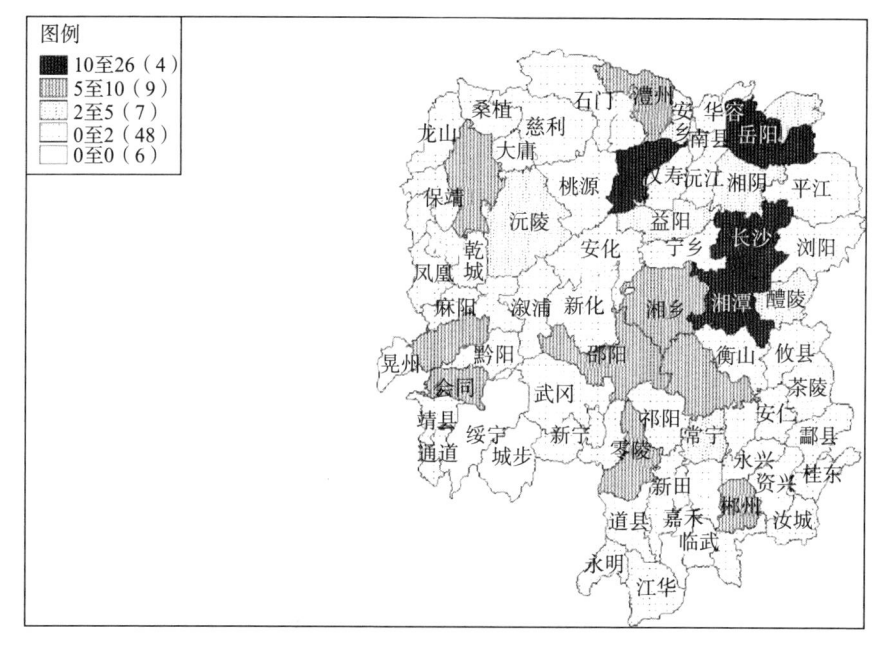

图 4　1910 年湖南各县邮政中心职能指数示意

个，三级县 7 个，四级县 48 个。前三级县数量不多，全省共有 20 个，其中有"冲"字的 14 个，有"繁"字的 13 个，有"疲"字的 4 个，有"难"字的 17 个；为繁缺县的 14 个，为简缺县的 6 个；为州府治所者 11 个。

在海关邮政的不断扩张下，清末已基本形成以长沙、湘潭、岳阳、常德为核心，沿湖广驿路、湘黔驿路两条官马大道逐次展开，覆盖湖南全省的邮政网络体系。空间上，邮政发展程度以核心区为中心向外逐步扩散降低，在湘江中下游地区邮政相对发达，已形成较为连贯的邮政发展带。湘西地区邮政发展则相对较为跳跃，沿沅江上溯，除数个较为关键的节点性地区发展较好外，其余各地区邮政发展相对落后。

四　各时期各等第缺分设邮率的比较

将晚清政区空间与邮政空间进行比较，能较为清晰地看出各时期邮政空间分布的特点，以及邮政空间的流变。如表 2 所示，虽然 1905 年湖南邮政局所的数量比驿站的数量少 4 处，但在设邮县的总量上，此时近代邮政设邮县的数量高于传统邮驿设邮县的数量，相较于传统驿站的分布更为集中，近代邮政的分布相对分散。1910年，邮政局所的数量较1905年的翻倍，其分布范围也随之扩大，几乎遍布全省。邮政局所的扩散，使各等第与各缺分的设邮县数量增多。相较于全省设邮县数量的增长，邮政核心区的数量较为稳定，各等第与各缺分在核心区的数量也较为稳定。但在空间上，核心区的范围不是简单的增减，而是有所变动，1905年与1910年都为核心区的是长沙、岳阳、常德、湘潭、衡阳、澧州、湘乡、郴州、零陵、邵阳；1905年为核心区、1910年为非核心区的是临湘、益阳；1905年为非核心区、1910年为核心区的是永顺、芷江、会同。随着邮政局所覆盖面的扩大，湖南邮政的核心区向西、向南转移。

表2 晚清湖南各时期各等第设有邮点县数量

	冲	繁	疲	难	繁缺县	简缺县	总计
全省总数	25	34	14	48	32	42	74
驿站时期总数	23	19	3	20	18	9	27
1905年总数	24	25	9	29	23	18	41
1910年总数	24	33	14	46	31	37	68

表3 晚清湖南各时期设邮县在各等第中的占比

单位：%

	冲	繁	疲	难	繁缺县	简缺县	总计
驿站时期	92.00	55.88	21.43	41.67	56.25	21.43	36.49
1905年	96.00	73.53	64.29	60.42	71.88	42.86	55.41
1910年	96.00	97.06	100.00	95.83	96.88	88.10	91.89

表4 晚清湖南各时期各等第设邮县在全省设邮县总量中的占比

单位：%

	冲	繁	疲	难	繁缺县	简缺县
全省	33.78	45.95	18.92	64.86	43.24	56.76
驿站时期	85.19	70.37	11.11	74.07	66.67	33.33
1905年	58.54	60.98	21.95	70.73	56.10	43.90
1910年	35.29	48.53	20.59	67.65	45.59	54.41

无论是传统邮驿还是近代邮政,有"冲"字县为设邮县的比例都在90%以上。邮政业务的性质对交通有较高敏感度,故任何时期邮政都首先控制交通要道,维护邮政网络的运营。而传统邮驿与近代邮政都是服务全国的机构,保证全国主干邮路的畅通尤为重要,故任何时期有"冲"字县的设邮率都相当高。传统邮驿把大量的资源倾注在维护邮政网络上,有"冲"字县在设驿站县中的占比达到85.19%;而在1905年,湖南邮政在发展中同样把维护邮政网络放在一个较为优先的位置,而随着邮政网络在全省的铺开,有"冲"字县在设邮县中的占比才趋于平均。

相较于设邮县在有"冲"字县的数量稳定,其在有"繁""疲""难"字县,数量是增长的。但有"繁""疲""难"字县在设邮县中的占比及设邮县在有"繁""疲""难"字县的覆盖率有不同的变化。随着设邮范围的扩大,有"繁"字县与有"难"字县在设邮县中的占比逐步趋近有"繁"字县与有"难"字县在全省的比例,但有"繁"字县的邮政覆盖率在任何时期都要高于有"难"字县的邮政覆盖率。在政务多寡与治理难易之间,湖南各时期的邮政都将政务多寡放在各地邮政发展相对重要的位置。

邮政在有"疲"字县的发展则出现较大的波动。有"疲"字县是全省数量最少的县,传统驿站对有"疲"字县的覆盖率较低,此时设邮县在有"疲"字县的覆盖率为21.43%左右,低于设邮县在全省36.49%的覆盖率;设邮县为有"疲"字县的数量占设邮县总量的11.11%,低于有"疲"字县在全省的比例。1905年,设邮县在有"疲"字县的覆盖率为64.29%,超过设邮县在全省的覆盖率;而1910年设邮县在有"疲"字县的覆盖率更是达到100%。维持驿站运转所产生的各项费用由当地课税承担,由布政使司每年汇奏一次,① 故地方财政相对薄弱的有"疲"字县能维持驿站运营的能力亦相对较低,驿站在有"疲"字县的分布相对较少。而大清邮政在建立之初即由各海关提供盈余经费进行运营,至1904年,总税务司奉外务部令,每月从津海、江海、江汉、闽海、潮海、粤海六关各拨付一万两关平银协济邮政,全年共计关平银72万两。② 此款半数即可维持全国邮政的一

---

① 楼祖诒:《中国邮驿发达史》,中华书局,1940,第312页。
② 帛黎:《大清邮政光绪三十年事务通报总论》(宣统三十一年四月二十二日),《中国邮政事务总论》(上),第8页。

般运营，在无财政压力的背景下，此时地方财税不再是制约邮政分布的关键性因素，设邮县在有"疲"字县的数量迅速增加。

表5 晚清湖南各时期各等第组合设有邮点县数量

组合	数量	驿站时期	1905年	1910年
冲繁疲难	3	3	3	3
冲繁难	12	12	12	12
冲疲难	1	0	1	1
繁疲难	6	0	3	6
冲繁	3	3	3	3
冲难	1	1	1	1
繁难	9	1	3	8
疲难	4	0	2	4
冲	5	4	4	4
繁	1	0	1	1
难	12	3	4	12
无	17	0	4	13

如表5所示，驿站时期在所有有"疲"字的县中，除四字县设有驿站外，其余各县均未设驿站，即便是交通位置重要的地区（如湘乡）也未设驿站。"繁""难"二字是县等中出现频率最高的两个字，这两个字同时出现时，驿站的设置率在53%左右，但此53%中有"冲"字的占绝大多数，9个"繁难"县中设驿站的仅有1个，数量尚不及"难"字县，"繁""难"本身对驿站的分布不构成多大的影响，需要与其他字搭配才能在驿站的设置中发挥作用。驿站的设置则基本忽视无字缺的存在。

同驿站时期类似，1905年几乎所有的有"冲"字县都设有邮政局所，但是否有"疲"字不再是影响各县设邮的控制性因素，无"冲"字有"疲"字县的设邮率为50%。同驿站相比，1905年设邮县在"繁难"县的数量有所增长，但仍只占"繁难"县总量的三分之一，这一比例同"难"字县的设邮率相当，仅高于无字缺的设邮率。有"难"字县的设邮率低于其他三字县，区域治安环境如何成为此时邮政是否布点的重要考量。在无字缺地区邮政开始逐步设点，进入传统邮驿忽视的地区。1910年邮政在湘省的覆盖率达到90%以上，远高于1905年邮政的覆盖率，更高于驿站的覆盖率。此时未设邮的县已成个别，主要集中在无字缺县。近代邮政虽然对传统驿站发展薄弱的地区有所弥补，但并不能彻底改变邮政发展的不均衡状况。

表6 晚清湖南各时期各字缺设有邮点县数量

	驿站时期	1905年	1910年	总数
四字缺	3	3	3	3
三字缺	12	16	19	19
二字缺	5	9	16	17
一字缺	7	9	17	18
无字缺	0	4	13	17
总	27	41	68	74

如表6所示，任何时期四字缺的设邮率都是100%。三字缺、二字缺、一字缺、无字缺在总数上差距不大，但在设邮县的数量上差距较大。驿站时期，三字缺有设邮县12处，占三字缺总数的60%以上，占设邮县总数的44%；此时二字缺与一字缺分别只有设邮县5个与7个，占二字缺与一字缺总数的29%与39%，占设邮县总数的19%与26%；无字缺无设邮县。1905年，与传统驿站相比，除四字缺外，大清邮政在各字缺的设邮县数量均有增加，其中一字缺增加2处，其余各字缺均增加4处。此时，三字缺的设邮率达84%，二字缺与一字缺的设邮率都在50%左右，而无字缺的设邮率为24%。大清邮政在各字缺设邮县数量的增加，使设邮县在各字缺的分布较驿站更为均衡，但三字缺设邮率相对更高，其数量占设邮县总数近四成的特点并未改变。1910年，三字缺的设邮率也达到100%，同时二字缺、一字缺、无字缺设邮县的数量大幅增加，二字缺、一字缺的设邮率达到94%，无字缺的设邮率有76%；设邮县在各字缺的分布比例更趋近于各字缺在全省的比例。

邮政分布呈从高字缺向低字缺扩散的趋势。传统驿站在三、四字缺的覆盖率在六成以上，两者之和占当时设邮县总数的一半以上，而一、二字缺的覆盖率只有三到四成，无字缺更是无设邮县。大清邮政入湘前期继承驿站的分布特点，巩固在三字缺的设邮率，同时提升一、二字缺及无字缺的设邮率。由于低字缺设邮县的数量增长相对较快，三、四字缺之和占设邮县总数的比例降至半数以下。大清邮政入湘后期，高字缺的设邮县数量趋于饱和，低字缺设邮县的数量大幅增长，一、二字缺的设邮率为94%，无字缺的设邮率达到76%。随着低字缺设邮县数量的大幅增长，高字缺在设邮县总数中的占比大幅下降，接近该字缺在全省总数中的占比，设邮县在各字缺的分布趋于均衡。

从各时期设邮县在各字缺县的分布看，各字缺的设邮率同其字缺数量基本上成正比，字缺数量越多，其设邮率越高。四字缺在任何时期的设邮率皆为100%，在设邮县中的占比总是高于其在全省总县数中的占比。同四字缺类似，三字缺在设邮县中的占比一直高于其在全省总县数中的占比，其设邮率也总高于全省平均设邮率。无字缺的设邮率最低，低于全省平均水平，在设邮县中的占比要低于其在全省总县数中的占比；一字缺与二字缺的设邮率在全省平均设邮率的上下浮动，在设邮县中的占比与其在全省总县数中的占比相接近。

表7 晚清湖南各时期各缺分设有邮点县数量

	驿站时期	1905年	1910年	总数
最要缺	4	5	7	8
要缺	14	18	24	24
中缺	4	6	10	10
简缺	5	12	27	32
总数	27	41	68	74
治所	12	14	17	18

如表7所示，驿站时期，最要缺与中缺设邮县的数量相当，分别占各自总数的50%与40%，占设邮县总数的15%；简缺的设邮县数量略多于最要缺与中缺，占设邮县总数的19%，但仅为简缺总数的16%；要缺的设邮县数量最多，占要缺总数的近60%，占设邮县总量一半以上。同驿站相比，1905年设邮县的增加主要集中在简缺，其次为要缺，中缺与最要缺的增加数量相对较少。最要缺与中缺的设邮率相近，两者在设邮县中的比例同驿

站时期大致相当；简缺在设邮县的占比接近三成，但其设邮率低于全省平均水平；随着简缺在设邮县中的占比增高，要缺的占比出现下降，但其设邮率仍高于其他各缺分。1910年设邮县的增长主要集中在简缺，简缺设邮县的数量增长一倍有余，但其设邮率仍略低于全省平均水平；设邮率低于全省平均水平的还有最要缺，要缺与中缺的设邮率达100%；要缺与简缺分别占设邮县总数的35%与40%，是设邮县的主要分布区域。缺分分布主要集中在要缺与简缺，各缺分在数量上并不似各字缺分布较为均匀，一方面是由于一字缺与无字缺都归为简缺，另一方面是升格的存在，导致晚清湖南各缺分的数量同各字缺的数量并不完全匹配，在此背景下，设邮县在各缺分的分布同在各字缺的分布也有差异，需着重讨论各升格县的邮政发展状况。

表8 晚清湖南各升格县邮政发展情况

县名	县等	缺分	驿站时期	1905年	1910年
江华	繁	要缺	0	1	1
永顺	难	要缺	1	0	1
保靖	难	要缺	1	0	1
邵阳	繁难	要缺	0	1	1
新宁	繁难	要缺	0	0	1
永绥	繁难	最要缺	0	0	1
乾州	繁难	最要缺	0	1	1
凤凰	繁难	最要缺	1	1	1
靖州	繁难	最要缺	0	0	1
绥宁	繁难	最要缺	0	0	0

如表8所示，一字缺升格者共有3个县，都升为要缺，其县等为1个"繁"字县，2个"难"字县。另据表5，驿站时期，一字缺升格的设邮县2个，都为"难"字县。"难"字县共有12个，此时设邮者有3个，升格县占很大比例。1905年，一字缺升格设邮县1个，为"繁"字县，"繁"字县共有1个。同驿站时期相比，一方面此时一字缺升格的设邮县数量减少，另一方面两者县等并不一致，驿站时期设邮的"难"字县此时并未设邮，

也未在"繁"字县设邮，但1905年"难"字县设邮的数量增加，邮政对升格县的安排做出与驿站不同的调整。二字缺升格者共有7个县，县等皆为"繁难"，其中，2县升格为要缺，5县升格为最要缺。驿站时期，二字缺升格的设邮县有1个，为最要缺。虽然此时"繁难"县设邮者仅1县，但7个"繁难"县，升格者5个县，只有1县设邮，说明缺分升格对此时邮政分布的影响并不大。1905年，二字缺升格的设邮县有3个，1县为要缺，2县为最要缺，此时"繁难"县设邮者3个，升格县在设邮中占有一定优势，但考虑到升格县的数量，此种优势并不明显。1910年，邮政在全省基本全面铺开，只有少数的县未设邮政局所，"繁难"县中只有1县未设邮，而该处恰好升格为最要缺，此时缺分的升格并未带来邮政发展的优势，影响有限。

一字升格县在驿站时期的设邮率为67%，1905年的设邮率为33%，1910年的设邮率为100%；二字升格缺在驿站时期的设邮率为20%，1905年的设邮率为40%，1910年的设邮率为80%。一字升格县在驿站时期与1910年的设邮率高于一字缺，但在大清邮政前期，其设邮率显著低于一字缺。而二字升格县的设邮率不仅总低于二字缺的设邮率，并且与其差距在不断加大。从升格县的总设邮率来看，其设邮率大体上与全省设邮率持平，但仍低于全省设邮率，特别是在1905年时。总体上看，县缺是否升格与当地有无设邮没有较大联系，在大清邮政入湘初期，县缺的升格甚至可能使设邮概率下降，设邮县的分布同各字缺的关系相对较大，由于升格县多为低字缺，设邮率较低，其升格使高缺分的设邮率出现下降。

五　各等第缺分与邮政等级的比较

大清邮政的在湘扩展并非一蹴而就，而是历经十余年的演变过程。1905年的数据恰好是一个断点，让我们有机会窥探大清邮政在入湘的头六年如何进行空间布局，而1910年的数据则能让我们了解大清邮政在湘最后时期的空间安排。县级分等制度是一项长期制度安排，由于其与官员的任命和升迁相关，故各地处于何种等级可考察其在国家治理中的地位。近代邮政是晚清新引进的制度，大清邮政作为国家机关必然要承担维系国家运转的政治任务，同时作为商业机构又要保持盈利。各地在国家治理中的地位与其商业价值并非完全匹配，大清邮政在湘发展过程中如何因应两种要求，各地的政治地位如何干预邮政的发展，是需关注的问题。本文已对县级分等下不同制度的邮政分布进行讨论，但各地的邮政发展程度在不同时期并不一致，有必要将各地邮政等级同县级分等相结合进行讨论。

表 9　晚清湖南各时期各等第组合设有邮点县数量

年份	一级		二级		三级		四级		无		数量
	1905	1910	1905	1910	1905	1910	1905	1910	1905	1910	
冲繁疲难	1	2	2	1							3
冲繁难	2	2	3	4		2	7	4			12
冲疲难			1	1							1
繁疲难							3	6	3		6
冲繁			1			1	2	2			3
冲难			1			1					1
繁难			1	1			2	7	6	1	9
疲难							2	4	2		4
冲							4	4	1	1	5
繁							1	1			1
难				2		1	4	8	8	1	12
无等					1	2	3	12	13	3	17
合计	3	4	9	9	1	7	28	48	33	6	74

如表 9 所示，1905 年有一级县 3 个、二级县 9 个、三级县 1 个、四级县 28 个、未设邮县 33 个；1910 年有一级县 4 个、二级县 9 个、三级县 7 个、四级县 48 个、未设邮县 6 个。同 1905 年相比，1910 年邮政一级县、三级县、四级县的数量有所增加，其中三级县、四级县的增幅较大；未设邮县的数量急剧减少；二级县的数量保持不变。同 1910 年相比，1905 年的未设邮县中，有 25 县升为四级县，1 县升为三级县，1 县升为二级县；四级县中有 3 县升为三级县，2 县升为二级县；二级县中有 2 县降为三级县，1 县升为一级县。1905 年三级县的数量稀少，邮政等级分布出现较为明显的断层，这是由于相当一部分县还未设邮。晚清湖南邮政等级整体数量上呈由下向上流动的趋势，邮政等级越低其波动幅度越大，扩大大清邮政在湘的覆盖面是这一时期邮政发展的特点，故大量的未设邮县设邮，且在低级县中未

出现降级的情况。二级县在数量上虽未发生变化，但有三分之一的县发生更替，同时三级县数量的较大增长说明已设邮的部分地区发展速度放缓，被后来者追上，导致邮政的等级结构出现变动。但很明显，到1910年，湖南邮政的发展结构仍存在问题，三级县的规模相当小，各地区间的邮政发展只存在相对发达与不发达，中间缺少一过渡地带，1905年邮政发展程度相对较低的地区其邮政并未发展起来，大清邮政在湘的后期其目标更多的还是提高设邮率，扩大邮政在湘的覆盖率。

"冲繁疲难"县有3个，都分布在一级和二级，无未设邮县，同1905年相比，1910年有1个二级县升为一级县。"冲繁难"县有12个，无未设邮县，同1905年相比，1910年有1个四级县升为二级县，2个四级县升为三级县。"冲疲难"县有1个，1905年、1910年都为二级县。"繁疲难"县6个，1905年有四级县3个，3县未设邮，1910年3个未设邮县升为四级县。"冲繁"县3个，1905年有二级县1个、四级县2个，1910年二级县降为三级县。"冲难"县1个，1905年为二级县，1910年降为三级县。"繁难"县9个，1905年有二级县1个、四级县2个，6县未设邮，1910年5个未设邮县升为四级县。"疲难"县4个，1905年有四级县2个，2县未设邮，1910年未设邮县升为四级县。"冲"县5个，1905年和1910年皆为四级县4个、未设邮1个。"繁"县1个，1905年、1910年皆为四级县。"难"县12个，1905年四级县4个、未设邮县8个，1910年未设邮县2个升为二级县，1个升为三级县，4个升为四级县。无等县17处，1905年三级县1个、四级县3个、未设邮县13个，1910年未设邮县1个升三级县，9个升四级县。

表10　晚清湖南邮政各等第在各级县数量

年份	一级		二级		三级		四级		未设邮		总数
	1905	1910	1905	1910	1905	1910	1905	1910	1905	1910	
冲	3	4	8	6	0	4	13	10	1	1	25
繁	3	4	7	6	0	3	15	20	9	1	34
疲	1	2	3	2	0	0	5	10	5	0	14
难	3	4	8	9	0	4	18	29	19	2	48
无	0	0	0	0	1	2	3	12	13	3	17
合计	3	4	9	9	1	7	28	48	33	6	74

如表 10 所示，1905 年占邮政核心区的比例，有"冲"字县为 44%，有"繁"字县为 29%，有"疲"字县为 29%，有"难"字县为 23%，无等第县为 0；1910 年占邮政核心区的比例，有"冲"字县为 40%，有"繁"字县为 29%，有"疲"字县为 29%，有"难"字县为 27%，无等第县为 0。1905 年有"冲"字县为邮政核心区的比例较高是有"冲"字县设邮率较高造成的，但 1910 年邮政核心区在各字设邮县中的比例最高者仍为有"冲"字县，说明在交通要道大清邮政不仅设邮率高，其发展程度亦相对更高。在邮政核心区中未有无等第县，但 1905 年全省唯一一处三级县在无等第县（醴陵），当年无等第县设邮者亦不过 4 个县。醴陵设邮仍与交通有关。1903 年株萍铁路醴陵至萍乡段建成，此时大清邮政即"于沿海沿江则用轮船，有铁路则用火车，于内河则或用小轮，或用拖船，或用华艇"。① 醴陵为湘省首通火车处，恰好是铁水联运地，但其区位又不似有"冲"字县重要，故醴陵在晚清时邮政等级高于其他无等第县，但未处于邮政核心区。

表 11　晚清湖南邮政各字缺在各级县数量

年份	一级		二级		三级		四级		未设邮		总数
	1905	1910	1905	1910	1905	1910	1905	1910	1905	1910	
四字缺	1	2	2	1	0	0	0	0	0	0	3
三字缺	2	2	4	5	0	2	10	10	3	0	19
二字缺	0	0	3	1	0	2	6	13	8	1	17
一字缺	0	0	0	2	0	1	9	13	9	2	18
无字缺	0	0	0	0	1	2	3	12	13	3	17
合计	3	4	9	9	1	7	28	48	33	6	74

如表 11 所示，在 1905 年与 1910 年，3 个四字缺都为一级县与二级县，1905 年二级县为多数，1910 年一级县为多数。与四字缺相反的是无字缺，无字缺在一级县与二级县无分布，在三级县分布的数量较少，主要

---

① 帛黎：《大清邮政光绪三十年事务通报总论》（光绪三十一年四月二十二日），《中国邮政事务总论》（上），第 5 页。

集中分布在四级县与未设邮县，1905年有3县为四级县，13县未设邮，分别占无字缺的18%与76%，1910年有12县为四级县，3县未设邮，分别占无字缺数量的71%与18%。三字缺主要集中分布在四级县，两年均有10个，占三字缺的53%，此外二级县的数量也相对较多，1905年有4个，1910年有5个，分别占三字缺的21%与26%。二字缺无一级县，1905年有未设邮县8个，四级县6个，占二字缺的47%与35%；1910年则集中在四级县，有13个，占二字缺的76%。一字缺1905年只在四级县与未设邮县分布，数量都为9个，1910年集中在四级县分布，有13个，占一字缺的72%。

一级县只在四字缺与三字缺分布，1910年四字缺的数量比1905年有所增加。二级县在两个年份内都是9个，1905年有四字缺2个、三字缺4个、二字缺3个，1910年有四字缺1个、三字缺5个、二字缺1个、一字缺2个。相较于1905年，1910年二级县的字缺覆盖范围是有所扩大的，但更集中在三字缺。三级县在1905年只有无字缺1个，在1910年除四字缺无分布外其余各字缺都有分布，其中一字缺为1个，其他各字缺为2个。相较于1905年仅有一个三级县，1910年三级县的数量增长，在各字缺的分布较为均衡，占各字缺的比例较为接近。四级县无四字缺分布，1905年有三字缺10个、二字缺6个、一字缺9个、无字缺3个，1910年有三字缺10个、二字缺13个、一字缺13个、无字缺12个。同1905年相比，1910年四级县的数量显著增加，增量集中在二字缺、一字缺、无字缺，除四字缺外，各字缺间的数量差距缩小，分布相对均衡。未设邮县也没有四字缺分布，1905年有三字缺3个、二字缺8个、一字缺9个、无字缺13个，1910年有二字缺1个、一字缺2个、无字缺3个，无三字缺。未设邮县在1905年与1910年都呈现随着字缺等级降低而数量增加的特点。

整体上看，各县字缺等级越高，其邮政等级相对越高，为邮政核心区的概率越高；邮政等级越高，占其数量最多的字缺等级相对越高，各字缺等级与邮政等级间基本成正相关的关系。同1905年相比，1910年各邮政等级的字缺分布相对更均衡，但各字缺的等级分布相对集中，两者并行不悖，是由于1905年未设邮县在1910年设邮，大量未设邮县升为邮政低等级县，使大部分字缺的设邮县数量向邮政低等级县聚集，同时调节了各邮政等级中各字缺的比例。

表12 晚清湖南邮政各缺分在各级县数量

年份	一级		二级		三级		四级		未设邮		总数
	1905	1910	1905	1910	1905	1910	1905	1910	1905	1910	
最要缺	1	2	2	1	0	0	2	4	3	1	8
要缺	2	2	5	7	0	2	11	13	6	0	24
中缺	0	0	2	0	0	2	4	8	4	0	10
简缺	0	0	0	1	1	3	11	23	20	5	32
合计	3	4	9	9	1	7	28	48	33	6	74

如表12所示，最要缺同四字缺相比，1905年增加四级县2个、未设邮县3个，1910年增加四级县4个、未设邮县1个；要缺同三字缺相比，1905年增加二级县1个、四级县1个、未设邮县3个，1910年增加二级县2个、四级县3个；中缺同二字缺相比，1905年减少二级县1个、四级县2个、未设邮县4个，1910年减少二级县1个、四级县5个、未设邮县1个；简缺同一字缺、无字缺之和相比，1905年减少四级县1个、未设邮县2个，1910年减少二级县1个、四级县2个。

由于有升格县的存在，各缺分的邮政等级与各字缺的邮政等级并未完全对应，两者的出入主要集中在邮政低等级地区，邮政核心区的出入相对较小。缺分的升格对邮政等级没有影响，1905年一半以上的升格县未设邮；1910年虽然大部分升格县都已设邮，但主要为四级县，仅有的两个二级县都为要缺而非最要缺，繁缺的邮政等级并不一定高。整体上，缺分越高者其邮政等级相对越高，为邮政核心区的概率越高；邮政等级越高占其数量最多的缺分相对越高，各缺分与邮政等级间基本成正相关的特点仍能成立。

六　结语

传统邮驿与近代邮政的发展同政区分等间不存在直接的关联，但这并不妨碍我们借助政区分等考察不同地区在国家治理中的地位，及其与邮政空间分布的关系。"冲繁疲难"的政区分等制度是清代将地方信息标准化、指标化后的选官制度，官员的简任同地方的情况相适配，其升迁同任职地缺分的繁简存在关联，各地缺分长期相对稳定，故能反映各地在国家治理中的地位。而政区分等中的标准化处理树立了一个参照系，更有利于探讨不同地区、不同因素对晚清湖南邮政空间的影响。

晚清邮政处于传统邮驿向近代邮政过渡的阶段，两种制度并存，故可以直观地比较两种邮政模式的空间发展特点。作为国家治理体系中传递信息的重要一环，二者在湖南各地的发展整体上都同当地在国家治理中的地位呈正相关，缺分越高的地区邮政发展相对越好。缺分升格是清代国家针对部分地区的特殊制度安排，通过调配干练官员，提高当地治理水平。湘西地区虽为少数民族聚集区，存在一定数量的升格，但这种特例并未传导至邮政发展上，升格地区的邮政仍按照其正常的等第对应的缺分进行发展。

邮政的发展对交通有极大的依赖性，传统邮驿与近代邮政都重视对交通节点的控制，但两者的空间分布存在差异。与近代邮政相比，驿站的分布地区少，主要沿驿路分布。传统邮驿不仅是官方信息、物资的传递运输机关，还承担往来官员的食宿，清廷为维持驿站的运转几乎不计成本，即便在道路艰难的湘西地区也备有大量驿马，仅湖南一省一年的邮驿开支就有约14万两。① 由于驿站运行所费浩繁，清廷难以大规模地建设驿站，只能将其有限的资源投放到相对重要的地区。同时，驿站产生的开支完全由当地赋税承担，使得财政状况较差的地区难以维持驿站运营，在这些地区和国家治理中较为边缘的地区均少有驿站分布。

大清邮政是仿照近代国家建立的机构，由海关税务司引入中国并进行管理，保证官方信息的传达畅通是其应有之义，此外收回被民间和"客邮"侵占的国家邮政权利，② 服务民众，同时逐步取代传统邮驿，节省开支并获利补贴财政，③ 也是其发展的目的。故大清邮政虽是国家机构，但其运营更像是一家企业。为与民信局、"客邮"竞争，大清邮政必然要深入基层，其在湘发展的初期阶段数量虽少于驿站，但分布范围更加广泛。及至1910年，大清邮政已经基本完成对全省所有府县的覆盖。清廷在财政及人事上给予

---

① 昆冈等纂《钦定大清会典事例》卷685，光绪二十五年石印本影印版。
② 吴昱：《从"置邮传命"到"裕国便民"——晚清邮驿与邮政制度转型研究》，第145页。
③ 帛黎：《大清邮政光绪三十年事务通报总论》（光绪三十一年四月二十二日），《中国邮政事务总论》（上），第2页。

邮政较大的政策支持，由于大清邮政的运营资金由海关直接拨付，并不依赖地方税收，因此地方财政是否充裕不是大清邮政扩张中的控制性因素。大清邮政作为具有企业性质的机构，盈利是其必然要求，尽管可以采用与民信局合作的方式进行扩张，以便减少运营成本，但无论哪种扩张方式都少不了一定的投资。湖南人素来保守，对带有西方色彩的事物并不友好，1896年后发生的多起教案均对邮政发展有所冲击，因此保证邮政的投资安全格外重要，故在扩张中邮政更加重视地区的治安状况。基于此，大清邮政更加倾向于在治安相对良好、地方治理相对容易的地区进行扩张。

传统邮驿空间与近代邮政空间的不同，折射的是两者之间发展逻辑的不同。传统邮驿长期依靠国家的单向经济投入，没有回报，未形成可持续的正向循环，故邮驿的发展是国家的财政负担，兼之国家仅需邮驿给国家治理带来政治效益，故邮驿只在局部重要的地区发展。相较之下，国家虽然同样重视近代邮政为国家治理带来的政治效益，但亦对邮政的经济效益提出要求，为完成双重的任务，近代邮政不仅服务于官府，还要面向民间。在经济上，国家对近代邮政的投入获得了回报，形成正向循环，这支撑了近代邮政的发展，也为其发展提供了动力。

（杨洵奕，复旦大学历史地理研究中心博士研究生）

讲座实录

中国近代史研究经验谈*

朱荫贵

付海晏和严鹏老师希望我跟大家做一个近距离的自由交流,我先简单地讲一讲,再看看大家在学习中有什么困惑,我尽我所知给大家解答。我想先把学生时期和刚刚参加工作的时候,我所接触到的一些老一辈学者,他们传授给我的经验,以及这么多年我自己在研究过程中觉得比较有用的东西给大家介绍一下。

我想提到的是中国经济史学界的老前辈,也是权威人士——严中平先生。我进中国社会科学院经济研究所工作的时候,严中平先生给硕士研究生开设了一门课程,后来他的讲稿出了一本书,名叫《科学研究方法十讲》。① 大家有兴趣的话可以去图书馆找来看一看,书中包括如何选题、如何查资料、写作论文时需要注意的地方以及严先生写作的体会等。其中我印象最深也是体会最深的,后来我作为老师也给学生多次讲过的就是"破四就,立四新"。北大历史系毕业后,我被系里推荐到中国社会科学院经济研究所工作,社科院在做学问的方法上对我影响很大。当时严先生经常教育新入门的研究人员,"板凳要坐十年冷,文章不写一句空",并要求我五年内不要写文章,先安安心心阅读史料,把基础打牢。我在后来的写作和教学中体会最深的是严先生经常提到的写文章要"破三就,立三新"。后来在研究过程中逐步完善,进一步发展为"破四就,立四新"。这个"就"不

---

* 本文根据朱荫贵教授在华中师范大学历史文化学院(2015年9月22日)座谈会的发言整理。
① 严中平:《科学研究方法十讲》,人民出版社,1986年。

是"新旧"的"旧",是"就是什么东西"的"就"。

什么叫作"破四就,立四新"呢?这里简单介绍一下。

首先介绍"破四就"。第一,我们现在在座的各位同学,虽然大家不一定做经济史,但道理是相通的,你是做经济史的,但是你不能仅仅就经济史讲经济史,就是不能就经济谈经济,因为历史的各个方面是相互联系的,你需要放宽视野,需要对你研究时间段经济以外的政治、外交、文化等领域至少有一定的了解。同理,如果你研究的是文化史,你也不能仅仅就文化谈文化;你研究的是外交,也不能仅仅就外交谈外交,同样要对与外交相互影响的一些东西进行研究。第二,不能就事论事,不能只就这个问题谈这个问题,比如说谈近代的轮船航运,那你不能就轮船航运谈轮船航运,除了要谈轮船航运外,还要对这个时期贸易、交通如铁路等方面的状况有一定的了解。第三,不能就近代谈近代,研究近代史的要对古代、现代都有了解,历史是连续的而不是割裂的,它的前面是什么样子,后面是什么样子,弄清楚整个历史的来龙去脉才能做到心中有数,对于研究的问题在历史上的位置也有更宏观的认识,这样才能发现问题;同理,也不能就古代谈古代,就现代谈现代。第四,不能就中国谈中国,这个难度就更高了,比如在研究中国近代经济史时也要了解外国近代经济史或者世界经济史。如果给自己设立高一点的目标,虽然难度大,受到多种条件的限制,即使最后没有达到最高目标,努力后达到最高下面一点的目标也可以,但是如果你连标准都不给自己设立,不给自己压力,那么很有可能就是下等,也很有可能随波逐流。所以这就是"破四就"。

其次是"立四新"。每位同学都会碰到这样的问题,现在我们常常写论文的时候会有要求,期刊编辑在审核论文的时候也会说,这篇文章没有新意。假如一篇论文被评判说没有新意,那么这篇文章基本上就被否定了。那么什么是新意呢?这里说的新意就是包含"四新"的东西。所谓"立四新"是指:第一,要发掘新资料。所谓"发掘新资料"指的是你在档案馆、期刊报纸、书信、日记或者其他地方找到新的资料。研究问题时如果能运用这些前人未曾使用的新资料,再结合前人用过的资料,你就可以在前人研究成果的基础上有新的思考。第二,有了新的资料,在新资料和前人研究的基础上提出新的问题,这个问题可能在你现有的能力范围内还无法提出答案来,但是你提出来了,这也是一个新意,也是一个推动。第三,应用新方法，比如运用中外对比、社会学、经济学、量化等研究方法，如果你运用了这些新方法，那么这个文章，你又赋予了它一个新意。第四，得出新结论，在前三新的基础上得出了新的结论，对原有的研究有了一个新的推进。

这就是"破四就，立四新"。不管是硕士学位论文、博士学位论文，还是投稿发表的专题论文，一篇文章里能做到"破四就，立四新"，实乃少见，但是如果你做不到，你可以把它作为终生追求的目标。如果你在这个领域，要做老师，做研究者，做学者，在你写的任何一个问题中自觉地让自己的思想追求中有这么一个轮廓：我研究这个问题，能不能找到新的资料，能不能运用新的研究方法，或者提出新的问题，得出新的结论。不断地用"破四就，立四新"的标准定在这个地方，自觉地不自觉地形成这样一个本能，拿着这个标杆衡量自己的文章，养成良好论文写作习惯，会无意识中形成压力和动力。如果说在这个过程中，一下子达不到四新，三新行不行？三新也还做不到，两新行不行？两新也不行，那就一新，至少有个新资料，或者提出一个新问题。如果你一新也没有，那我劝你再思考，或者再钻研一下。有时候一些期刊会让我帮忙审核稿子，如《历史研究》《近代史研究》《中国经济史研究》等。他们发过来的稿子，都是编辑部大体上觉得还有点新东西的，或者觉得有些吃不准的地方。但一旦我用"破四就，立四新"这个标杆量一量，很多都不合格。

如果大家有兴趣，可以看一下20世纪80年代召开的七八次全国洋务运动研讨会，所发表的几千篇文章，都是讲洋务运动的，但是现在回过头来看这些文章，有质量的有新意的文章占少数，相当部分看没有什么价值，不是说现在没有什么价值，而是在当时看就没有多少价值。当时许多学者、老师因为要开个什么会，那里的风景很优美，顺便可以旅游，为了要去那个地方，得交一篇文章，就赶紧凑一篇，把前人已经有的，或者这个文章取个头，那篇文章取个尾，找点语言把它连起来，把七拼八凑写出来的文章当作出去考察、旅游的入场券。当时改革开放不久，许多学术活动还在恢复当中，情有可原。1988年台北中研院近代史研究所举办的"清季自强运动研讨会"，其中有一篇吴安家的《中国大陆历史学者对洋务运动的评价》，它把大陆学者有关洋务运动的文章做了分类和批判，指出了国内学术界的许多弊端，基本上否定了大陆学者这几次研讨会上文章的资料、论点等,观点很尖锐但确实在理,你很难反驳他所指出的问题。

我讲这些的意思是,时代发展到今天,我们大家在座的都是年轻人,应该趁着年轻的时候,在学习阶段给自己树立一个高一点的目标,力争自己写出来的东西,不敢说成为历史长河中最终留下来的东西,我也不敢说我写的东西能留下来多少,过个十年二十年三十年,随着时代的进步,研究的深入,也有可能很多是错误的或者被淘汰掉,但是它管的时间长一点,这样的文章、著作能给多一些人带来启发,不一定要很多,但你要是能够留下来一点儿,那么你也不枉来世界走一遭了,别人称呼你一声老师,对吧?我是这么看的。虽然我和大家是刚刚见面,但既然付老师也说了,要和大家坦率地交流,我也就很坦率地把我的体会给大家说一说。

还可以介绍的是,作为研究者,在研读这些著作和文章的时候,要带着问题。首先要能够提出问题,在读资料的时候大家往往存在这样的困惑:我看见同样一个问题,有两三位学者都写得很好,花团锦簇,但是观点是相悖的,两位的观点不一致,到底哪位学者的观点是对的?或者你觉得这位说的很有道理,那位说的也很有道理,但是自己能不能提出第三个看法呢?或者是你看到人家说得很有道理后,你去想他用的是什么资料,同时还要核对一下,对于作者用的资料,尽可能找原文、原资料进行核对,因为要注意,有的人虽然在文中注明了作者和使用的资料,他的有些观点看起来言之凿凿,但可能在核对其引用的原资料时发现原资料的观点与作者的观点相反,这种现象也时常发生。

我在经济所工作的时候遇到一位先生,他60年代写过一篇有关一条史料校勘的文章,后来得罪了一帮人。很多研究中国资本主义萌芽的学者,均引用同一条史料来说明中国明朝中后期出现资本主义萌芽。这个学者就下决心找了十几个版本关于这条史料的出处,然后整合二十几位的引用情况,发现很多人都漏掉了原资料的关键词,另外有的人是意思理解出现错误,二十几位里面有十几位是名家,最后他得出结论,他们都引用错误。他当时还不出名,结果他的文章一发表,一下子就火了。这篇文章出来以后,严中平先生很生气。他当时是副所长也是研究室的主任,他说,你发这篇文章,为什么不通过我,让我看一看呢?你这下闯大祸了,那么多人,你毫不留情面,这个也有错误,那个也有漏字,那个上下段落弄得不对,还有是版本错误,本来他的引用没有错误,但是资料的印刷版本是错的,这样算下来，研究者不严谨、不全面等毛病都给指出来了。后来这位学者当了室主任，他说他在这个事情以后消沉了一段，受打击了，他在想自己当时做得对还是不对。最终这件事情还是对他有一定的影响。

我说这个是想告诉大家，作者在书里或者文章里引用了资料，看起来似乎言之凿凿，确证不疑，可是真正追究起来，可能有问题，还有一些资料是孤证——孤证就是资料只引用了一条。关于资料我还想到一点。比如说，关于近代中国的农村，学术界存在各种观点，有学者认为农民陷入破产半破产或者农村陷入越来越贫穷败落的境地，也有学者认为无论从农民的粮食消费量、肉食消费量，还是副业现金收入来看，近代中国农民的生活水平有所提高，虽然提高得不是很明显。这就是两种完全不一样的看法，而且就在2000年前后，社科院的两位学者打起了笔墨官司，在《近代史研究》《中国经济史研究》上有四篇文章针锋相对，一个说你根本是胡乱引用资料得出这样的结论，你根本没有读懂，你引用这个资料根本就是很偏激的。实际上近代中国农民的生活水平是上升还是下降，都能找到支撑这两种观点的史料，但是近代中国农民的生活水平总体上是提高还是下降，并不能轻易地得出结论，还要考虑到年代、地区、自然灾害、战争、瘟疫等因素，而且需要一些长时段的统计数据，所以下结论的时候要小心。

提出问题是为了解决问题，解决问题就需要对前人的研究进行梳理，例如我们写论文时，论文的前面都要求有绪论，包括选题缘由、前人研究。前人研究就是对前人的研究进行梳理，还有本文所用的主要资料、框架结构等，要有这样一个要求，虽然这是程式化的要求，但是很有必要。从前人研究可以看出你是否对前人有关某问题的研究资料或文献进行过大致的梳理，如果你没有列出来，那是不行的。还有的同学在绪论里列出来前人的研究成果，但仅仅列出篇目，像目录似的列了十几篇到二十篇，这种写法是不对的，并没有对前人研究中的主要观点进行思考、归纳和分类。分析前人研究的时候可以把前人文章里的主要观点，你认为哪些说到、哪些没有说到、哪些还存在问题进行分门别类的整理，而不只是列一些篇目在那里，这是很容易出现的一个弱点。

最后就是结论。结论很重要，不管是博士学位论文还是硕士学位论文，很多同学前面的文章写得很好，一个20万字的博士学位论文到了最后结语部分只有一页或者两页，很简单，而且给人一种草草收尾的感觉，没有对前面的问题举一反三,将问题抽象出来、提炼出来,站在更高的地方进行分析。结语写得很好不是件容易的事情,更重要的是,文章是否通过前面的研究来说明一个道理。所以我后来常常跟同学提出一个要求,我说,你写这个文章,不管是一篇专题论文、硕士学位论文,还是博士学位论文,你能否用一句话总结你这篇文章写的是什么,总结这篇文章的核心。大家也要注意,你们也可以试一试,不说你们自己的文章,你们就看你们认为写得好的专著,看你们认为写得好的论文,它的核心是不是可以用一句话概括,往往写得好的令人印象深刻的专著或论文的核心都能用一句话概括,例如马克思的《资本论》用一句话概括就是剩余价值的产生是什么,整本书都是围绕这个主题展开的。亚当·斯密的《国民财富的性质和原因的研究》用一句话概况就是,市场是推动经济发展的动力,他就是围绕这一句话展开论述。其他的大家可以去看看,那些备受好评的论文和专著,论点鲜明、逻辑严密,论述都是层层推进的。我就简单介绍这么多,谢谢大家。

(朱荫贵,复旦大学历史系教授)

中国史学如何"走出去"*

王晴佳

付海晏：王晴佳老师是英国《中国的历史研究》（*Chinese Studies in History*）的主编，该杂志创立于1968年，已经被A&HCI收录。目前，我们学校也有一个纯英文的杂志《外国文学研究》（*Foreign Literature Studies*），非常的不容易。王老师这几年主编国外的杂志，对于国内的学术研究也非常了解，所以我们特地举办这样一个开放式的座谈，请王老师讲一个小时，先介绍一下他主编的这个杂志，再谈谈对中国史学发展的建议。

王晴佳：对于这个主题"中国史学如何'走出去'"，我想刘迅老师也有很多体会和经验，这确实也是我们的任务。我和《文史哲》杂志有很多交往，从2014年起，他们在海外发行《文史哲》英文版 *Journal of Chinese Humanities*（《中国人文研究》，简称 *JOCH*）。王笛、原祖杰有一个 *Frontiers of History in China*（《中国历史学前沿》，简称 *FHC*），一年两期，我也是他们的编委。前几年，我们在上海开过一个国际史学会议，请了一些史学名家，有一位在场的学者就说到这个事情。我们都在说西方人认为关于历史传统，中国之于西方是比较独特的，那同时在中国和西方两大传统中，中国学生还是不能和西方比的，西方有一种特殊的意识——historical mentality，使他们更加特殊。中国的历史学，特别多的是为政治服务的。有些概括我们也同意，有一个法国汉学家说，中国以前的传统史学，他只看正史的这

---

* 本文根据王晴佳教授在华中师范大学逸夫国际会议中心二楼会议室座谈会（2016年6月3日）与其他教授的发言整理。

一部分,官吏写的是为官吏写的,written for the officials。我们要反驳的话,就说我们中国历来有这个私家著史的传统,不单有正史,而他们只看到了正史。当然我们谈到这个问题,是因为当时有一个与会人谈到,西方人不看我们的史书,对我们有偏见,我们应该把中国史全部翻译成英文给他们看。我们当场没说,但是我在心里面想,你翻译了他们也是不看的,一个是翻译质量问题,另一个是传统文化之间的差异。我想今天是座谈,咱们随意一些,你们应该有不少来这里致力于研究中国问题的留学生,我希望你们对他们好一点,他们确实是西方人里的异类。但是西方的这种异类和中国新文化的很大不同就是,中国人喜欢同质的,趋同性比较强,中国现在不流行Coach,流行LV,每个人都要搞一个LV。但是西方人和中国人不一样,西方人往往想求新,想要不一样的,甚至择偶的时候也不一样。西方确实有一批人,他们非常喜欢中国,但这是非常少的,100个人里面只有一两个。另外,中国趋同的一个现象可能也与父母有关。我们原来考大学的时候,父母就会说你学历史干吗,学文科干吗,就让我们去学数理化。西方的家长就很不同,比较开通,你要是喜欢那你就去学。西方人压力也很大,文科很难找工作,这是很大的一个通病,欧洲和美国都一样,当然美国要稍微好找一点,欧洲很困难。你们不要感觉有些汉学家对中国文化的赞扬是西方人对中国文化的一般看法。我有很多同学,现在都退休了,之前当院长的时候,开国际会议,让我帮他们介绍几个国外的学者,他们就认为我们中国开会,我们请你们,你们就一定会来,还有一种"中华中心论"的想法。我们一方面有这种中心的心态,但是另一方面我们又承认西方霸权的存在,这一点我们感觉可能需要重视,包括了解西方怎么看待我们的文明。我感觉我们的历史教育比较单一,很多汉学家也同意,但是要真的去问他们,他们会有很多新的不同的看法。

我办这个杂志,当时一个美国公司出版的有哲学、社会学、人类学一个杂志,历史学一个杂志,文学一个杂志等,都是1968年开始办的,这时候西方有一批人对中国史产生浓厚兴趣。中国当时差不多是在"文化大革命",他们的宗旨就是把中国人写的有关中国的一些事情,用英文出版。很多人评职称都需要期刊文章,他们就把稿件翻译成英文,然后发给我们杂志。我看着这些稿件感到这些作者都很累,其实我们杂志上很多文章都是我找人翻译的,而且费用都是我们出的,所以你们如果有好文章,可以直接以中文发给我。

付海晏： 我插一句，刚刚在来之前，王老师跟我说让我帮忙问一个人是不是我们这里的老师，结果一问发现是我们这里 2011 年毕业的一个博士生。他在国内普通刊物上发表了一篇文章，然后找人把文章翻译成英文，最后发在王老师这个杂志上，证明我们这里培养的研究生，质量还是不错的。谢谢王老师，希望后面多发表一点。

王晴佳： 对，他现在好像在西北农林科技大学。其实我这个杂志每期有一个专辑，我比较喜欢的几篇文章，有时候观点不太一样，我就再找几篇放在一起，一起出。现在我们杂志还有所扩大，本来篇幅是 4 万字，现在扩大到 5 万字，一般来说可以发个 15 篇左右，但是我认为 A&HCI 本身也是个神话，它是 20 世纪八九十年代才有的，我也没有查过，那时候看到的英文杂志，他们都放进去。我们杂志 1968 年就有了，当然我不是贬低我们杂志，而是现在要去评 A&HCI 的话确实非常困难。我在路上也在和付老师说这个事情，中国的文化有时候可以托人情啊什么的，就是托人情进来也是比较困难的。我知道原祖杰和王笛的刊物 FHC 为了进 A&HCI 已经拼了很多年，他们刊物的执行编辑丁海燕我也接触过很多次。本来他们那个杂志是把中国学者的东西翻译成英文，但他们为了拼这个 A&HCI，甚至连宗旨都改了，要求发原稿，我认为这样力量反而变小了。他们现在找了不少外国学者，发的文章有点变成一般的中国历史研究的刊物，反而特色没有了，但是现在拼了好多年都没有搞到 A&HCI。其实一个杂志的好坏往往是看退稿率，高级杂志的退稿率是 90% 以上，非常高的。另一个就是专业率。这个也涉及我刚刚说的怎么"走出去"的问题。丁海燕来找我的时候，我问他你们刊物文章是谁翻译的。我是从 2008 年才接手办这个杂志的，在我之前是李又宁老师。她是做中国近代史、中国妇女史的，现在还在美国，还没退休，不过年纪也蛮大的。在我之前，她办这个杂志已经很多年，到后来就越来越辛苦了。因为现在杂志有一个版权问题，我发你的文章还要跟你或者跟你的杂志联系，要发表的话需要杂志给我一个英文授权。她年岁比较高，要联系中国这边，还要查地址也不那么容易。在 2008 年之前有 3 年，她办这个杂志基本上都是在讲胡适，所以公司可能觉得她这个主题太狭隘了（当然这个是我自己随便说说）。我接手以后确实扩大了主题，把中国关于世界史的研究成果也做了几次专题，如去年做的"中世纪史的研究",接下来我要做"文艺复兴的研究",所以我取的题目叫作"中国的历史学"。以我个人经验来说的话,语言是另一个问题,出版社说你需要译者的话也可以找我。我的第一想法是找像我这样在美国教书的中国学者来翻译,我也比较省力,中文理解没有问题,英文表达有文字编辑可以处理,不过后来我发现文字编辑的抱怨非常多。这一点对我们在座的也是一样的,我们都学了很多年英文,我很多朋友在美国教书也很多年了,但英文的程度仍是不够的,我也不好意思说他们都在美国教书十年以上了,所以你们别以为在美国教书,很多人英文就很好,这是不一样的,在美国教书的历史系教授的英文经常会被一个出版社的英语专业硕士改得一塌糊涂,所以中文和英文的程度是不一样的。坦白说中文是一种比较松散的语言,我的文字写完了就可以马上发表,不过你让我改改再出版我也可以再改改,但是英文就一定要修改后才能发表。我现在确实也希望别人帮忙改改,我们现在换了一个英国公司,编辑比较年轻,我每期要写一个导言,希望他能多改一点,他还不太愿意改非常多,我感觉这不好,这就是英文很大的不同。后来我就不找华裔学者做翻译了。我现在的翻译一个是美国人一个是英国人,他们中文水平不错,我试过他们,我有一期是做明史的,让他们翻译,他们也确实做得不错,中文的现代语言他们更没有问题。这一点就是因为他们的英文水平非常好,其实他们也不是博士,只是硕士而已,到中国受过训,英语是他们的第一语言,所以这一点是不能忽视的。我现在在帮忙校对《史学理论研究》的英文目录和摘要,其实相当于是我在重新帮他们翻译一遍。我自己现在编《中国的历史学》杂志,所以也订了一些中国比较重要的杂志,如《中国史研究》《历史研究》《世界历史》等。《世界历史》代表着中国世界史研究的最高水平,但是它的英文目录,坦白说不敢恭维,有很多语法错误,用词不当的地方也非常多。我的建议是你们如果想办这种杂志,最好还是找一个留学生,帮你们校对一遍,绝对不要相信一个外语系的老师。十年前中国刚刚开始有高速公路,我看到高速公路上的英文标志,对于这种翻法我都觉得 ridiculous。让一个美国中学生来都可以翻得很好。我有一次参加一个国际会议,具体忘了在中国什么地方了,在一个五星级宾馆,宾馆里面有很多告示牌,我看到很多英文错误,我有个日本朋友也在那儿开会,也看到很多日文错误,我们那天晚上喝酒的时候就帮他们改。其实,有很多俗语,很多大学生都可以改得很好,但是很多外语系的老师改不了。他的语言是从书本上来的，没有语感。比方说，保持车距我就看到很多错误，keep space，space 空间它是不动的，应该是 keep distance。为什么我们中国人要对我们的文化有清醒的认识，我们学了这么多年英文，自以为英文很好，其实我们的英文不行，为什么不行呢？我们不去交流，我们不和别人聊，我们有点自大，以为自己看得懂就行了，其实很多地方并没有看懂。我们中国人的英文学习更像是背字典似的，这有好处，可以很快理解，但是也会犯很多的错误。所以我说很简单，不用花很多钱，找一个留学生就可以很快校对一遍了。台湾的很多刊物就做得很好，如史语所集刊、近史所集刊等。他们那里有很多留学生，就让他们当做兼职一样翻译，他们翻译得就非常地道。还有一个办法，他们就在作者旁边，可以直接找作者问，知道作者想说什么，再找到最合适的词翻译。翻译的话，傅雷先生就说过一句名言：巴尔扎克如果是中国人，他会用这句话来表达。这是翻译的最高境界，但是我们中国人对英语难度的认识还不够。说到英语，我们交流的时候就是"请进来"。你们别认为西方学者对你彬彬有礼，就觉得怎么怎么样，就像我们中国人遇到一个外国人，讲几句话就可以知道你的语言程度大概怎么样，很多话他就不会和你讲，讲多了你也听不懂。我看到很多中国学者在国际会议上和外国学者交流就遇到这样的问题，也发现很多外国学者不喜欢用中文交流，是因为他们认为自己中文水平有限，很多东西不能完全表达，所以他们还是喜欢用英文演讲。这是一个比较重要的问题——语言问题。

刘迅：谢谢王老师精彩的演讲。其实对于中国史学如何"走出去"，我不像王老师有做学刊编辑的经验，我看到这个题目的时候也想到了几个问题，我把我的疑问拿出来，同大家一起探讨一下。中国史学如何定义，是指在中国做的历史研究吗？好像您的谈话中提到的有中国边疆的研究、欧洲中古史的研究、中国历史传统文化遗产的研究等。我觉得这个内容十分宽泛。我们今天这个题目是"中国史学如何'走出去'"，这似乎反映了一种焦虑。我在想我们为什么首先提出中国史学要"走出去"？我们现如今高铁"走出去"，有接轨的意思，那么"走出去"是走到哪里去？其实历史研究除了中国有，其他地方也有，为什么我们现在提出我们的史学要"走出去"？这个史学的面还包括得很广，对欧洲史的研究、对拉丁史的研究、对非洲史的研究、对整个南亚史的研究等，我要问的是我们有多少东西可以拿得出去。我们有多少历史学的研究成果可以拿出来。在我的印象中我们要"走出去"，要像高铁一样有自己的绝活。是方法方面还是史学视野方面？我现在看到的一些焦虑似乎是国家层面的，我们国家好像觉得我们有最大最久远的文化背景，需要有这样的中国特色。那么是什么样的史学特色呢？我现在还看不明白。现在进行中国史研究的，不光是中国人，还有外国人。按国际来算，我和王老师算是两边都在做的，那要怎么算呢，是中国史学还是美国史学？我自己有时候想想也觉得很难界定。我们现在已经不是在一个孤立的环境下做研究了。进入20世纪以后，我们都不同程度地受到了西方的影响。我提出一个质疑，我们现在如何定义中国史学，它有什么独特的地方，有多少是从其他地方拿来借鉴的？西方世界对我们了解不多是一个现实的问题，对中国史学界、对中国社会学界的研究也是一样。那怎么来改变这种现状呢？一个是学刊方面，主要是国家推动。我提出的问题是有多少人在读。刚才我们讲的几个领域，比如说欧洲学的领域，做欧洲史、美国史、全球史的同行也许会看，但是做中国史或者东亚史的学者会不会去看呢，有没有这个必要呢？因为他们很多人都可以直接接触到我们的史学刊物，比如说《清史研究》之类的。国家的计划不是说不好，我的意思是这种焦虑反映的是国家的愿望还是学界的愿望，还是二者结合的结果。我还要提出的是我们有什么东西可以"拿出去"，或者说我们是不是已经"在外面"了，为什么还要"走出去"。我觉得现实是很多中国史学已经"在外面"了，我举个例子。在宗教社会史研究领域，香港中文大学有一个刊物《道教历史研究》，这个杂志是我看着慢慢办起来的。我们想把道教研究和道教社会史、文化史、宗教史研究弄得活泛一些，更国际化一些，就把日本、欧洲、中国内地和香港地区的研究成果放在一个平台上，同时把人文的包括历史学传统、历史学和人类学方法、田野和资料档案研究充分结合起来，推动研究。这个杂志从2010年开始，到现在已经做了十几期，对我们的专业，不光是道教史、中国宗教史，甚至中国近代史研究都产生了影响。我觉得没有国家背景的话，我们是一个学术社区，这种草根性质的发展反而很自然。或许我们可以采取国家和学术界一起主导，通过学刊的方式，向全世界其他地区的学者介绍中国学者的眼光、见识、新的手法方法、新的田野发现。那么采取这样一个学术共同体的方式来做是不是更好一些？我就提出这一点。

王晴佳：其实有一点蛮重要，不管是用什么语言，我一直感觉，在苏联时期，俄罗斯的一些论著，西方还是重视的。这里面有意识形态的原因，但我觉得更多的是规范问题。到现在为止，大陆学者在这方面还有很多的不足，台湾学者写文章就很注意规范问题。比如对文献的回顾，关于20世纪道教研究的文章，我看了之后就比较放心，感觉已经搜索过了，学术的基本脉络已经讲出来了。但是我看同样的大陆学者的文章，有时候就不太放心，因为他们基本不引英文的东西。其实台湾学者的外文也不一定好，但是他们会在写作的过程中请教别人，即使不是全懂，也会都放进去。这个就是西方人比较重视的地方，认为这样才是规范的。现在坦白说，中国大陆的一些学者尤其是名家，他们不引其他人的东西，这是一个问题。我以前推荐过北京大学出版社出版的《脚注趣史》，这本书对西方学术的转化谈得蛮好，同时也谈到了注释的来历。为什么要注释呢？注释本身是一个研究成果，注释做得不好的话，别人对你的研究成果就不放心。在对学术没有兴趣的情况下，文章内容看了以后，注释如果太长，就会失掉兴趣，这也是注释的一个规范。包括《历史研究》发表的很多文章把很多注释堆上去，本身史料放在下面，辅料放在上面。中国学者可能有很多自卑感，感觉民国很多学者的通信文章就很好，所以大段大段地直接放上去，其实这样是很不规范的，很多东西应该放在注里面。那么注应该放在哪里呢？注一方面是放史料来证明你所说的，有时候需要引但是不要大段大段地引；另一方面，也要照顾别人的成果。这个东西我们规范以后就会好很多。在美国，如果不引用别人的东西，你的文章会很难发表。如果你现在写一篇关于中国道教的文章，你看了刘老师的东西又不引用，在你投稿的时候，编辑就有可能把你的东西拿给刘老师看了。在美国有一个很好的引用方法叫 cf.，中文叫"参见"。你"参见"某某某的文章，并不是我同意它，只是承认你也做过这个研究，但是我写的文章和你的内容相似，这就说明你的文章有不足的地方。大家要注意，我感觉学问规则的建立要非常注意。除了《美国历史评论》杂志外，其他很多杂志也都有字数限制，你不能以字数限制为借口。不过现在中国的进步已经很明显了。比如当你写"有关顾颉刚的研究近二十年来不多"，像我们这种受过专业训练的人都知道一定要在这儿加一个注，你说不多，证据在哪儿。我一看两本书十五篇文章都有，那又是怎么下的断语呢。还有一点，做人也很重要，要公平地对待别人的成果，才能站在其他人的肩膀上往上走，这也是一种规范。这在西方做得非常好。我去年写过一篇文章《从"域外"看朱维铮》，朱维铮先生最早的一本书《走出中世纪》是1987年出版的，出版后不久就被翻译成英文。这本书有其自身的背景，当时国际学界对其做了评论，还写了书评，来自一个美国学者和一个英国学者。现在从数据库看书评很容易，我这次写文章就把那两篇书评看了一遍，两篇文章都说了这本书的贡献，这就是一种公平心。这本书肯定是有贡献的，他的贡献就在于能够表现"文革"时期一批历史学家自学的一种心境，他们认为这是最大的贡献，能够了解中国学术界的变化。但是它同时在学术上又有很多缺陷。朱先生有一篇文章是讲明清时期耶稣会士来华，比如利玛窦等。1987年时，日文著作也不多，而关于这个耶稣会士西方有很多研究成果。朱先生用的资料非常老，所以西方在这方面说的也很客气：如果中国语言方面可以提高的话，变化还是会非常大的。北大的中世纪史研究、世界史研究和其他地方的世界史研究已经提高得非常快了。像20世纪80年代和90年代时，英语好就可以做法国史、德国史等。现在做日本史基本就全是日文资料，做法国史就全是法语资料，这也是一种变化。现在数据库的应用，实际上使你的起点和西方学者的起点是一样的。现在中国的财力是可以达到的，如果你语言可以的话，申请一个什么基金就可以去查资料；如果语言不行，再多的钱也没用。西方学者也是一样，如果语言不好的话，这个东西也是不能做的。我以前想写一篇短文，关于陈寅恪先生的悖论现象。我们对陈寅恪先生非常尊重，其实这种尊重有点过了，特别他对于多种语言的驾驭。其实陈寅恪先生当年在欧洲大学读完本科时，拉丁文和希腊文是必学的，大学读完后修德文、法文都是很正常的。再看看辜鸿铭，辜鸿铭也是这样，这都是基本的训练，有些外语的学习甚至从高中就开始了。这种语言能力是当时的欧洲人和美国人都能获得的，这些要求是1928年哈佛大学改革之后才出现的。我并不是说陈寅恪先生语言不厉害，但其实他是到了哈佛大学跟随兰曼之后才开始学习梵文和巴利文的。他感觉自己研究唐代佛教必须学会梵文，对中亚文字的掌握是他的本事。我的短文讲的悖论现象，指的是我们一方面尊重陈先生，但另一方面我们又不学习陈先生。我特别要呼吁你们这一代青年人好好学习语言，当然也不是一定要学习外文，像我们研究中国史，甲骨文、金文能掌握好的话就是绝活。

梅莉：今天很谢谢刘老师和王老师。我们将如何"走出去"，现在更多的是一些国家的行为。现在一些英文刊物，定义中国史学，一般都是将中国的中国史研究学者的成果推向世界，让西方世界更多地了解中国。像我们学报三年前开始做英文刊，我也很困惑有没有什么标准来选择文章。我想刘老师和王老师说的特别重要，我们要有足够分量的成果才能和西方进行对话，我们现在能非常好地用英文做中国史研究的学者不多。找人翻译出来，就像王老师说的，是能看得懂，但是不能把文章精髓的东西介绍给别人。我们翻译都是请外语系老师，对于一些我们专业的名词他们不太懂，会闹出很多笑话，翻译出来也不一定看得懂。刘老师提的几个问题，我也很困惑，早期做得比较好的，如原祖杰做的《中国历史学前沿》，最初是社科院资助的，搞了历史学前沿和经济学前沿。原祖杰老师从美国回来，所以对这些都比较了解，但还是碰到了同样的问题，一个是文章的问题，再就是翻译的问题。做了这么多年，我也不知道效果怎么样。我一直想问刘老师和王老师，因为你们对于中国和美国都比较了解，要做中国史研究，你们从哪些途径接触已有的学术成果，这样漫无目的地"丢出去"又能产生多少影响？

王晴佳：主要是丢不出去。刊物的发行量很小，现在美国大学都削减经费，基本上都没人订，你放在他们的数据库是可以的。但坦白说这很困难，都是浪费钱，再者这样做也是不对的。《近代史研究》是我们国内一个很好的刊物，但是你知道它的英文刊名是什么吗，*Modern Chinese History Studies*，这个翻译很有问题。《世界历史》这个杂志最近也出了一个英文的刊物，刊名是 *World History Studies*。你要知道在英文里，study 和 studies 是有区别的，前者是一个领域，后者是许多论著，所以前者更好。坦白说英文也不是我的第一语言，遇到这种情况我也要向别人请教哪个更好一点，或者用一些约定俗成的语言。我认为如果做的话，有几件事可以做。首先是中国史研究的资助问题。这方面台湾做了一个"蒋经国基金会"，我还是这个基金会在北美的评委。大家知道西方学者找工作也很困难，做文科研究就需要很多资助，不是做田野调查，就是需要查档案资料什么的，到中国来，他们的影响非常之大。所以我们为什么不能有个 China Foundation 呢？当然，这个基金会找的评委必须客观一点。所以我说这方面是比较难的，一方面愿意成立这个基金会，另一方面又要把这个权力放出去一点，请一些海外学者来当评委。当然每年可以有一些重点支持的项目，但是不能干预太多。其次就是发行渠道。发行渠道就是可以放入哪个数据库，因为订阅费非常贵，而现在大家看纸制版的书又比较少。如果放到一些出名的数据库中，即使你的题目很怪，别人也会用，能够被搜索到。在美国有好几个期刊数据库，我有时候在网上看到说 SSCI、SCI，我们又是被糊弄了啊，这只是一个私立机构。其实这就是对西方的不了解，西方很多评定机构都是私立的，这是他们赚钱的方式，不要把他们看得那么高，他只是非常聪明，选了一批很好的杂志，是杂志帮了他们，而不是这个机构怎么样，这是他们的一种 idea。刘老师刚刚说到绝活，什么是绝活？语言就是绝活。大家都非常喜欢《叫魂：1768 年中国妖术大恐慌》这本书，可以把中英文版一起对照着看，特别是看看英文版中用了哪些中文史料，又是怎么翻译的，有没有什么错误。我们看一些喜欢的汉学家的东西，很多时候并不只是看他们用了什么史料，而是看他的视野，他们的视野特别不一样。这也是我的杂志上面为什么要做一些世界史的专题。哈佛大学的史华慈，当时我到美国没多久，他问我要学点什么东西，我说想学一点欧洲史，他马上就说你是应该学一点欧洲史，你们中国人应该对这有所了解。之后我在美国大学一直教欧洲文明史，后来没教了，我系里面的同事也说你应该教，你应该有不同的视野来讲解欧洲文明史的发展。他们就很强调这个。中国人研究西方历史，肯定是有不同的视野的，有一个学者就说过："过去是外国。"过去和我们现在是完全不一样的，我们不能把自己的想法强加在过去身上，但另一方面，还有相似的地方。中国人和外国人的视野是非常不同的，对于世界史的研究我们的视野是非常不同的，他们也会很感兴趣，这个也是我们可以"走出去"的一点，当然中西交流也是可以做的。

刘迅：我觉得学术规范的建立也是"走出去"很重要的一点。我印象中，国内人文方面的刊物，比较多的是原始的数据和年鉴，还有中国考古。我想这很自然地就有吸引力，不管是谁都会去看，因为它们有新的材料，也有一些新的理论。国内历史学刊物不知道大家看得多不多，据我所知，我们国内有些顶尖刊物在国外好像没有被作为一个重要的刊物来对待。相反，有些发在普通刊物上的文章还比较重要，主要还是看文章本身。我不知道从刊物的角度怎么来组织这些文章。我们的学术界好像单位化太强，缺乏交流，不相往来。

王晴佳：我来补充一下，我觉得中国历史研究做得最差的一点就是世界史和中国史缺乏交流。做世界史的不听中国史的讲座，做中国史的不听世界史的讲座，这样就没有办法接收到很多有启发性的东西。比如年鉴学派的第四代代表人物罗杰·夏蒂埃做了书籍史的研究，很多华裔学者就开始说明代也一样啊，印刷术之后考证学就兴起了，这就是受到了启发。当然西方和中国很不一样，也不是说我们要把它里面的范畴都抄过来，这是不对的，我们应该因地制宜。印刷史研究做得非常好的周启荣教授提出了一个非常大的问题：中国都认为从雕版印刷到活字印刷是一个进步，但是其实之后中国常用的还是雕版印刷，因此，西方认为中国在这方面是没有进步的，而西方很快就变成了活字印刷。周启荣用了社会学的方法来研究这个问题，指出明清人口膨胀，人们很穷，雕工好的人特别多，雕匠又很便宜，雕版漂亮，而活字呆板，此外，雕版也比活字更方便，因此，人们还是乐于用雕版。中国还有一个识字率的问题，这些都是可以研究的地方。西方只是做了他们的一部分，我们也可以做我们的部分，比方说有年鉴学派的人或者法国史的人来了，你不去听讲座，就错失了受启发的机会。所以我觉得史学"走出去"这一点也很重要。我这次回来，还想听听大家的意见和想法，我的杂志里面关于中国史学热点还没有做，想回来听听大家的想法。

刘迅：中国农村史的研究有没有做？对这些感兴趣的不光是做中国近现代史的人，还包括做发达理论、经济史的，等等。

王晴佳：我做了一些研究。我的题目做的也很有意思："中国需要资本主义吗？"确实也有很多学者在讨论这个问题。我用了秦晖的一些文章，对于他的一些发现西方人也很感兴趣。农村、农业是不能发展资本主义的，农业都是靠国家补贴的，发展资本主义一定要跳出农业，中国是一个经验，西方也有很多经验。西方人现在对全球史很感兴趣，德国著名史学家于尔根·科卡有一个小册子，用德文写的，讲的是资本主义的历史。他上次到北大来，想找研究中国资本主义经济发展的人，可惜没有找到可以很好对话的人。他很想得到中国学界的反馈。

冯玉荣：王老师，听了您今天早上的讲座，我有这样一个困惑：我们很希望和西方进行对话，所以就会去跟从西方。您今天讲到的书籍史的研究，以及环境史、医疗史等近年比较热门的研究领域都是西方打开了视野，然后我们跟着去做。正如今天早上朱老师说的，我们怎么才能抓住前沿而不是跟在前沿后面，这可能也和我们受训的基础有关系。我是做明清史的，明清史相对来说比较活跃，所以我来听近代史的讲座，很受启发。但是在很多其他的领域里面他们几乎是不做这样的交流的。在西方学者里面，他们的受训无论是社会学还是历史学，都没有这么强的针对性，他们能够很快地找到学术的增长点，我们也总是试图捕捉，却总是步他们的后尘，反而现在已经开始反思新文化史，包括您今天说的情感史，那么大家一股脑地去找情感史的时候，人家可能又找到一个新的前景了。

王晴佳：其实我也有这样的担心。我一方面很希望中国学者能够发展出我们自己的思维方式以及一些新的东西，但另一方面我做的工作又往往是把西方比较新的东西介绍给大家。别人请我去开讲座，相对来说，对方总是希望我能够把西方新的流派介绍给大家。其实我已经出版过一本书——《新史学讲演录》，书中我对新文化史有了反思和批评。这是一个问题，不过我也没有像你那么悲观，因为只要史料做得好，先跟一段时间没有关系。其实很多有名的学者也都是从跟随开始的，包括讲后现代主义的海登·怀特。他是一个原创性特别强的学者，但从一个文学理论家的角度来看他，其实你会发现他只是把文学理论方面的东西搬到史学上来，实际上完全创新的东西似乎并不多。跨学科给大家一个可以创新的机会，而关键是怎么创新，史料不一样，提出的问题也不一样，所以跟一段也是没有关系的。高彦颐是做明清史研究的，写过一本《闺塾师：明末清初江南的才女文化》，她强调明清妇女地位并不低，但主要关注的是大家闺秀。我对明清妇女史的研究也有过关注，因为我原来写台湾史学的发展，台湾这方面研究特别多。实际上这个东西也很复杂，明清时期妇女的地位到底如何，你看才子佳人，佳人能赋诗作画，但缠足也是从明清时期才开始的。宋代妇女再嫁是没问题的，李清照就嫁过三次。缠足虽然从宋代就开始有了，但是从明清才开始推广的。妇女地位是非常低的，连出门的机会都没有，但是做艺妓的一批妇女又可以和文人交流，这本身也是一个很大的变化。高彦颐的书就是强调富有家庭出身的小姐的受教育程度非常高。我们原来都说封建社会的妇女受"三座大山"的压迫，地位很低，现在她用这个例子来推翻它，这种想法自然有其价值，但问题是能够完全推翻吗？其实她也只是提出一个论点，给大家一个新的思考角度，并不是说现在有个西方学者不承认中国古代妇女地位低，我们也要跟着去做。相反，我们应该看到现实生活中妇女的地位还是很低的，五四时期对妇女地位的基本判断可能还是正确的。陈东原在那时写过一本书——《中国妇女史》，书中把中国妇女的地位描述得非常悲惨。这是五四的范式，西方的语境里面要想攻击原有的范式，就需要建立一个新的范式。

刘迅：因为我是高彦颐的朋友，所以我要纠正一下，她自己也说过，她并不是要否认中国明清时期妇女地位低下，只是认为过往的定论不能解释她所看到的。我们平时也看到明清时期精英妇女的地位和我们平时看到的不一样。另一个研究妇女和技术史的老师，认为宋代以后中国妇女家庭地位滑落的原因是家庭中经济制造能力的丧失，家庭作为一个制造业作坊，经过元及明清之后，生产价值降低。经济制造逐渐从家庭中移出来，转移到街道的作坊，但妇女就不能去了。高彦颐的研究把我们对于帝制时期妇女的地位做细化的区分，不同的阶级、不同的时间、不同的文化发生松动的时候，进行区别。不是单纯的地位高或低，还要在不同的群体之间进行，一般妇女有的连足都不缠，这在当时是会受到耻笑的。西方女性主义者认为这是一种心理扭曲，但从当时妇女的描述看来，她们是真心实意地接受了这种意识形态。那么是谁让妇女缠足的呢？是妈妈、婆婆还是祖母呢？男性在其中充当了对这种意识形态的保护者。这个制度不完全是一种惩罚，就像寡妇制度一样，当时的政府及社会都对它进行了保护，所以我们要从这个制度产生的源头进行分析。

刘中兴：这个题目我很感兴趣。我现在在华师社科处工作，首先"走出去"就是从我们这里。这个过程中理想和现实之间的差距很大，国家让我们"走出去"，实行了两个工程，其中一个是"国家社科基金中华学术外译项目"，就是把好的东西外译出去。比如我们历史学方面的章开沅先生，把他的书翻译成日文和韩文版。同时，要真正从史学角度"走出去"的，是我们年轻老师，从视野及方法方面"走出去"。我们华师的年轻老师现在评职称都要求有一年以上的国外访学经历，但中国古代史和文献学专业可以不作要求。对这一点我们当时也提出了异议，在"派出去"方面，也应该给这些老师更多机会。

刘迅：我补充一句，刚才王老师也讲了半天，国内这个单位化是很糟糕的，像研究古代史的，就应该和欧洲史进行联系。

王晴佳：我现在有一个问题，也可以向校方反映一下。我每年会收到很多要求来我们学校的邀请函，现在却变成我们帮助他们认证其有资格来访学。这也是不好的，教育部在这个事情上应该公开公平化。实际上很多学校已经烦不胜烦了。上次有个老师要来我这里，但是她的研究课题和我这边不相关。我就推荐她去普林斯顿大学，但是过了一个月后，她告诉我说没戏了。当时那边的系主任回信说，他们不给我们没有邀请过的人安排访问。美国东亚系事实上没有多少人，中国人口基数也很大，这也是一个问题。另一个就是语言的问题。

刘中兴：现实的困难是"走出去"真的非常难，没有年轻老师走出去做基础，这个是很难推动的。在中国，人文社会科学相对于自然科学来说是处于弱势的。还有一个问题要请教一下王老师。我们社科处管理和服务学术期刊，现在遇到一个评价机制的问题。您刚才说 SSCI、SCI、A&HCI 在国外是私人机构，但是在中国就不一样，包括付老师刚刚说的 A 类期刊，这都是我们国内的一种评价体系，也是我们"走出去"的一个标准。评价你"走出去"的标准是什么呢？就是看你有多少 SSCI、SCI 等。所以从您的角度来看，这些到底有多少参考价值？在国外，你发多少篇 SSCI、SCI 不一定代表你有多少成就，但是在中国，目前就是现在这样的情况，在我们国内有三篇这样的文章加上国家社科基金项目是可以被破格评为教授的。也就是说这种标签化的东西更多一些。

王晴佳：这种情况在国内外都有，只是说国外可能松一点。比如我认识一个澳大利亚人，他把全世界所有的包括各种文字的期刊都分成 ABCD 四类，然后根据这个考核，如果有一个学者几年没有发 B 类的文章，就黄牌警告。我觉得你们学校以及教育部的这些做法有些也是不得不为之的。有一点就是说，在评价的时候，有一个规则的问题。我们学习西方的这些东西不能拿来主义，也不能太操之过急，有的时候要相对化一点，有的文章如果不是发表在核心期刊上，而是在别的期刊上，但受到学界很多人的认可，能不能采取外审等方式呢？同时也要保证公平，不透露评审人的信息。中国三十年也确实不太容易，我们还是要慢慢来。

付老师：今天的讨论，我也做了很多笔记，总结一下，谈一下我自己的感受。我现在做一些科研管理工作，也做老师，管理学生。我们现在不仅仅是科研方面出现问题，其他方面也出现了很多问题，都是我们现在中国的现实反映。有什么样的土壤，就有什么样的老师，什么样的学生，都是共通的。从我们学术讨论的主题和回应来看，我总结老师们谈到的问题，主要有以下几个方面。第一，到底谁"走出去"。其实对于研究者来说，凭借什么"走出去"呢？还应该是一个好的研究成果。那么这个好的标准，我们怎么来达到呢？其实，老师们刚才也谈到单位化的问题，单位之间，学校之间，学科之间以及国内外之间，现在很重要的一点就是我们自我满足和自我封闭的问题，光是一个学院内的封闭化就很严重，可能有一个问题就是我们人太少了。第二，怎么"走出去"。首先，从研究领域来说，我们可能也可以跟点风，从不同的领域做出我们好的研究成果。其次，就是平台的问题。最后，学术管理的问题。老师们提到了制度，我个人觉得现在相比以前是越来越好了，学术管理我想之后也会越来越好的。上午王老师提到的，我们走别人的路，让别人无路可走，如果我们的学术能做到这个地步，那也是不错的。桑兵老师也提到了以我们中国人数之众，如果每个人做一个学术课题，可能真的会使别人"无路可走"。今天通过这样一个开放式的论坛，简单地从我自己的角度总结了一下，希望后面有更多的机会进行交流，再次感谢王老师和刘老师，谢谢同学们的热情参与。

[王晴佳，美国罗文大学（Rowan University）历史系教授，山东大学兼职讲席教授，*Chinese Studies in History*（A&HCI 杂志）主编]

研究心得

当"技术"使新的研究成为可能*

——清代家庭资产结构研究心得

云 妍

如果字面化地引用经济学中萨伊定律的说法,在历史研究领域也存在"供给创造需求"。最近二十多年来,互联网技术、文献电子化、电脑软件的普及应用提供了研究技术的革新,这一事实正在持续发挥作用,使一系列从前无法进行甚或不曾想到的研究实现,并使"量化历史研究"作为一个新兴领域迅速崛起。

我理解的量化历史研究至少包含两个层次,这两个层次不分高下。第一个层次是历史信息的数据化,即将各种形式的历史记录转化为可以用现代电子计算机技术处理的数据,并指出其中的历史含义;第二个层次是以计量学为核心的各种数量关系的分析,包括模型建构、参数估计、检验等,以探讨历史上各种因素间的逻辑关系。当然,第二个层次可以建立在第一个层次的基础上(反之则不能),但并不意味着第一个层次没有自己的独立性和充分发展的空间。大约从 2008 年底开始,我应陈志武教授提出的想法,着手进行"中国历史上家庭资产结构"的研究。实际上,目前面世的家产结构研究即主要在第一个层次上"劳作"和自此展开的。

当然,每项题目的研究都需要找到最适用于它的方法,不能一概而论,

---

* 本文主要根据作者 2016 年在华中师范大学人文社会科学高等研究院人文基地班讲座与座谈会录音稿整理。感谢录音整理者董开广、陈智理同学。

即便是量化历史研究在方法上也不是铁板一块。作为一个几乎"白手起家"的题目,"家庭资产结构"这项研究有太多的具体性,本文将围绕这个题目的研究过程谈一些心得或经验。

一　不只是处理数据

量化历史研究不仅仅是简单的"搞数据",在数据背后,有很多细节要处理好。这项研究中遇到的第一个难题是概念的界定。2018 年我们在《金融研究》杂志上发表的论文《清代官绅家庭资产结构一般特征初探》(系研究成果的一个浓缩版),题目里涉及一组概念——"家庭""资产""官绅",这些概念在研究之初皆须一一界定明确。并不是说这是研究的一个固定程式,而是它确实会影响到研究的结果。比如,"家庭"的范围界定不一样,最后统计的口径是不一样的,得到的数据也会不一样。

关于"家庭",中国传统社会注重血缘关系,家族观念颇为浓厚,尤其在南方地区,宗族社会发达。与此同时,如果看明清的史料,子女长大后分家而各立门户,这个做法也相当普遍。社会学里对于家庭有核心家庭(nuclear family) 和扩展家庭 (extended family) 之分,[①] 这两个类型在中国传统社会同时成立。另外,人类学关于家庭也有自己的定义,比如分为自然家庭、经济家庭、宗教家庭、传统或氏族家庭等。可见不同学科的视角和侧重点不同。我想,这项研究主要考察的是经济活动,还是要重点采取与经济行为相对应的标准。如果从共享或者支配一定经济资源的角度,采用各自"分灶"的小家庭(类似于"核心家庭",但并不一定限于两代)似更合适。然后我发现这个想法跟清代的抄家习惯"不谋而合",因为清代抄家有个明确的执行范围,这个范围在文献中通常被表述为某某人"名下"(例如很多抄家清单的标题为"××名下入官衣物等项清单")。清代正式文献里也曾提及,"向来即查办重犯家财,尚不令牵连同坐"(《清实录》,乾隆三十六年八月)。可见当时有个"共识",凡涉及经济财产就会将"大家庭"自动分割。换句话说,在当时人看来,划定财产还是以"名下"为范围。这也给我采用小家庭概念增添了信心。

---

① 〔美〕戴维·波普诺:《社会学》,李强译,中国人民大学出版社,2007,第 431 页。

再看"资产"。按照经济学给出的定义,资产是拥有经济价值的任何东西。① 这个定义已经很明确了,但在实际的研究中还是会遇到诸多复杂的情况。比如,典当资产如何处理?清代在土地、房产包括奴婢和各种物品上存在大量以典买方式获得的现象。从所有权的角度,这类财产非属自己所有,那么还应不应该算在资产范围里?同样,当出去的财产应算作自己所有还是他人所有?这个问题一开始很难想清楚。如果看清代抄家的执行,比如雍正年间查抄官员胡期恒家产,"德懋等典铺内起出胡期恒所当衣物共当银八十两,应变价给还当本",② 可知当时的处理方式是把他当在典铺里的衣物追出、变卖,然后从中取出80两归还典铺。这个处理方式提供了一个重要参考:当出去的财物在当时归为物主名下资产,原先得到的当银则作为债务归还。那么,典买进来的财物呢?这则史料还提及,"其胡期恒所典抵债房屋限半年照原价令原主取赎,如限满不取赎价"。也即,房屋让原主按原价赎回,限期半年,如果半年不赎,则房屋作为胡的财产充公。如果再结合会计学思路,不妨这样划定:典当出去的财物仍属自有,但典当所得价银归为"欠人"(即"负债");典买进来的财物可视为"负债",同时所花费的价银归为"人欠"(即"所有者权益")。

"族产"或"公产"是否计入家庭资产?前面提到中国传统社会的家族观念很强,因此广泛存在家族共有资产,如祀田、学田。以"名下"为家庭范围后,这些资产应如何处理?清代抄产时曾说"向例不应入官"。但时间一久,会出现以此为规避手段预先转移资产的情形。《红楼梦》里秦可卿托梦给王熙凤,让她未雨绸缪,多置祀田族业,实际上就是这个意思。因此演变到后来的做法是,族产也查抄,只不过按照所占份额抄没。例如乾隆四十六年(1781)查抄原任兰州府知府蒋全迪(原籍安徽)家产,"现在歙县、太平二处公田三百五十九亩零,蒋全迪名下止应得四分中一分。令将老分单呈验,只求划出蒋全迪名下一分归公"。③ 处理这类资产时,我觉

---

① 〔美〕兹维·博迪、罗伯特·C.默顿、戴维·L.克利顿:《金融学》,曹辉、曹音译,刘澄、曹辉校,中国人民大学出版社,2013,第7页。
② 《两江总督庆复奏题为遵旨确查原任甘肃巡抚胡期恒家产事》(乾隆二年九月十八日),中国第一历史档案馆藏,02-01-07-13550-005。
③ 《署两江总督萨载等奏报遵旨查抄前任兰州知府蒋全迪家产情形折》(乾隆四十六年八月初七日),中国第一历史档案馆编《乾隆朝惩办贪污档案选编》第2册,中华书局,1994,第1378页。

得可以遵从这样的原则。

"御赐物品"算不算作资产？清代官员特别是那些高级官员或与皇帝关系密切的官员常被皇帝赏赐物品，有些人被查抄后，抄家清单里还会专门列出"御赐物品"。从理论上，既属赐予，所有权已经从皇帝让渡给受赐者，自然应属后者资产范围。但是，从计算的角度我认为可以不计。因为皇帝赏赐的东西不大可能被允许进入市场进行交易买卖，而无交易属性的东西在经济上又有什么意义呢？并且，御赐物品虽然可能价值昂贵，但象征意义更多于经济价值，比如皇帝经常赐予臣下的御笔诗文、匾额、"福"字等，这些物品无法从经济价值角度计量。

"人口"是否计入？人口在现代社会无疑不会归入资产范围，但在清代，抄产清单里列出"人口"经常可以见到，特别是旗籍官员，数量还相当可观。这与满族入关时的社会性质有关，毕竟它还保留很强的部族色彩。不过，作为家产的"人口"一般也有其特指含义，尤其在非旗籍官员的案例里，列入家产中的人口多是从市场上"契买"或"契典"的仆婢，而非真正的家庭人口。因此，在计家产时，我们只将具有市场交易属性的"人口"划入资产统计的范围。

最后看"官绅"的概念。这个词在古代文献中并无特指含义，甚至并不常见，偶尔出现时多为一个并称。章开沅先生主编的《中国近代史上的官绅商学》就体现了它原来的一般用法：官、绅、商、学是四个群体划分，官与绅是并立的关系。张仲礼先生的《中国绅士：关于其在十九世纪中国社会中作用的研究》中将"绅士"划分为两大集团：上层绅士（官吏、进士、举人和各类贡生）和下层绅士（各类生员、监生、例贡生）。我们的案例里主要包括官员，也有进士、举人，正好符合他的"上层绅士"。但是后来发现还是不能完全重合，因为清代官制上有"满汉各半"的内在规定，很多满籍官员通过内部的选拔机制入仕（比如和珅就非科举出身），而传统意义上的绅士必须是有功名的，如果用"上层绅士"将不足以概括。此外，我们的案例中有不少商人也可以归入"官绅"的行列，这点需要特别解释一下。从身份上讲，"商"与"士"或"绅"本各自独立，但从明朝开始出现了士商互渗的现象，一直持续到清代。我们的案例中不乏一些早年经商（或是家族有经商传统）、后来捐官入仕的官员，还会有一些有官方色彩的"内务府商人"（如铜商范清济、木商王建中、盐商查有圻),以及亦官亦商之人(较常见于盐运使之职)。清代的商人特别是官方档案中提到的商人,一般都有一定职衔,如乾隆二十八年(1763)查抄长芦盐商朱立基等七人(山西籍),朱立基是"经历"(同时,朱立基又是延绥道王镗的外甥,他的一个胞弟朱弅是江淮卫千总,另一个胞弟朱崙是云南抚标中军参将),其他的几个商人魏汝植、卫纯修是"理问",关卫周为"监生",王暲系"从九品"。① 实际上,我还有个尚待证实的观察:清代凡有职衔的人会被称作"商人",而一般的民间生意人则被称为"商民",换句话说,"商人"在清代的语境里本身就有官方色彩,与官、绅同在一个官僚体系内。如此一来,我们在研究中使用"官绅"一词,并不是要在绝对意义上树立"官绅"这个概念,而是因为有这么多复杂的情况,"官绅"是目前能最大限度描绘我们案例身份的一种概括。

以上是关于概念。接下来遇到的困难是分类和统计框架。目前在我们研究成果里所采用的分类和统计框架看上去似乎顺理成章,但并非一天形成,其间也经过了几次调整。这个框架在最初设计时,需要既能与现代家庭资产统计形式贯通(以便做长时段观察),又必须符合历史实际。现代家庭资产统计一般首先将资产区分为实物资产(或非金融资产)和金融资产。清代社会里,大部的资产也可如此划分,只有"人口"需另辟一类,另外,我们还需要加上一个"商业资产"以整合商人案例。

实物资产最容易识别,田地、房屋以及"家伙什物"皆可归入此类。金融资产我们目前包括了现存的金、银、钱,借贷生息银及借项(人欠)。这里存在一些难以清楚辨别的,比如金器银器,我最后的处理原则是,如果它具有一定工艺成分和装饰用途(如首饰),则归入实物,如果是以元宝、锭、叶等货币或准货币形式出现,则划入金融资产。

典当铺难以归类。最初我把它归到商业资产里,主要是考虑典当是民间商业的组成部分,并且典当铺是有存货的,这些存货都是实物。后来我们从这个行业性质的角度考虑,在银行和钱庄还没有大量出现的情况下,典当业是当时社会的一个主要资金融通部门,所以金融性质是第一位的。

---

① 《高诚奏报审拟商人朱立基承办永庆号盐务亏欠帑课案折》(乾隆二十九年三月十五日),《宫中档乾隆朝奏折》第 20 辑,台北,"故宫博物院",1984,第 805 页。

因此，最后把它从商业资产划到金融资产里。

在商业资产与实物资产之间也有难以划分的情形。我记得写《盛宣怀家产及其结构：基于1920年盛氏遗产清理结果的分析》那篇文章时遇到一个感到头疼的事情，就是他在上海工厂的地皮到底应算在房地产里，还是工商资产里。最后我按两种归类方式分别做了表一并列出。① 但是，一个个案可以这样处理，如果做"大数据"样本，不可能做两三套、四五套数据，还是要有一个统一的规定。而这个规定也不能一刀切，要根据具体的情形。前面提到的商人朱立基，他在河南原武县经营的盐业里的房屋，我将之归入商业资产。因为就这例情形而言，房屋是附属物，即先有了盐业经营，才有这些建筑物，离开这项生意，这些建筑物即无用途。但同样是商用建筑物，如果换在别的地方，比如京城，我则归入房产。因为京城里的房屋自身就有一个相对独立的经济价值（如果观察京城房屋价格，往往铺面房都高于住房②），并不固着在某个产业上。因此，在涉及城市都邑时，我倾向于把商铺建筑物划到房产里面。

上文在探讨"资产"定义时其实已牵出一个问题：资产应计算"总资产"还是"净资产"？一般在论及家庭资产时，多指净资产，计算家庭资产结构也多以净资产为分母。但如果在一个有负债情形的数据组中，则可能出现家产结构数值为负的情况，这样会影响总体数据观察和分析。我们的样本中有22个负债案例（约占总案例数的一成），数量不容忽视。另外，如前所述，我们一直还有一个考虑，就是希望能有一个贯通至今日的长时段比较，这需要统计口径的一致。中国现代城市家庭多少都有负债，特别是如果通过贷款购房，则负债比重还不小；今天我们查看银行账户里的个人总资产，也是包括负债在内的。其实在某种程度上，负债也能体现一个人的资产实力，因为它和未来的收入挂钩，并不一定是净资产有多高就代表财富实力有多强。所以我们最后还是采用会计学的方式，即总资产＝净资产＋负债，来设定家庭资产的统计框架。

---

① 见云妍《盛宣怀家产及其结构：基于1920年盛氏遗产清理结果的分析》，《近代史研究》2014年第4期。
② 参见我们即将出版的资料集《清代抄产档案中的价格资料与数据》。

二 数据须遵从历史史实

形成数据之后,自然会想到做一些数据观测和分析。我们在研究中大量使用了 Excel、SPSS、Statistica、Stata 等软件,这些都是传统史学没有的工具。也是借助这些工具,我们发现一些先前无法认识或认识不够清楚的事实。比如,发现土地在清代最富有家庭的资产中所占比重并不高,而随着资产数量递增,借贷、典当等金融性质的资产所占比重趋于上升。

在读书的时候,无论统计学,还是计量经济学,教科书上的数据都非常完美,各种统计检验都很令人满意。但如果自己拿出一组历史数据去做的话,很少有理想的结果。比如做一个回归分析,经常会发现可决系数或者拟合优度都不是很高,甚至超过 50% 都属难得。

另外,用数据研究历史,数据太少不行,但是如果多了也有麻烦。2010 年的时候,我做了 20 多个案例,发现田房产业(即不动产)在总资产中所占比重有随总资产增加而递减的趋势,且这个趋势相当明显(见图 1)。到 2016 年,我已完成 200 多个案例,这个趋势反而不那么明显了,波动得非常厉害,只在末端能看出些下降的趋势(见图 2)。

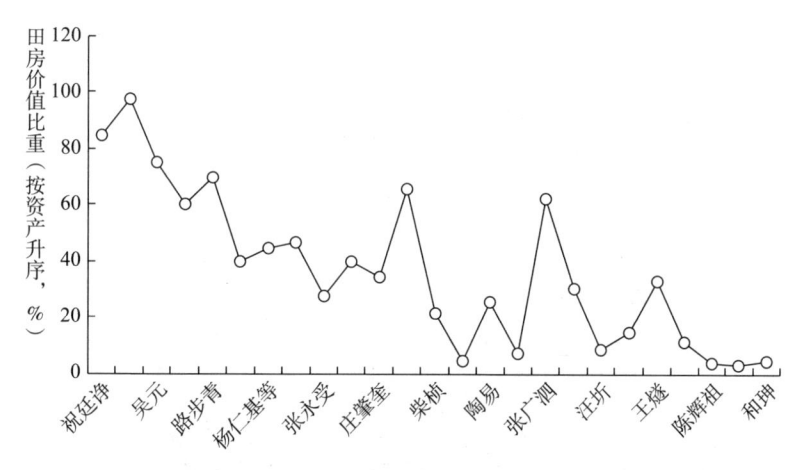

图 1 2010 年完成的 24 个案例

我举这些例子想说明,做数据的时候会遇到很多问题,特别是和预期不太相符。当出现这种情况时,还是应保留数据的原始面目,不能按照一个主观的想法把数据"削足适履"以保证结论在检验上合格。

图 2　2016 年完成的 212 个案例

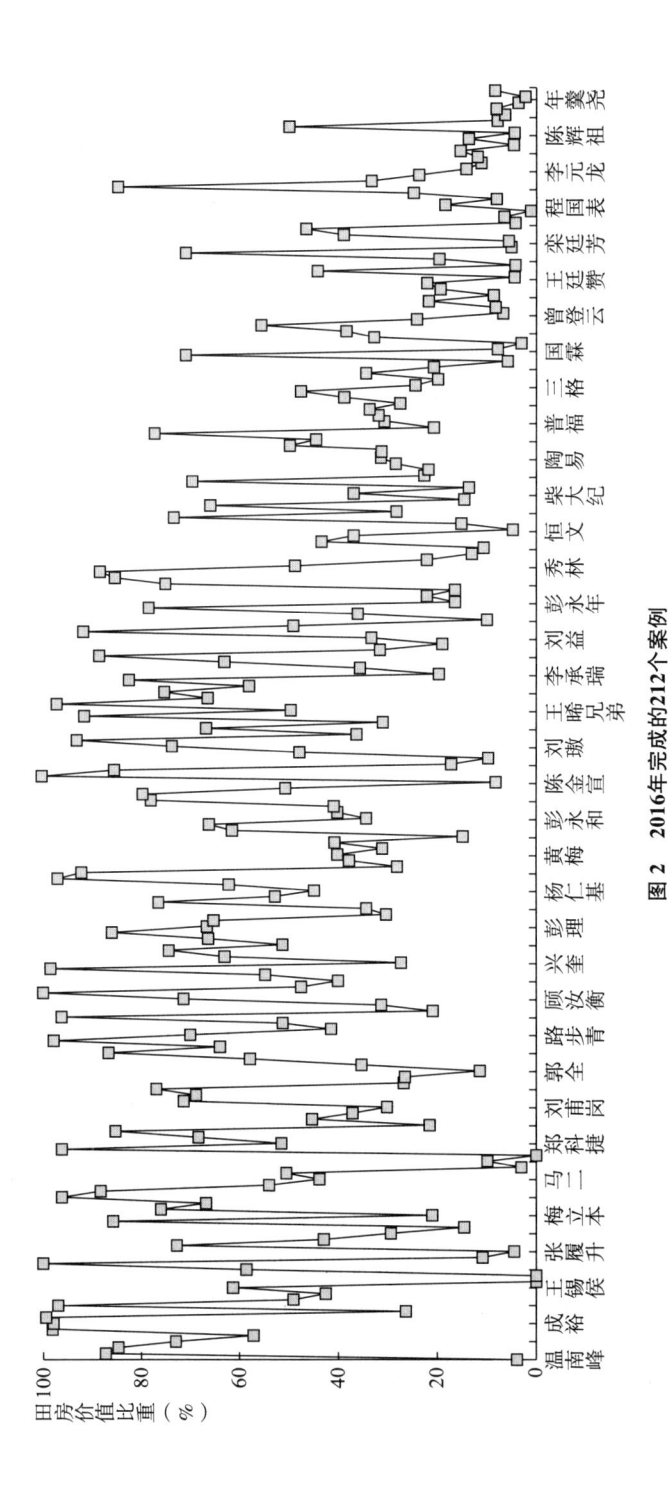

我不认为存在完美的数据，包括我们的家产数据，它本身也不是按随机抽样的方式取出来的样本，因为都是有罪官员的家产，肯定存在一定偏差。但是不完美也是一种客观存在，有时数据复杂到难以阐释，反而可能更贴近历史真实。2015年，上海东方卫视有一档选秀节目《中国之星》，汇集了流行乐坛上顶级实力的歌手，选手比拼时都以唱得完美为追求，也以此为所期待的最高评价，但有一期，评委崔健反批评歌手孙楠唱得太完美。为什么完美反倒成了错误？按我的理解，完美不是一种真实的存在。所以在做历史数据时，我觉得首先还是要注重真实的存在。

三　量化有没有边界？

最开始做家庭资产结构这个题目的时候，并没有特别限定于某个时段，只是因为后来资料大量集中在清代，才有了目前以清代为时间范围的研究。但我们最初的设想是做出一切关于中国历史上家庭资产结构的数据。因此，在处理清代这些案例时，我也一直在思考一个问题：如果继续往上做，最远能做到哪里，量化有没有边界？

就这份研究而言，我觉得做到明代之前会相当困难，至少无法照现在的思路和方法做。这里当然有资料的原因——明代还有一些家产资料，但是明代以前很难看到记载翔实又完整的资料。但更重要的原因在于财富性质的变化：从明代之后，经济货币化、货币白银化的趋势非常明显，社会上越来越多的财富都可以白银为价值单位来标示，而在此之前，很难用一个统一的货币单位甚或价值标准来衡量。比如，如果问一个人的财富有多少，每个历史时期的内涵并不一样。公元210年，曹操一篇著名的政令文章《述志令》里最后一段话说：

> 孤闻介推之避晋封，申胥之逃楚赏，未尝不舍书而叹，有以自省也。奉国威灵，仗钺征伐，推弱以克强，处小而禽大。意之所图，动无违事；心之所虑，何向不济，遂荡平天下，不辱主命。可谓天助汉室，非人力也。然封兼四县，食户三万，何德堪之！江湖未静，不可让位；至于邑土，可得而辞。今上还阳夏、柘、苦三县户二万，但食武平万户，且以分损谤议，少减孤之责也。

这里的"封兼四县，食户三万"，可说是当时财产的体现形式，也反映当时人的财产观念。进一步说，如果那时提起一个人的"家产"体现在什么地方，就是他有多少"户"。那么这个"户"到底指的是什么，是税收，是劳役，还是人身依附？这以后需要请教专门的历史学家。但它到底意味着什么，我觉得可能最后还是无法用一个具体的东西来指涉。

德国一位学者松巴特（Werner Sombart）在他的著作《奢侈与资本主义》中以西欧为例观察到，在现代化进程中存在一个奢侈的演变过程，即奢侈从原来表现为一个领主有多少扈从，能举办什么样规模的晚宴，能邀请来什么样的客人，到后来更多地体现为有多少精美的家具，多少金银珠宝，等等，而后者都是具体可计算的。彭慕兰在他著名的《大分流：欧洲、中国及现代世界经济的发展》中对此进行了概括：

> 关于1400年以后"奢侈"或"消费者社会"的产生的观点大致分成两类。第一种强调的是巨富阶层中奢侈消费的增长，通常认为，一种新的对使用昂贵的通常是耐久性的制造品——丝绸、镜子、精致的家具等——的重视取代了以前诸如维持大批侍从之类表达地位的方式，后者对生产的刺激作用较小；维尔纳·松巴特把这称之为奢侈的"物化"。作为这种转变的组成部分，奢侈品越来越成为任何人都可以享受的东西，只要他们有足够的钱去买，而不再限于那些还要符合拥有高档物品所需的某种社会尺度的人。①

我认为在中国同样存在一个"物化"（objectification）的历史过程。奢侈，或更广义些，财富，在从前很难用定量的东西去表达，但随着历史变迁，越来越能够以此表达。因此，若对明代以前的社会做家产方面的研究，可能要突破"量化"的思路。

四 想法很重要

研究历史往往会面临"想法在先"还是"资料在先"的问题。通常我

---

① 〔美〕彭慕兰：《大分流：欧洲、中国及现代世界经济的发展》，史建云译，江苏人民出版社，2003，第106页。

们会比较忌讳"想法在先"而强调"资料在先",但这里其实真正要避免的是"结论在先"。没有"想法在先"的研究实际上是不可能的,任何的研究都是首先在头脑中形成了一个主观意图,然后才开始付诸实施。

我记得读博士的时候,中国思想史学家葛兆光老师在一门课上曾对我们讲,"新的概念和研究思路的出现可以引出新的史料"(大意)。

我们做家产结构这项研究,首先集中使用的是中华书局出版的一套4卷本资料集《乾隆朝惩办贪污案选编》,这套资料集早在1994年出版;盛宣怀的家产资料刊于《近代史资料》2006年,在被用于家产结构研究之前,也有相当长的"沉寂"时间。能将资料"点石成金"的,还是想法。关于这个题目的想法——我想再次强调一下,是陈志武老师的想法,这个想法是我们研究的"引擎",一旦有此想法,就会立刻重新"发现"史料。这就是为什么很多资料很早就"出土"了,但是没能利用起来。

一个与此关联的话题是,其他学科的理论、概念和方法如何在历史研究中运用,甚或有没有运用的必要。我自己的体会是,还是要经常阅读其他学科的理论书籍。做历史研究固然要从资料上下功夫(因为毕竟需要讲求证据),但是不能仅仅看资料,因为只看资料很容易被带进去,跳不出来,结果在研究上出现瓶颈。如何突破这个瓶颈?看一看其他学科的理论可能会有所帮助。它不一定最后"为我所用",但会刺激一个人的头脑,思考从前不曾想到的东西,有助于打开思路。所以这也是一点经验之谈。

(云妍,中国社会科学院近代史研究所副研究员)

史料介绍

民国时期厦门侨批局及客栈名录

蔡晓莹

表1　1932年厦门侨批局统计名录

商号	地址	商号	地址
大通	中山路88号	捷记	番仔街13号
三春	车加辘24号	捷安	典宝街3号
三美	兴安街10号	捷兴	石浔巷64号
上益	磁街3号	捷顺安	打铁街3号
天南	番仔街15号	捷鸿	洪本部11号
太古	庙后街4号	捷发	兴安街32号
太裕	开元111号	集来	洪本部49号
中有	竹树脚	万成源	北义和街4号
文记	洪本部136号	万里	大同路64号
正大	大史巷136号	万元	大同路46号
正义	兹街82号	万成	番仔街5号
永同昌	三安街5号	万裕	晨光路20号
永顺	打铁街3号	晋德	惠通街5号
永盛	中街9号	晋丰	兴安街20号
永福	洪本部64号	曾文堂	棉袜巷21号
永兴	在同路475号	瑞记	三安街4号
永万通	大史巷4号	瑞隆	三安街3号

续表

商号	地址	商号	地址
永南兴	菁叶街	瑞美	石浔街 13 号
永万春	洪本部 88 号	瑞春	打钓巷
民生	鹭江道 15 号	源安	番仔街 5 号
民理财	河仔墘	源裕	洪本部 59 号
合昌	磁安路 10 号	源泰	石浔毛街 4 号
合兴	石浔街 20 号	源茂	洪本部 8 号
合德	菁叶街	张谦记	晨光路 55 号
同美	大史巷 22 号	义利	三安街 1 号
同华	兴安街 36 号	盈泰	中山路 140 号
同丰	水仙路 8 号	新记	三安街 1 号
同益	开元路 10 号	新永兴	大同路 475 号
同元利	开元路 24 号	新义和	菁叶街 14 号
成吉	兴安街 4 号	新广成	三安街 3 号
成源栈	老酒巷	新源兴	打铁街 126 号
亦宜安	大同路 109 号	新协泰	石浔街 4 号
和盛	番仔街 11 号	薪锦源	大同路 389 号
和泰	惠通街 19 号	福兴康	卖圭巷 26 号
和昌	典宝街 35 号	福源安	兴安街 14 号
吉安	仁和宫 9 号	福来春	大走马路 70 号
东兴	洪本部 5 号	顺发	洪本部 141 号
金福隆	海后路 26 号	德记	洪本部 141 号
金和发	晨光路 15 号	绵祥	中山路 87 号
建丰	庙后街 7 号	逢远	洪典路 7 号
建南	打铁街 124 号	轮山	鹭江道 18 号
建裕	小史巷 4 号	隆成	大同路 116 号
美南	鹭江道 21 号	竟记	新路头 19 号
南通	开元路 235 号	庆发	洪本部 119 号
南昌	河仔墘 27 号	华洋	开元路 95 号
南益	车加辘	胜茂	中山路 121 号

续表

商号	地址	商号	地址
茂昌	新路头 8 号	苏公方	惠通街 20 号
泉发	开元路 122 号	大胁成	磁安路 41 号
泉隆益记	兴安街 16 号	鸿安	中街 8 号
振利	打棕街	鸿昌	鹭江道 16 号
振安	开元路 219 号	复安	大走马路 90 号
益新	开元路 233 号	懋成	恒胜街 9 号

资料来源：王朱唇、张美寅《闽南侨批史话》，中国广播电视出版社，2006，第 101—102 页。

表 2　1941 年厦门侨批局统计名录①

商号	地址	商号	地址
大川	龙头街 35 号	振安	洋墓口 167 号
大丰	内厝澳	振成	南靖巷 196 号
正大	中路 319 号	南侨	中路
文记	鹿耳礁 253 号	悠远	南靖巷 384 号
永福	龙头街 387 号	瑞记	福建路
同兴	乌埭角	崇成	古山路 395 号
有利	龙头街 239 号	裕美	龙头街
和盛	锦祥街	华南	中路 213 号
和记	和记路 285 号	慎德	电灯巷
和丰	洋墓口 345 号	源兴	南靖巷
协成	鸡母嘴	源信昌	中路永兴内
林和泰	石码巷	新永兴	中路 363 号
金南	香港路	德盛	龙头街 307 号
金义隆	鹿耳礁	铭记	中路
金成山	中路 161 号	远裕	洋墓口
建南	龙头街锡兴内		

资料来源：杨滴翠编《新厦门指南》，华南新日报社，1941，第 45—46 页。

---

① 1941 年所载侨批局名录中，有的商号已统计在 1932 年的名录中，但是地址皆有所变更，故仍统计在内。

表 3　1941 年侨务客栈名录

商号	地址	商号	地址
大千	海后路 38 号	春记	和凤街 20 号
大中	兴安街 10 号	振华	开元路 301 号
三友西湖春	厦禾路 260 号	振丰	开元路 36 号
三春	古营路 43 号	高川记	大汉路 335 号
友华	打铁街 33 号	悦华	水仙路 22 号
中央	晨光路 48 号	远昌	开禾路 71 号
中兴	鹭江道 70 号	远记	海后路 41 号
中兴南记	洪本部 176 号	远丰	石浔街 27 号
中南	大元路 13 号	益和	水仙路 22 号
天华	新路街 13 号	逢春	水仙路 55 号
太古源记	人和路 13 号	华侨旅行社	思明北路 24 号
玉泉义益	开禾路 79 号	华源	打铁街 158 号
玉华	打铁街 67 号	华昌	海后路 55 号
日新	人和路 55 号	华南	海后路 52 号
公盛发	晨公路 45 号	华东	开元路 168 号
四维	大元路 37 号	华安	磁巷 5 号
永合成	开元路	华春	大同路 466 号
永万通	鹭江道 174 号	盛丰	海后路 50 号
永东	营平路 40 号	顺源	营平路 14 号
民昌	磁安路 83 号	运通	人和路 130 号
石狮有财公司	海后路 41 号	舜华	鹭江道 104 号
平安	海后路 54 号	胜发	海后路 28 号
西康	思明北路 132 号	胜兴	磁巷 28 号
成发	镇邦路 69 号	复通	大汉路 335 号
安乐	升平路 8 号	源记	磁安路 85 号
安溪	升平路 23 号	惠泉和	鹭江道 88 号
同和	鹭江道 104 号	福平兴	晨光路 74 号
合利	卖圭巷 11 号	福源	担水巷 35 号
合发德	开禾路 44 号	福建兴	鹭江道 118 号
吉安	仁和宫 24 号	汕头	鹭江道 64 号

续表

商号	地址	商号	地址
自安泉记	打铁街 81 号	新共和	开元路 148 号
邱洽春	晨光路 36 号	新万泰	磁巷 36 号
金成	海后路 46 号	新华	鹭江道 104 号
金永福	鹭江道 170 号	新侨南	营平道 44 号
金泉发	磁安路 87 号	新泰和	大同路 332 号
金记	磁巷 26 号	新大通	镇邦路 69 号
金合和	人和路 126 号	新东和	担水巷 33 号
金胜昌	打铁街 88 号	新南日	开元路 335 号
金福	打铁街 34 号	新永和	磁安路 50 号
金安	海后路 52 号	新南记	鹭江道 88 号
金全美	大元路 37 号	新源	鹭江道 132 号
金协源	开元路 272 号	新财源	磁安路 6 号
金同安	鹭江道 130 号	新元兴	开元路 13 号
长发	洪本部 25 号	新春兴	磁安路 61 号
长春	新路街 62 号	新丰美	鹭江道 84 号
明记	洪本部 11 号	新德源	鹭江道 74 号
明星	厦禾路 266 号	新隆发	营平路 13 号
东南美	磁巷 40 号	新祥发	磁安路 68 号
东兴	仁和路 63 号	新永兴	升平路 25 号
东安合记	开禾路 46 号	新泉源	打铁街 234 号
东成	仁和路 60 号	新明春	厦禾路 26 号
协发泉记	打铁街 88 号	万源	泰山路 10 号
杭州	鹭江道 132 号	万和美	营平路 17 号
吴源泰	打铁街 16 号	瑞泰	和凤街 61 号
吴源安	鹭江道 64 号	瑞发	河仔墘 70 号
和发	鹭江道 244 号	瑞通	担水巷 430 号
和通	同文路 59 号	闽南	同文路 59 号
建华	海后路 54 号	鼎源	磁巷 27 号
福南兴	九条巷 2 号	建泉	新路街 29 号

续表

商号	地址	商号	地址
建发	鹭江道 94 号	绵盛居	人和路 38 号
泉安	打铁街 44 号	绵泰	鹭江道 31 号
泉利	洪本部 22 号	义昌	开元路 232 号
泉荣兴	厦禾路 362 号	义成	海后路 46 号
泉侨	打铁街 81 号	义济	大同路 462 号
泉民	开禾路 46 号	义兴	横竹路 41 号
泉和美	开元路 114 号	义泰	开元路 298 号
泉成	磁安路 87 号	侨利	开元路 240 号
南天	营平路 44 号	侨昌	开禾路 61 号
南成	打铁街 21 号	侨安	升平路 25 号
南福	鹭江道 104 号	侨通	营平路 17 号
施鸿顺	开元路 232 号	侨兴	鹭江道 31 号
洪南美	人和路 120 号	沪江	磁巷 32 号
晋江	海后路 28 号	兴祥	洪本部 22 号
晋安	担水巷 15 号	庆华	新路街 59 号
晋春	大埕头 2 号	鸿发	晨光路 36 号
晋源	厦禾路 365 号	龙华	开平路 8 号
晋兴	海后路 56 号	锦山福记	开元路 335 号
晋益	新路街 85 号	锦发	磁巷 38 号
香山	磁安路 17 号	联成	开元路 419 号
某记	和凤街 61 号	联兴	鹭江道 168 号
重兴	人和路 55 号	鹤寿	大同路 451 号
广居	开元路 226 号		

资料来源：杨滴翠编《新厦门指南》，第 33—36 页。

1842 年，随着《南京条约》的签订，厦门成为沿海五个通商口岸之一。商埠的建立使得此地"商贾云集，船舶辐辏"，成为沟通闽地与海外的重要枢纽，得到迅速发展。而近代中国人之侨居海外者，福建人可谓居其半，此地经济的发展受到海外闽人侨汇的深刻影响。在这样的背景下，华侨出入之"孔道""遂易泉州而为厦门",①厦门即成为闽南侨汇最主要的转汇地,大量的侨批机构在此设立,而侨批业的发展又深刻影响着厦门城市及整个闽南地区的近代化发展进程。

侨批业指专门经营传递华人移民书信、钱物等侨批的商业性服务行业,其经营机构即侨批局。闽粤两地华侨外出经商,通常会按时汇款、寄信到国内家中,起初通过回国的同乡顺带,后发展出专门替侨胞汇款寄信的群体,被称为"水客",他们以向汇款人收取一定的手续费为生。但是水客的经营方式较为落后,收汇的数额较为有限,汇款效率也较低,随着华侨汇款量渐增,又发展出专门处置侨汇的机构,被称为侨批局,又称民信局、批局、银信局等,"批"字即闽南语中"信"的读音。侨批业的发展显示出侨汇数量的多寡,也深刻反映着侨乡商业的繁荣程度。

近代中国侨批业的发展不仅与侨乡息息相关,更对中国民主革命及国家建设做出重大贡献,因此,早在19世纪末20世纪初,即有学者及金融机构关注侨汇问题,对闽粤两省的侨汇数量、银行侨批业务、侨汇机构的组织与管理、侨汇用途等问题进行考察。此后随着侨批史料的陆续发现与整理,学者对这些问题进行了更为深入的探讨,研究对象渐渐从侨汇转向侨批局,对侨批局的经营特点、形式、与政府的关系、与邮局的关系、传统性与现代性等问题进行讨论,也有学者关注侨批业的跨区域网络问题。②总的来说,已有关于侨批的研究多从较为宏观的角度考察近代中国侨批业的整个发展历程,而较少关注受到侨批业发展深刻影响的侨乡商业的具体情况,对侨批业发展所反映的城市空间、地域社会变迁的探讨还较为欠缺。而中山大学谢湜教授与欧阳琳浩博士后近期以汕头侨批业为中心,对民国时期汕头城市商业地理进行了分析,整理了汕头侨批局地址,利用地籍图和GIS技术,展现20世纪40年代汕头埠侨批业的空间分布情况,"分析侨

---

① 杨滴翠编《新厦门指南》,第24页。
② 关于与中国侨批业有关的研究成果梳理,可参见焦建华《近百年来中国侨批业研究综述》,《华侨华人历史研究》2006年第2期。其他研究可见焦建华《近代跨国商业网络的构建与运作——以福建侨批网络为中心》,《学术月刊》2010年第11期;焦建华:《试析近代侨批跨国网络的历史变迁》,《中国社会经济史研究》2015年第3期;黄清海:《解读晋商票号与闽帮侨批局》,《海交史研究》2012年第2期;陈丽园:《侨批公会的建立与跨国侨批网络的制度化(1911—1937)——以潮汕为例的研究》,《华侨华人历史研究》2012年第2期;程希:《华侨华人与中国的关系:侨批业之视角》,《东南亚研究》2016年第4期;等等。

批业的空间分布与人群活动及商业地产之间的关系,寻求通过侨批业经营的多重网络来研究城市商业地理变迁的路径",①为侨批业研究提供了新的视角与方法。

厦门的侨批业发展较早,1871年即有郑顺荣批馆,1882—1891年有登记营业的侨批局23家,1892—1901年有30家,1902—1911年有20家,1912—1921年有64家,1922—1931年有60家,到了1936年,登记营业的头、二盘承转信局有84家,占全省同期民信局总数的76.36%。②而1938年厦门沦陷后,侨批业受到极大的冲击,侨批局或停业,或迁往鼓浪屿及泉州各地。至太平洋战争爆发,侨汇中断,虽然日本当局派员至新加坡、菲律宾收汇,仍有一定数量的侨汇进入厦门,但实际上侨批局已全部停业。也就是说,在沦陷之前,20世纪30年代可以说是厦门侨批业发展的全盛时期,其侨批局的数量占全省的四分之三之多。那么在这一时期,厦门城市商业地理变迁的情况如何,或许我们同样可以通过侨批局的空间分布来加以探讨。

事实上,已有档案资料也记载了民国时期厦门侨批业的空间分布信息,1932年所统计的厦门侨批局有104个,1941年华南新日报社出版的《新厦门指南》中记载有31个,皆详细列出侨批局号名、地址及经理人名。此外,《新厦门指南》中还载有大量的客栈空间分布信息,这些客栈专为入国侨客所置,价格比一般旅社低廉,招待却更为周到,能提供代客办理手续、代购船票等业务,故归国华侨中的"一般阶级者"多乐于选择这些客栈。这些为华侨专设的客栈大部分在厦门,亦有些分布在闽南各地,虽然不能归为侨批业的经营机构,但其所在地必然是华侨经商较为集中的地区,亦是侨汇流通之地,且许多侨批局本身就是客栈旅馆兼营或由其转换过来,因此客栈的分布同样可以反映整个城市的腹地商业发展的情况。

近几年来,有关侨汇史料的搜集与整理工作还在进行,但如何在这些资料的基础上深入开展侨批业研究,仍然是我们需要思考的问题。而地理

---

① 谢湜、欧阳琳浩:《民国时期汕头城市商业地理的初步分析——以侨批业为中心》,《近代史研究》2019年第3期。
② 《厦门金融志》编委会编《厦门金融志》,鹭江出版社,1989,第42页。

信息系统技术及其他数据分析方法已越来越为历史学研究者所关注,通过对与侨批业有关的行业的空间分布进行数据化处理,我们可以跳出以往仅就侨批而论侨批的研究模式,将其置于城市发展的基调中,考察近代通商口岸的发展历程。

(蔡晓莹,华中师范大学中国近代史研究所硕士研究生)

稿 约

  2015 年，当华中师范大学人文高等研究院大数据历史专业基地班开始筹划并顺利招生时，我们就期待能够培育一个比较直接反映国内外中国史研究领域量化研究的小小园地。在高等研究院、历史文化学院等单位的共同努力下，我们策划了"大数据与中国历史研究"的系列讲座，每年定期邀请海内外素有专长的研究者举办专题演讲以及座谈，而这也构成了本书的重要与特色内容。除了演讲实录外，我们设置了专题研究的栏目，向人文以及社会科学各领域朋友们约稿，还会不定期开设学位论文专栏、新书评介等栏目，期待各位读者、各位同好，能积极惠赐大作或给予批评指正。我们的投稿邮箱为 397394776@qq.com。

本刊编辑部

图书在版编目(CIP)数据

大数据与中国历史研究. 第4辑 / 付海晏主编. -- 北京：社会科学文献出版社，2023.4
ISBN 978 - 7 - 5228 - 1341 - 7

Ⅰ.①大… Ⅱ.①付… Ⅲ.①数据管理 - 应用 - 中国历史 - 研究 Ⅳ.①K207

中国版本图书馆 CIP 数据核字(2022)第254326号

大数据与中国历史研究（第4辑）

主　　编 / 付海晏

出 版 人 / 王利民
责任编辑 / 邵璐璐　白纪洋
责任印制 / 王京美

出　　版 / 社会科学文献出版社·历史学分社（010）59367256
　　　　　　地址：北京市北三环中路甲29号院华龙大厦　邮编：100029
　　　　　　网址：www.ssap.com.cn
发　　行 / 社会科学文献出版社（010）59367028
印　　装 / 三河市尚艺印装有限公司

规　　格 / 开 本：787mm × 1092mm　1/16
　　　　　　印 张：13.75　字 数：214千字

版　　次 / 2023年4月第1版　2023年4月第1次印刷
书　　号 / ISBN 978 - 7 - 5228 - 1341 - 7
定　　价 / 98.00元

读者服务电话：4008918866

版权所有 翻印必究